OUVRAGES DU MÊME AUTEUR

Format grand in-18 jésus

L'Affaire Lerouge, 5ᵉ édition. 1 vol.	3 50
Le Crime d'Orcival, 4ᵉ édit. 1 vol..	3 50
Le Dossier Nᵒ 113, 4ᵉ édit.	3 50
Les Esclaves de Paris, 3ᵉ édit., 2 vol.	7 »
Les Mariages d'aventures, 2ᵉ édit. 1 vol.	3 »
Les Cotillons célèbres, 5ᵉ édit. 2 vol.	6 »
Les Comédiennes adorées, 2ᵉ édit. 1 vol..	3 »
Le Treizième hussard, 16ᵉ édit. 1 vol..	3 »
Les Gens de bureau, 2ᵉ édit. 1 vol.	3 »

Sous presse :

La Vie infernale.

MONSIEUR LECOQ

PAR

ÉMILE GABORIAU

I

L'ENQUÊTE

TROISIÈME ÉDITION

PARIS

E. DENTU, ÉDITEUR

LIBRAIRE DE LA SOCIÉTÉ DES GENS DE LETTRES

PALAIS-ROYAL, 17 ET 19, GALERIE D'ORLÉANS

1869

A

M. ALPHONSE MILLAUD

DIRECTEUR DU *PETIT JOURNAL*

Ce n'est pas à vous, Monsieur le Directeur, que j'offre ce volume...

Je le dédie à l'ami de tous les jours, à vous, mon cher Alphonse, comme un témoignage de la vive et sincère affection

De votre dévoué

ÉMILE GABORIAU.

MONSIEUR LECOQ

PREMIÈRE PARTIE

L'ENQUÊTE

I

Le 20 février 18.., un dimanche, qui se trouvait être le dimanche gras, sur les onze heures du soir, une ronde d'agents du service de la sûreté sortait du poste de police de l'ancienne barrière d'Italie.

La mission de cette ronde était d'explorer ce vaste quartier qui s'étend de la route de Fontainebleau à la Seine, depuis les boulevards extérieurs jusqu'aux fortifications.

Ces parages déserts avaient alors la fâcheuse réputation qu'ont aujourd'hui les carrières d'Amérique.

S'y aventurer de nuit était réputé si dangereux, que les soldats des forts venus à Paris, avec la permission du spectacle, avaient ordre de s'attendre à la barrière et de ne rentrer que par groupes de trois ou quatre.

C'est que les terrains vagues, encore nombreux, devenaient, passé minuit, le domaine de cette tourbe de misérables sans aveu et sans asile, qui redoutent jusqu'aux formalités sommaires des plus infâmes garnis.

Les vagabonds et les repris de justice s'y donnaient rendez-vous. Si la journée avait été bonne, ils faisaient ripaille avec les comestibles volés aux étalages. Quand le sommeil les gagnait, ils se glissaient sous les hangards des fabriques ou parmi les décombres de maisons abandonnées.

Tout avait été mis en œuvre pour déloger des hôtes si dangereux, mais les plus énergiques mesures demeuraient vaines.

Surveillés, traqués, harcelés, toujours sous le coup d'une razzia, ils revenaient quand même, avec une obstination idiote, obéissant, on ne saurait dire à quelle mystérieuse attraction.

Si bien que la police avait là comme une immense souricière incessamment tendue, où son gibier venait bénévolement se prendre.

Le résultat d'une perquisition était si bien prévu, si sûr, que c'est d'un ton de certitude absolue que le chef de poste cria à la ronde qui s'éloignait :

— Je vais toujours préparer les logements de nos pratiques. Bonne chasse et bien du plaisir !

Ce dernier souhait, par exemple, était pure ironie, car le temps était aussi mauvais que possible.

Il avait abondamment neigé les jours précédents, et le dégel commençait. Partout où la circulation avait été un peu active, il y avait un demi-pied de boue. Il faisait encore froid cependant, un froid humide à transir jusqu'à la moelle des os. Avec cela le brouillard était si intense que le bras étendu on ne distinguait pas sa main.

— Quel chien de métier! grommela un des agents.

— Oui, répondit l'inspecteur qui commandait la ronde, je pense bien que si tu avais seulement trente mille francs de rentes, tu ne serais pas ici.

Le rire qui accueillit cette vulgaire plaisanterie était moins une flatterie qu'un hommage rendu à une supériorité reconnue et établie.

L'inspecteur était, en effet, un serviteur des plus appréciés à la Préfecture, et qui avait fait ses preuves.

Sa perspicacité n'était peut-être pas fort grande, mais il savait à fond son métier et en connaissait les ressources, les ficelles et les artifices. La pratique lui avait, en outre, donné un aplomb imperturbable, une superbe confiance en soi et une sorte de grossière diplomatie, jouant assez bien l'habileté.

A ces qualités et à ces défauts, il joignait une incontestable bravoure.

Il mettait la main au collet du plus redoutable malfaiteur aussi tranquillement qu'une dévote trempe son doigt dans un bénitier.

C'était un homme de quarante-six ans, taillé en force, ayant les traits durs, une terrible moustache, et de petits yeux gris sous des sourcils en broussailles.

Son nom était Gévrol, mais le plus habituellement on l'appelait : Général.

Ce sobriquet caressait sa vanité, qui n'était pas médiocre, et ses subordonnés ne l'ignoraient pas.

Sans doute il pensait qu'il rejaillissait sur sa personne quelque chose de la considération attachée à ce grade.

— Si vous geignez déjà, reprit-il de sa grosse voix, que sera-ce tout à l'heure?

Dans le fait, il n'y avait pas encore trop à se plaindre.

La petite troupe remontait alors la route de Choisy : les trottoirs étaient relativement propres, et les boutiques des marchands de vins suffisaient à éclairer la marche.

Car tous les débits étaient ouverts. Il n'est brouillard ni dégel capables de décourager les amis de la gaieté. Le carnaval de barrière se grisait dans les cabarets et se démenait dans les bals publics.

Des fenêtres ouvertes, s'échappaient alternativement des vociférations ou des bouffées de musiques enragées. Puis, c'était un ivrogne qui passait festonnant sur la chaussée, ou un masque crotté qui se glissait comme une ombre honteuse, le long des maisons.

Devant certains établissements, Gévrol commandait : halte! Il sifflait d'une façon particulière, et presque aussitôt un homme sortait. C'était un agent arrivant à l'ordre. On écoutait son rapport et on passait.

Peu à peu, cependant, on approchait des fortifications. Les lumières se faisaient rares et il y avait de grands emplacements vides entre les maisons.

— Par file à gauche, garçons! ordonna Gévrol; nous allons rejoindre la route d'Ivry et nous couperons ensuite au plus court pour gagner la rue du Chevaleret.

De ce point, l'expédition devenait réellement pénible.

La ronde venait de s'engager dans un chemin à peine tracé, n'ayant pas même de nom, coupé de fondrières, embarrassé de décombres, et que le brouillard, la boue et la neige rendaient périlleux.

Désormais plus de lumière, plus de cabarets; ni pas, ni voix, rien, la solitude, les ténèbres, le silence.

On se serait cru à mille lieues de Paris, sans ce bruit profond et continu qui monte de la grande ville comme le mugissement d'un torrent du fond d'un gouffre.

Tous les agents avaient retroussé leur pantalon au-dessus de la cheville, et ils avançaient lentement, choisissant tant bien que mal les places où poser le pied, un à un, comme des Indiens sur le sentier de la guerre.

Ils venaient de dépasser la rue du Château-des-Rentiers, quand tout à coup un cri déchirant traversa l'espace.

A cette heure, en cet endroit, ce cri était si affreusement significatif, que d'un commun mouvement tous les hommes s'arrêtèrent.

— Vous avez entendu, Général? demanda à demi-voix un des agents.

— Oui, on s'égorge certainement près d'ici... **mais où?** Silence et écoutons.

Tous restèrent immobiles, l'oreille tendue, retenant leur souffle, et bientôt un second cri, un hurlement plutôt, retentit.

— Eh! s'écria l'inspecteur de la sûreté, c'est à la *Poivrière*.

Cette dénomination bizarre disait à elle seule et la signification du lieu qu'elle désignait, et quelles pratiques le fréquentaient d'habitude.

Dans la langue imagée qui a cours du côté du Montparnasse, on dit qu'un buveur est « poivre » quand il a laissé sa raison au fond des pots. De là le sobriquet de « voleurs au poivrier, » donné aux coquins dont la spécialité est de dévaliser les pauvres ivrognes inoffensifs.

Ce nom, cependant, n'éveillant aucun souvenir dans l'esprit des agents :

— Comment! ajouta Gévrol, vous ne connaissez pas le cabaret de chez la mère Chupin, là-bas, à droite… Au galop, et gare aux billets de parterre!

Donnant l'exemple, il s'élança dans la direction indiquée, ses hommes le suivirent, et en moins d'une minute, ils arrivèrent à une masure sinistre d'aspect, bâtie au milieu de terrains vagues.

C'était bien de ce repaire que partaient les cris, ils avaient redoublé et avaient été suivis de deux coups de feu.

La maison était hermétiquement close, mais par des ouvertures en forme de cœur, pratiquées aux volets, filtraient des lueurs rougeâtres comme celles d'un incendie.

Un des agents se précipita vers une des fenêtres, et s'enlevant à la force des poignets, il essaya de voir par les découpures ce qui se passait à l'intérieur.

Gévrol, lui, courut à la porte.

— Ouvrez!… commanda-t-il, en frappant rudement.

Pas de réponse.

Mais on distinguait très-bien les trépignements d'une lutte acharnée, des blasphèmes, un râle sourd et par intervalles des sanglots de femme.

— Horrible!... fit l'agent cramponné au volet, c'est horrible !

Cette exclamation décida Gévrol.

— Au nom de la loi !... cria-t-il une troisième fois.

Et personne ne répondant, il recula, prit du champ, et d'un coup d'épaule qui avait la violence d'un coup de bélier, il jeta bas la porte.

Alors fut expliqué l'accent d'épouvante de l'agent qui avait collé son œil aux découpures des volets.

La salle basse de la *Poivrière* présentait un tel spectacle, que tous les employés de la sûreté et Gévrol lui-même demeurèrent un moment cloués sur place, glacés d'une indicible horreur.

Tout, dans le cabaret, trahissait une lutte acharnée, une de ces sauvages « batteries » qui trop souvent ensanglantent les bouges des barrières.

Les chandelles avaient dû être éteintes dès le commencement de la bagarre, mais un grand feu clair de planches de sapin illuminait jusqu'aux moindres recoins.

Tables, verres, bouteilles, ustensiles de ménage, tabourets dépaillés, tout était renversé, jeté pêle-mêle, brisé, piétiné, haché menu.

Près de la cheminée, en travers, deux hommes étaient étendus à terre, sur le dos, les bras en croix, immobiles. Un troisième gisait au milieu de la pièce.

A droite, dans le fond, sur les premières marches d'un escalier conduisant à l'étage supérieur, une femme était accroupie. Elle avait relevé son tablier sur sa tête, et poussait des gémissements inarticulés.

En face, dans le cadre d'une porte de communication grande ouverte, un homme se tenait debout, roide et blême, ayant devant lui, comme un rempart, une **lourde table de chêne.**

Il était d'un certain âge, de taille moyenne, et portait toute sa barbe.

Son costume, qui était celui des déchargeurs de bateaux du quai de la Gare, était en lambeaux et tout souillé de boue, de vin et de sang.

Celui-là certainement était le meurtrier.

L'expression de son visage était atroce. La folie furieuse flamboyait dans ses yeux, et un ricanement convulsif contractait ses traits. Il avait au cou et à la joue deux blessures qui saignaient abondamment.

De sa main droite, enveloppée d'un mouchoir à carreaux, il tenait un revolver à cinq coups, dont il dirigeait le canon vers les agents.

— Rends-toi !... lui cria Gévrol.

Les lèvres de l'homme remuèrent ; mais, en dépit d'un visible effort, il ne put articuler une syllabe.

— Ne fais pas le malin, continua l'inspecteur de la sûreté, nous sommes en force, tu es pincé ; ainsi, bas les armes !...

— Je suis innocent, prononça l'homme d'une voix rauque.

— Naturellement, mais cela ne nous regarde pas.

— J'ai été attaqué, demandez plutôt à cette vieille ; je me suis défendu, j'ai tué, j'étais dans mon droit !

Le geste dont il appuya ces paroles était si menaçant, qu'un des agents, resté à demi dehors, attira violemment Gévrol à lui, en disant :

— Gare, Général ! méfiez-vous !... Le revolver du gredin a cinq coups et nous n'en avons entendu que deux.

sous-les dans la position où ils sont jusqu'à l'arrivée de la justice et voyons le troisième.

Le troisième respirait encore.

C'était un tout jeune homme, portant l'uniforme de l'infanterie de ligne. Il était en petite tenue, sans armes, et sa grande capote grise entr'ouverte laissait voir sa poitrine nue.

On le souleva avec mille précautions, car il geignait pitoyablement à chaque mouvement, et on le plaça sur son séant, le dos appuyé contre le mur.

Alors, il ouvrit les yeux, et d'une voix éteinte demanda à boire.

On lui présenta une tasse d'eau, il la vida avec délices, puis il respira longuement et parut reprendre quelques forces.

— Où es-tu blessé? demanda Gévrol.

— A la tête, tenez, là, répondit-il en essayant de soulever un de ses bras, oh! que je souffre!...

L'agent qui avait coupé la retraite du meurtrier s'était approché, et avec une dextérité que lui eût enviée un vieux chirurgien, il palpait la plaie béante que le jeune homme avait un peu au-dessus de la nuque.

— Ce n'est pas grand'chose, prononça-t-il.

Mais il n'y avait pas à se méprendre au mouvement de sa lèvre inférieure. Il était clair qu'il jugeait la blessure très-dangereuse, sinon mortelle.

— Ce ne sera même rien, affirma Gévrol, c'est à la tête, quand ils ne tuent pas roide, c'est l'affaire d'un mois.

Le blessé sourit tristement.

— J'ai mon compte, murmura-t-il.

— Bast !...

— Oh !... Il n'y a pas à dire non, je le sens. Mais je ne me plains pas. Je n'ai que ce que je mérite.

Tous les agents, sur ces mots, se retournèrent vers le meurtrier. Ils pensaient qu'il allait profiter de cette déclaration pour renouveler ses protestations d'innocence.

Leur attente fut déçue : il ne bougea pas, bien qu'il eût très-certainement entendu.

— Mais voilà, poursuivit le blessé, d'une voix qui allait s'éteignant, ce brigand de Lacheneur m'a entraîné.

— Lacheneur ?...

— Oui, Jean Lacheneur, un ancien acteur, qui m'avait connu quand j'étais riche..., car j'ai eu de la fortune, mais j'ai tout mangé, je voulais m'amuser... Lui, me sachant sans le sou, est venu à moi, et il m'a promis assez d'argent pour recommencer ma vie d'autrefois... Et c'est pour l'avoir cru, que je vais crever comme un chien, dans ce bouge !... Oh ! je veux me venger !

A cet espoir, ses poings se crispèrent pour une dernière menace.

— Je veux me venger, dit-il encore d'une voix rauque. J'en sais long, on ne croit... je dirai tout !...

— Naturellement, il avait présumé de ses forces.

— J'ai été attaqué... L'espoir lui avait donné un instant d'énergie, mais ne laissait qu'un reste de vie qui palpitait en lui.

Le geste dont il accompagnait ses paroles, il voulut le reprendre, il ne le put. A deux reprises, la parole expira sur ses lèvres ; il ne sortit de sa gorge qu'un râle, dernière manifestation de son intelligence impuissante.

Et quand l'écume vint à ses lèvres, ses yeux se renversèrent, son corps se roidit, et une convulsion suprême le rabattit la face contre terre.

— C'est fini, murmura Gévrol.

— Pas encore, répondit le jeune agent dont l'intervention avait été si utile ; mais il n'en a pas pour dix minutes. Pauvre diable !... Il ne dira rien.

L'inspecteur de la sûreté s'était redressé, aussi calme que s'il eût assisté à la scène la plus ordinaire du monde, et soigneusement il époussetait les genoux de son pantalon.

— Bast !... répondit-il, nous saurons quand même ce que nous avons intérêt à savoir. Ce garçon est troupier, et il a sur les boutons de sa capote le numéro de son régiment, ainsi !...

Un fin sourire plissa les lèvres du jeune agent.

— Je crois que vous vous trompez, Général, dit-il.

— Cependant...

— Oui, je sais, en le voyant sous l'habit militaire, vous avez supposé... Eh bien !... non. Ce malheureux n'était pas soldat. En voulez-vous une preuve immédiate, entre dix ?... Regardez ses cheveux en brosse, à l'ordonnance ? Où avez-vous vu des troupiers avec des cheveux tombant sur les épaules ?...

L'objection interdit Gévrol, mais il se remit vite.

— Penses-tu, fit-il brusquement, que j'ai mes yeux dans ma poche ? Ta remarque ne m'a pas échappé ; seulement, je me suis dit : voilà un soldat qui profite de ce qu'il est en congé pour ne pas aller chez le perruquier.

— A moins que...

Mais Gévrol n'admet pas les objections.

— Assez causé !... prononça le chef qui s'est

passé, nous allons l'apprendre. La mère Chupin n'est pas morte, elle, la coquine !

Tout en parlant, il marchait vers la vieille qui était restée obstinément accroupie sur son escalier. Depuis l'entrée de la ronde, elle n'avait ni parlé, ni remué, ni hasardé un regard. Seulement, ses gémissements n'avaient pas discontinué.

D'un geste rapide, Gévrol arracha le tablier qu'elle avait ramené sur sa tête, et alors elle apparut telle que l'avaient faite les années, l'inconduite, la misère, et des torrents d'eau-de-vie et de mêlé-cassis : ridée, ratatinée, édentée, éraillée, n'ayant plus sur les os que la peau, plus jaune et plus sèche qu'un vieux parchemin.

— Allons, debout !... dit l'inspecteur. Ah ! tes jérémiades ne me touchent guère. Tu devrais être fouettée, pour les drogues infâmes que tu mets dans tes boissons, et qui allument des folies furieuses dans les cervelles des ivrognes.

La vieille promena autour d'elle ses petits yeux rougis, et d'un ton larmoyant :

— Quel malheur !... gémit-elle, qu'est-ce que je vais devenir ! Tout est cassé, me voilà ruinée.

Elle ne paraissait sensible qu'à la perte de sa vaisselle.

— Voyons, interrompit Gévrol, comment la bataille est-elle venue ?

— Hélas !... Je ne le sais seulement pas. J'étais làhaut, à rapiécer une veste à mon fils, quand j'ai entendu une dispute.

— Et après ?

— Comme j'ai pu, je suis descendue, et j'ai vu ces trois que voilà là, qui cherchaient des raisons à cet autre que vous avez attaché, le pauvre innocent. Car il est innocent, vrai comme je suis une honnête femme. Si mon fils Polyte avait été là, il se serait mis entre eux; mais moi, une veuve, qu'est-ce que je pouvais faire? J'ai crié à la garde de toutes mes forces...

Elle se rassit, sur ce témoignage, pensant en avoir dit assez. Mais Gévrol la contraignit brutalement de se relever.

— Oh! nous n'avons pas fini, dit-il, je veux d'autres détails.

— Lesquels, cher monsieur Gévrol, puisque je n'ai rien vu.

La colère commençait à rougir les maîtresses oreilles de l'inspecteur.

— Que dirais-tu, la vieille, fit-il, si je t'arrêtais?

— Ce serait une grande injustice.

— C'est ce qui arrivera cependant si tu t'obstines à te taire. J'ai idée qu'une quinzaine à Saint-Lazare te délierait joliment la langue.

Ce nom produisit sur la veuve Chupin l'effet d'une pile électrique. Elle abandonna subitement ses hypocrites lamentations, se redressa, campa fièrement ses poings sur ses hanches et se mit à accabler d'invectives Gévrol et ses agents, les accusant d'en vouloir à sa famille, car ils avaient déjà arrêté son fils, un excellent sujet, jurant qu'au surplus elle ne craignait pas la prison, et que même elle serait bien aise d'y finir ses jours à l'abri du besoin.

Un moment, le général essaya d'imposer silence à l'affreuse mégère, mais il reconnut qu'il n'était pas de force, d'ailleurs tous ses agents riaient. Il lui tourna donc le dos, et, s'avançant vers le meurtrier :

I.

— Toi, du moins, fit-il, tu ne nous refuseras pas des explications.

L'homme hésita un moment.

— Je vous ai dit, répondit-il enfin, tout ce que j'avais à vous dire. Je vous ai affirmé que je suis innocent, et un homme prêt à mourir, frappé de ma main, et cette vieille femme ont confirmé ma déclaration. Que voulez-vous de plus? Quand le juge m'interrogera, je répondrai peut-être; jusque-là, n'espérez pas un mot.

Il était aisé de voir que la détermination de l'homme était irrévocable, et elle ne devait pas surprendre un vieil inspecteur de la sûreté.

Très-souvent des criminels, sur le premier moment, opposent à toutes les questions le mutisme le plus absolu. Ceux-là sont les expérimentés, les habiles, ceux qui préparent des nuits blanches aux juges d'instruction.

Ils ont appris, ceux-là, qu'un système de défense ne s'improvise pas, que c'est au contraire une œuvre de patience et de méditation, où tout doit se tenir et s'enchaîner logiquement.

Et sachant quelle portée terrible peut avoir au cours de l'instruction une réponse insignifiante en apparence, arrachée au trouble du flagrant délit, il se taisait, il gagnait du temps.

Cependant, Gévrol allait peut-être insister, quand on lui annonça que le « soldat » venait de rendre le dernier soupir.

— Puisque c'est ainsi, mes enfants, prononça-t-il, deux d'entre vous vont rester ici, et je filerai avec les autres. J'irai réveiller le commissaire de police, et je lui remettrai l'affaire ; il s'en arrangera, et selon ce qu'il décidera, nous agirons. Ma responsabilité, en tout cas, sera à couvert. Ainsi, déliez les jambes de notre pratique et attachez un peu les mains de la mère Chupin, nous les déposerons au poste en passant.

Tous les agents s'empressèrent d'obéir, à l'exception du plus jeune d'entre eux, celui qui avait mérité les éloges du Général.

Il s'approcha de son chef, et lui faisant signe qu'il avait à lui parler, il l'entraîna dehors.

Lorsqu'ils furent à quelques pas de la maison :

— Que me veux-tu? demanda Gévrol.

— Je voudrais savoir, Général, ce que vous pensez de cette affaire.

— Je pense, mon garçon, que quatre coquins se sont rencontrés dans ce coupe-gorge. Ils se sont pris de querelle, et des propos ils en sont venus aux coups. L'un d'eux avait un revolver, il a tué les autres. C'est simple comme bonjour. Selon ses antécédents et aussi selon les antécédents des victimes, l'assassin sera jugé. Peut-être la société lui doit-elle des remerciments...

— Et vous jugez inutiles les recherches, les investigations...

— Absolument inutiles.

Le jeune agent parut se recueillir.

— C'est qu'il me semble à moi, Général, reprit-il, que cette affaire n'est pas parfaitement claire. Avez-vous étudié le meurtrier, examiné son maintien, observé son regard?... Avez-vous surpris comme moi...

— Et ensuite?

— Eh bien !... il me semble, je me trompe peut-être ;

mais enfin je crois que les apparences nous trompent. Oui, je sens quelque chose...

— Bah?... Et comment expliques-tu cela?

— Comment expliquez-vous le flair du chien de chasse?

Gévrol, champion de la police positiviste, haussait prodigieusement les épaules.

— En un mot, dit-il, tu devines ici un mélodrame... un rendez-vous de grands seigneurs déguisés, à la *Poivrière*, chez la Chupin... comme à l'Ambigu... Cherche, mon garçon, cherche, je te le permets...

— Quoi!... vous permettez...

— C'est-à-dire que j'ordonne... Tu vas rester ici avec celui de tes camarades que tu choisiras... Et si tu trouves quelque chose que je n'aie pas vu, je te permets de me payer une paire de lunettes.

II

L'agent auquel Gévrol abandonnait une information qu'il jugeait inutile, était un débutant dans « la partie. »

Il s'appelait Lecoq.

C'était un garçon de vingt-cinq à vingt-six ans, presque imberbe, pâle, avec la lèvre rouge et d'abondants cheveux noirs ondés. Il était un peu petit, mais bien pris, et ses moindres mouvements trahissaient une vigueur peu commune.

En lui, d'ailleurs, rien de remarquable, sinon l'œil, qui selon sa volonté, étincelait ou s'éteignait comme le feu d'un phare à éclipses, et le nez, dont les ailes larges et charnues avaient une surprenante mobilité.

Fils d'une riche et honorable famille de Normandie, Lecoq avait reçu une bonne et solide éducation.

Il commençait son droit à Paris, quand dans la même semaine, coup sur coup, il apprit que son père, complétement ruiné, venait de mourir, et que sa mère ne lui avait survécu que quelques heures.

Désormais il était seul au monde, sans ressources..., et il fallait vivre. Il put apprécier sa juste valeur; elle était nulle.

L'Université, avec le diplôme de bachelier, ne donne pas de brevet de rentes viagères. C'est une lacune. A quoi servait à l'orphelin sa science du lycée ?

Il envia le sort de ceux qui, ayant un état au bout des bras, peuvent entrer hardiment chez le premier patron venu et dire : Je voudrais de l'ouvrage.

Ceux-là travaillent et mangent.

Lui, demanda du pain à tous les métiers qui sont le lot des déclassés. Métiers ingrats!... Il y a cent mille déclassés à Paris.

N'importe!... Il fit preuve d'énergie. Il donna des leçons et copia des rôles pour un avoué. Un jour, il débuta dans la nouveauté; le mois suivant, il allait proposer à domicile des rossignols de librairie. Il fut courtier d'annonces, maître d'études, dénicheur d'assurances, placier à la commission...

En dernier lieu, il avait obtenu un emploi près d'un astronome dont le nom est une autorité, le baron Moser. Il passait ses journées à remettre au net des calculs vertigineux, à raison de cent francs par mois.

Mais le découragement arrivait. Après cinq ans, il se trouvait au même point. Il était pris d'accès de rage quand il récapitulait les espérances avortées, les tentatives vaines, les affronts endurés.

Le passé avait été triste, le présent était presque intolérable, l'avenir menaçait d'être affreux.

Condamné à de perpétuelles privations, il essayait du moins d'échapper aux dégoûts de la réalité en se réfugiant dans le rêve.

Seul en son taudis, après un écœurant labeur, poigné par les mille convoitises de la jeunesse, il songeait aux moyens de s'enrichir d'un coup, du soir au lendemain.

Sur cette pente, son imagination devait aller loin. Il n'avait pas tardé à admettre les pires expédients.

Mais à mesure qu'il s'abandonnait à ses chimères, il découvrait en lui de singulières facultés d'invention et comme l'instinct du mal. Les vols les plus audacieux et réputés les plus habiles, n'étaient, à son jugement, que d'insignes maladresses.

Il se disait que s'il voulait, lui !... Et alors il cherchait, et il trouvait des combinaisons étranges, qui assuraient le succès et garantissaient mathématiquement l'impunité. Bientôt, ce fut chez lui une manie, un délire. Au point que ce garçon, admirablement honnête, passait sa vie à perpétrer, par la pensée, les plus abominables méfaits. Tant, que lui-même s'effraya de ce jeu. Il ne fallait qu'une heure d'égarement pour passer de l'idée au fait, de la théorie à la pratique.

Puis, ainsi qu'il advient à tous les monomanes, l'heure sonna où les bizarres conceptions qui emplissaient sa cervelle débordèrent.

Un jour, il ne put s'empêcher d'exposer à son patron un petit plan qu'il avait conçu et mûri, et qui eût permis de rafler cinq ou six cent mille francs sur les places de Londres et de Paris. Deux lettres et une dépêche télégraphique, et le tour était joué. Et impossible d'échouer, et pas un soupçon à craindre.

L'astronome, stupéfait de la simplicité du moyen, admira. Mais, à la réflexion, il jugea peu prudent de garder près de soi un secrétaire si ingénieux.

C'est pourquoi, le lendemain, il lui remit un mois d'appointements et le congédia en lui disant :

— Quand on a vos dispositions et qu'on est pauvre, on devient un voleur fameux ou un illustre policier. Choisissez.

Lecoq se retira confus, mais la phrase de l'astronome devait germer dans son esprit.

— Au fait, se disait-il, pourquoi ne pas suivre un bon conseil ?

La police ne lui inspirait aucune répugnance, loin de là. Souvent il avait admiré cette mystérieuse puissance dont la volonté est rue de Jérusalem et la main partout ; qu'on ne voit ni n'entend, et qui néanmoins entend et voit tout.

Il fut séduit par la perspective d'être l'instrument de cette Providence au petit pied. Il entrevit un utile et honorable emploi du génie particulier qui lui avait été départi, une existence d'émotions et de luttes passionnées, des aventures inouïes, et au bout la célébrité.

Bref, la vocation l'emportait.

Si bien que la semaine suivante, grâce à une lettre de recommandation du baron Moser, il était admis à la Préfecture, en qualité d'auxiliaire du service de la sûreté.

Un désenchantement assez cruel l'attendait à ses débuts. Il avait vu les résultats, non les moyens. Sa surprise fut celle d'un naïf amateur de théâtre pénétrant pour la première fois dans les coulisses, et voyant de près les décors et les trucs qui, à distance, éblouissent.

Mais il avait l'enthousiasme et le zèle de l'homme qui se sent dans sa voie. Il persévéra, voilant d'une fausse modestie son envie de parvenir, se fiant aux circonstances pour faire tôt ou tard éclater sa supériorité.

Eh bien !... l'occasion qu'il souhaitait si ardemment, qu'il épiait depuis des mois, il venait, croyait-il, de la trouver à la *Poivrière*.

Pendant qu'il était suspendu à la fenêtre, il vit, aux éclairs de son ambition, le chemin du succès.

Ce n'était d'abord qu'un pressentiment. Ce fut bientôt une présomption, puis une conviction basée sur des faits positifs qui avaient échappé à tous, mais qu'il avait recueillis et notés.

La fortune se décidait en sa faveur; il le reconnut en voyant Gévrol négliger jusqu'aux formalités les plus élémentaires, en l'entendant déclarer d'un ton péremptoire qu'il fallait attribuer ce triple meurtre à une de ces querelles féroces si fréquentes entre rôdeurs de barrières.

— Va, pensait-il, marche, enferre-toi; crois-en les apparences, puisque tu ne sais rien découvrir au-delà. Je te démontrerai que ma jeune théorie vaut un peu mieux que ta vieille pratique.

Le laisser-aller de l'inspecteur autorisait Lecoq à reprendre l'information en sous-œuvre, secrètement, pour son compte. Il ne voulut pas agir ainsi.

En prévenant son supérieur avant de rien tenter, il allait au-devant d'une accusation d'ambition ou de mauvaise camaraderie. Ce sont des accusations graves, dans une profession où les rivalités d'amour-propre ont des violences inouïes, où les vanités blessées peuvent se venger par toutes sortes de méchants tours ou de petites trahisons.

Il parla donc... assez pour pouvoir dire en cas de succès: « Eh! je vous avais averti!... » assez peu pour ne pas éclairer les ténèbres de Gévrol.

La permission qu'il obtint était un premier triomphe, et du meilleur augure; mais il sut dissimuler, et c'est du ton le plus détaché qu'il pria un de ses collègues de rester avec lui.

Puis, tandis que les autres s'apprêtaient à partir, il s'assit sur le coin d'une table, étranger en apparence à tout ce qui se passait, n'osant relever la tête tant il craignait de trahir sa joie, tant il tremblait qu'on ne lût dans ses yeux ses projets et ses espérances.

Intérieurement, il était dévoré d'impatience. Si le meurtrier se prêtait de bonne grâce aux précautions à prendre pour qu'il ne pût s'évader, il avait fallu se mettre à quatre pour lier les poignets de la veuve Chupin, qui se débattait en hurlant comme si on l'eût brûlée vive.

— Ils n'en termineront pas! se disait Lecoq.

Ils finirent cependant. Gévrol donna l'ordre du départ, et sortit le dernier après avoir adressé à son subordonné un adieu railleur.

Lui ne répondit pas. Il s'avança jusque sur le seuil de la porte pour s'assurer que la ronde s'éloignait réellement.

Il frissonnait à cette idée que Gévrol pouvait réfléchir, se raviser et revenir prendre l'affaire, comme c'était son droit.

Ses anxiétés étaient vaines. Peu à peu le pas des hommes s'éteignit, les cris de la veuve Chupin se perdirent dans la nuit. On n'entendit plus rien.

Alors Lecoq rentra. Il n'avait plus à cacher sa joie, son œil étincelait. Comme un conquérant qui prend possession d'un empire, il frappa du pied le sol en s'écriant :

— Maintenant, à nous deux !...

III

Autorisé par Gévrol à choisir l'agent qui resterait avec lui à la *Poivrière*, Lecoq s'était adressé à celui qu'il estimait le moins intelligent.

Ce n'était pas, de sa part, crainte d'avoir à partager les bénéfices d'un succès, mais nécessité de garder sous la main un aide dont il pût, à la rigueur, se faire obéir.

C'était un bonhomme de cinquante ans, qui, après un congé dans la cavalerie, était entré à la Préfecture.

Du modeste poste qu'il occupait, il avait vu se succéder bien des préfets, et on eût peuplé un bagne, rien qu'avec les malfaiteurs qu'il avait arrêtés de sa main.

Il n'en était ni plus fort ni plus zélé. Quand on lui donnait un ordre, il l'exécutait militairement, tel qu'il l'avait compris.

S'il l'avait mal compris, tant pis !

Il faisait son métier à l'aveugle, comme un vieux cheval tourne un manége.

Quand il avait un instant de liberté, et de l'argent, il buvait.

Il traversait la vie entre deux vins, sans toutefois dépasser jamais un certain état de demi lucidité.

On avait su autrefois, puis oublié son nom. On l'appelait le père Absinthe.

Comme de raison, il ne remarqua ni l'enthousiasme, ni l'accent de triomphe de son jeune compagnon.

— Ma foi ! lui dit-il, dès qu'ils furent seuls, tu as eu en me retenant ici une fière idée, et je t'en remercie. Pendant que les camarades vont passer la nuit à patauger dans la neige, je vais faire un bon somme.

Il était là, dans un bouge qui suait le sang, où palpitait le crime, en face des cadavres chauds encore de trois hommes assassinés, et il parlait de dormir.

Au fait que lui importait !... Il avait tant vu en sa vie de scènes pareilles ! L'habitude n'amène-t-elle pas fatalement l'indifférence professionnelle, prodigieux phénomène qui donne au soldat le sang-froid au milieu de la mêlée, au chirurgien l'impassibilité quand le patient hurle et se tord sous son bistouri.

— Je suis allé là-haut jeter un coup d'œil, poursuivit le bonhomme, j'ai vu un lit, chacun de nous montera la garde à son tour...

D'un geste impérieux, Lecoq l'interrompit.

— Rayez cela de vos papiers, père Absinthe, déclara-t-il, nous ne sommes pas ici pour flâner, mais bien pour commencer l'information, pour nous livrer aux plus minutieuses recherches et tâcher de recueillir des indices... Dans quelques heures arriveront le commissaire de police, le médecin, le juge d'instruction... je veux avoir un rapport à leur présenter.

Cette proposition parut révolter le vieil agent.

— Eh ! à quoi bon !... s'écria-t-il. Je connais le Général. Quand il va chercher le commissaire, comme ce soir, c'est qu'il est sûr qu'il n'y a rien à faire. Penses-tu voir quelque chose où il n'a rien vu?...

— Je pense que Gévrol peut se tromper comme tout le monde. Je crois qu'il s'est fié trop légèrement à ce qui lui a semblé l'évidence; je jurerais que cette affaire n'est pas ce qu'elle paraît être; je suis sûr que, si vous le voulez, nous découvrirons ce que cachent les apparences.

Si grande que fut la véhémence du jeune policier, elle toucha si peu le vieux, qu'il bâilla à se décrocher la mâchoire en disant :

— Tu as peut-être raison, mais moi je monte me jeter sur le lit. Que cela ne t'empêche pas de chercher; si tu trouves, tu m'éveilleras.

Lecoq ne donna aucun signe d'impatience et même, en réalité, il ne s'impatientait pas. C'était une épreuve qu'il tentait.

— Vous m'accorderez bien un moment, reprit-il. En cinq minutes, montre en main, je me charge de vous faire toucher du doigt le mystère que je soupçonne.

— Va pour cinq minutes.

— Du reste, vous êtes libre, papa. Seulement, il est clair que, si j'agis seul, j'empocherai seul la gratification que vaudrait infailliblement une découverte.

A ce mot gratification, le vieux policier dressa l'oreille. Il eut l'éblouissante vision d'un nombre infini de bouteilles de la liqueur verte dont il portait le nom.

— Persuade-moi donc, dit-il, en s'asseyant sur un tabouret qu'il avait relevé.

Lecoq resta debout devant lui, bien en face.

— Pour commencer, interrogea-t-il, qu'est-ce, à votre avis, que cet individu que nous avons arrêté?

— Un déchargeur de bateaux, probablement, ou un ravageur.

— C'est-à-dire un homme appartenant aux plus humbles conditions de la société, n'ayant en conséquence reçu aucune éducation.

— Justement.

C'est les yeux sur les yeux de son compagnon, que Lecoq parlait. Il se défiait de soi comme tous les gens d'un mérite réel, et il s'était dit que s'il réussissait à faire pénétrer ses convictions dans l'esprit obtus de ce vieil entêté, il serait assuré de leur justesse.

— Eh bien!... continua-t-il, que me répondrez-vous si je vous prouve que cet individu a reçu une éducation distinguée, raffinée même?...

— Je répondrai que c'est bien extraordinaire, je répondrai... mais bête que je suis, tu ne me prouveras jamais cela.

— Si, et très-facilement. Vous souvenez-vous des paroles qu'il a prononcées en tombant, quand je l'ai poussé?

— Je les ai encore dans l'oreille. Il a dit : « C'est les Prussiens qui arrivent! »

— Vous doutez-vous de ce qu'il voulait dire?

— Quelle question!... J'ai bien compris qu'il n'aime pas les Prussiens et qu'il a cru nous adresser une grosse injure.

Lecoq attendait cette réponse.

— Eh bien!... père Absinthe, déclara-t-il gravement, vous n'y êtes pas, oh! mais là, pas du tout. Et la preuve que cet homme a une éducation bien supérieure à sa condition apparente, c'est que vous, un vieux roué, vous n'avez saisi ni son intention, ni sa pensée. C'est cette phrase qui a été pour moi le trait de lumière.

La physionomie du père Absinthe exprimait cette étrange et comique perplexité de l'homme qui, flairant une mystification, se demande s'il doit rire ou se fâcher. Réflexions faites, il se fâcha.

— Tu es un peu jeune, commença-t-il, pour faire poser un vieux comme moi. Je n'aime pas beaucoup les blagueurs...

— Un instant!... interrompit Lecoq, je m'explique. Vous n'êtes pas sans avoir entendu parler d'une terrible bataille qui a été un des plus affreux désastres de la France, la bataille de Waterloo?...

— Je ne vois pas quel rapport...

— Répondez toujours.

— Alors... oui !

— Bien ! Vous devez, en ce cas, papa, savoir que la victoire pencha d'abord du côté de la France. Les Anglais commençaient à faiblir, et déjà l'Empereur s'écriait : « Nous les tenons! » quand, tout à coup, sur la droite, un peu en arrière, on découvrit des troupes qui s'avançaient. C'était l'armée Prussienne. La bataille de Waterloo était perdue !

De sa vie, le digne Absinthe n'avait fait d'aussi grands efforts de compréhension. Ils ne furent pas inutiles, car il se dressa à demi, et du ton dont Archimède dut crier : « J'ai trouvé ! » il s'écria :

— J'y suis!... Les paroles de l'homme étaient une allusion.

— C'est vous qui l'avez dit, approuva Lecoq. Mais je n'ai pas fini. Si l'Empereur fut consterné de l'apparition des Prussiens, c'est que, de ce côté, précisément, il attendait un de ses généraux, Grouchy, avec 35,000 soldats. Donc, si l'allusion de l'homme est exacte et complète, il comptait non sur un ennemi, qui venait de tourner sa position, mais sur des amis... Concluez.

Fortement empoigné, sinon convaincu, le bonhomme écarquillait extraordinairement ses yeux, l'instant d'avant appesantis par le sommeil.

— Cristi!... murmura-t-il, tu nous contes cela d'un ton!... Mais, au fait, je me souviens, tu auras vu quelque chose par le trou du volet.

Le jeune policier remua négativement la tête.

— Sur mon honneur, déclara-t-il, je n'ai rien vu que la lutte entre le meurtrier et ce pauvre diable vêtu en soldat. La phrase seule a éveillé mon attention.

— Prodigieux!... répétait le vieil agent, incroyable, épatant!...

— J'ajouterai que la réflexion a confirmé mes soupçons. Je me suis demandé, par exemple, pourquoi cet homme, au lieu de fuir, nous avait attendus et restait là, sur cette porte, à parlementer...

D'un bond, le père Absinthe fut debout.

— Pourquoi? interrompit-il. Parce qu'il a des complices et qu'il voulait leur laisser le temps de se sauver. Ah!... je comprends tout.

Un sourire de triomphe errait sur les lèvres de Lecoq.

— Voilà ce que je me suis dit, reprit-il. Et maintenant, il est aisé de vérifier nos soupçons. Il y a de la neige dehors, n'est-ce pas?...

Il n'en fallut pas davantage. Le vieil agent saisit une lumière, et suivi de son compagnon, il courut à la porte de derrière de la maison qui ouvrait sur un petit jardin.

En cet endroit abrité, le dégel était en retard, et sur le blanc tapis de neige, apparaissaient comme autant de taches noires, de nombreuses traces de pas.

Sans hésiter, Lecoq s'était jeté à genoux pour examiner de près; il se releva presque aussitôt.

— Ce ne sont pas des pieds d'hommes, dit-il, qui ont laissé ces empreintes!... Il y avait des femmes!...

IV

Les entêtés de la trempe du père Absinthe, toujours en garde contre l'opinion d'autrui, sont précisément ceux qui, par la suite, s'en éprennent follement.

Quand une idée a enfin pénétré dans leur cervelle vide, elle s'y installe magistralement, l'emplit et s'y développe jusqu'à la ravager.

Désormais, bien plus que son jeune compagnon, le vétéran de la rue de Jérusalem était persuadé, était certain que l'habile Gévrol s'était trompé, et il riait de la méprise.

En entendant Lecoq affirmer que des femmes avaient assisté à l'horrible scène de la *Poivrière,* sa joie n'eut plus de bornes.

— Bonne affaire!... s'écria-t-il, excellente affaire!...

Et se souvenant tout à propos d'une maxime usée et banale déjà au temps de Cicéron, il ajouta d'un ton sentencieux :

— Qui tient la femme, tient la cause!...

Lecoq ne daigna pas répondre. Il restait sur le seuil de la porte, le dos appuyé contre l'huisserie, la main sur le front, immobile autant qu'une statue.

La découverte qu'il venait de faire et qui ravissait le père Absinthe, le consternait. C'était l'anéantissement de ses espérances, l'écroulement de l'ingénieux échafaudage bâti par son imagination sur un seul mot.

Plus de mystère, partant plus d'enquête triomphante, plus de célébrité gagnée du soir au lendemain par un coup d'éclat !

La présence de deux femmes dans ce coupe-gorge expliquait tout de la façon la plus naturelle et la plus vulgaire.

Elle expliquait la lutte, le témoignage de la veuve Chupin, la déclaration du faux soldat mourant.

L'attitude du meurtrier devenait toute simple. Il était resté pour couvrir la retraite de deux femmes; il s'était livré pour ne les pas laisser prendre, acte de chevaleresque galanterie, si bien dans le caractère français, que les plus tristes coquins des barrières en sont coutumiers.

Restait cette allusion si inattendue à la bataille de Waterloo. Mais que prouvait-elle maintenant ? Rien.

Qui ne sait où une passion indigne peut faire descendre un homme bien né !... Le carnaval justifiait tous les travestissements...

Mais pendant que Lecoq tournait et retournait dans son esprit toutes ces probabilités, le père Absinthe s'impatientait.

— Allons-nous rester plantés ici pour reverdir ? dit-il. Nous arrêtons-nous juste au moment où notre enquête donne des résultats si brillants ?...

Des résultats brillants !... Ce mot blessa le jeune policier autant que la plus amère ironie.

— Ah ! laissez-moi tranquille !... fit-il brutalement, et surtout n'avancez pas dans le jardin, vous gâteriez les empreintes.

Le bonhomme jura, puis se tut. Il subissait l'irrésistible ascendant d'une intelligence supérieure, d'une énergique volonté.

Lecoq avait repris le fil de ses déductions.

— Voici probablement, pensait-il, comment les choses se sont passées :

Le meurtrier, sortant du bal de *l'Arc-en-Ciel*, qui est là-bas, près des fortifications, arrive ici avec deux femmes... Il y trouve trois buveurs qui le plaisantent ou qui se montrent trop galants... Il se fâche... Les autres le menacent, il est seul contre trois, il est armé, il perd la tête et fait feu...

Il s'interrompit, et après un instant ajouta tout haut :

— Mais est-ce bien le meurtrier qui a amené les femmes? S'il est jugé, tout l'effort du débat portera sur ce point... On peut essayer de l'éclaircir.

Aussitôt il traversa le cabaret, ayant toujours son vieux collègue sur les talons, et se mit à examiner les alentours de la porte enfoncée par Gévrol.

Peine perdue! Il n'y restait que très-peu de neige, et tant de personnes avaient passé et piétiné, qu'on ne discernait rien.

Quelle déception après un si long espoir!...

Lecoq pleurait presque de rage. Il voyait remise indéfiniment cette capricieuse occasion si fiévreusement épiée. Il lui semblait entendre les grossiers sarcasmes de Gévrol.

— Allons!... murmura-t-il, assez bas pour n'être pas entendu, il faut savoir reconnaître sa défaite. Le Général avait raison et je ne suis qu'un sot.

Il était si positivement persuadé qu'on pouvait tout au plus relever les circonstances d'un crime vulgaire, qu'il se demandait s'il ne serait pas sage de renoncer à toute information et de rentrer faire un somme, en attendant le commissaire de police.

Mais ce n'était plus l'opinion du père Absinthe.

Le bonhomme, qui était à mille lieues des réflexions de son compagnon, ne s'expliquait pas son inaction et ne tenait plus en place.

— Eh bien!... garçon, fit-il, deviens-tu fou! Voici assez de temps perdu, ce me semble. La justice va arriver dans quelques heures; quel rapport présenterons-nous?... Moi d'abord, si tu as envie de flâner, j'agis seul...

Si attristé qu'il fût, le jeune policier ne put s'empêcher de sourire. Il reconnaissait ses exhortations de l'instant d'avant. C'était le vieux qui devenait l'intrépide.

— A l'œuvre donc! soupira-t-il, en homme qui, prévoyant un échec, veut du moins ne rien avoir à se reprocher.

Seulement, il était malaisé de suivre des traces de pas en plein air, la nuit, à la lueur vacillante d'une chandelle que le plus léger souffle devait éteindre.

— Il est impossible, dit Lecoq, qu'il n'y ait pas une lanterne dans cette masure. Le tout est de mettre la main dessus.

Ils furetèrent, et, en effet, au premier étage, dans la propre chambre de la veuve Chupin, ils découvrirent une lanterne toute garnie, si petite et si nette, que certainement elle n'était pas destinée à d'honnêtes usages.

— Un véritable outil de filou, fit le père Absinthe avec un gros rire.

L'outil était commode, en tout cas, les deux agents le reconnurent lorsque, de retour au jardin, ils recommencèrent méthodiquement leurs investigations.

Ils s'avancèrent un peu avec des précautions infinies.

Le vieil agent, debout, dirigeait au bon endroit la lumière de la lanterne, et Lecoq, à genoux, étudiait les empreintes avec l'attention d'un chiromancien s'efforçant de lire l'avenir dans la main d'un riche client.

Un nouvel examen assura Lecoq qu'il avait bien vu. Il était évident que deux femmes avaient quitté la *Poivrière* par cette issue. Elles étaient sorties en courant, cette certitude résultait de la largeur des enjambées, et aussi de la disposition des empreintes.

La différence des traces laissées par les deux fugitives était d'ailleurs si remarquable, qu'elle sauta aux yeux du père Absinthe.

— Cristi!... murmura-t-il, une de ces gaillardes peut se vanter d'avoir un joli pied au bout de la jambe.

Il avait raison. L'une des pistes trahissait un pied mignon, coquet, étroit, emprisonné dans d'élégantes bottines, hautes de talon, fines de semelles, cambrées outre mesure.

L'autre dénonçait un gros pied court, qui allait en s'élargissant vers le bout, chaussé de solides souliers très-plats.

Cette circonstance était bien peu de chose. Elle suffit pour rendre à Lecoq toutes ses espérances, tant l'homme accueille facilement les présomptions qui flattent ses désirs.

Palpitant d'anxiété, il se traîna sur la neige l'espace d'un mètre, pour analyser d'autres vestiges, il se baissa, et aussitôt laissa échapper la plus éloquente exclamation.

— Qu'y a-t-il? interrogea vivement le vieux policier, qu'as-tu vu?

— Voyez vous-même, papa; tenez, là...

Le bonhomme se pencha, et sa surprise fut si forte qu'il faillit lâcher sa lanterne.

— Oh!... dit-il d'une voix étranglée, un pas d'homme!...

— Juste. Et le gaillard avait de maîtresses bottes. Quelle empreinte, hein! Est-elle nette, est-elle pure!... On peut compter les clous.

Le digne père Absinthe se grattait furieusement l'oreille, ce qui est sa façon d'aiguillonner son intelligence paresseuse.

— Mais il me semble, hasarda-t-il enfin, que l'individu ne sortait pas de ce cabaret de malheur.

— Parbleu!... la direction du pied le dit assez. Non, il n'en sortait pas, il s'y rendait. Seulement, il n'a pas dépassé cette place où nous sommes. Il s'avançait sur la pointe du pied, le cou tendu, prêtant l'oreille, quand, arrivé ici, il a entendu du bruit... la peur l'a pris, il s'est enfui.

— Ou bien, garçon, les femmes sortaient comme il arrivait, et alors...

— Non. Les femmes étaient hors du jardin quand il y a pénétré.

L'assertion, pour le coup, sembla au bonhomme par trop audacieuse.

— Ça, fit-il, on ne peut pas le savoir.

— Je le sais, cependant, et de la façon la plus positive. Vous doutez, papa !... C'est que vos yeux vieillissent. Approchez un peu votre lanterne, et vous constaterez que là... oui, vous y êtes, notre homme a posé sa grosse botte juste sur une des empreintes de la femme au petit pied, et l'a aux trois quarts effacée.

Cet irrécusable témoignage matériel stupéfia le vieux policier.

— Maintenant, continua Lecoq, ce pas est-il bien celui du complice que le meurtrier espérait ?... Ne serait-ce pas celui de quelque rôdeur de terrain vague attiré par les coups de feu ?... C'est ce qu'il nous faut savoir... et nous le saurons. Venez !...

Une clôture de lattes entre-croisées, d'un peu plus d'un mètre de haut, assez semblable à celles qui défendent l'accès des lignes de chemins de fer, séparait des terrains vagues le jardinet de la veuve Chupin.

Quand Lecoq avait tourné le cabaret pour cerner le meurtrier, il était venu se heurter contre cette barrière, et, tremblant d'arriver trop tard, il l'avait franchie, au grand détriment de son pantalon, sans se demander seulement s'il existait une issue.

Il en existait une. Un léger portillon de lattes, comme le reste, tournant dans des gonds de gros fil de fer, maintenu par un taquet de bois, permettait d'entrer et de sortir de ce côté.

Eh bien ! c'est droit à ce portillon que les pas marqués sur la neige conduisirent les deux agents de la sûreté.

Cette particularité devait frapper le jeune policier. Il s'arrêta court.

— Oh!... murmura-t-il comme en aparté, ces deux femmes ne venaient pas ce soir à la *Poivrière* pour la première fois.

— Tu crois, garçon? interrogea le père Absinthe.

— Je l'affirmerais presque. Comment, sans l'habitude des êtres de ce bouge, soupçonner l'existence de cette issue? L'aperçoit-on, par cette nuit obscure, avec ce brouillard épais? Non, car moi qui, sans me vanter, ai de bons yeux, je ne l'ai pas vue...

— Ça, c'est vrai!...

— Les deux femmes y sont venues, pourtant, sans hésitation, sans tâtonnements, en ligne directe; et notez qu'il leur a fallu traverser diagonalement le jardin.

Le vétéran eût donné quelque chose pour avoir une petite objection à présenter, le malheur est qu'il n'en trouva pas.

— Par ma foi! fit-il, tu as une drôle de manière de procéder. Tu n'es qu'un conscrit, je suis un vieux de la vieille, j'ai assisté, en ma vie, à plus d'enquêtes que tu n'as d'années, et jamais je n'ai vu...

— Bast!... interrompit Lecoq, vous en verrez bien d'autres. Par exemple, je puis vous apprendre, pour commencer, que si les femmes savaient la situation exacte du portillon, l'homme ne la connaissait que par ouï-dire...

— Oh! pour le coup!...

— Cela se démontre, papa. Etudiez les empreintes du gaillard, et vous qui êtes malin, vous reconnaîtrez qu'en venant il a diablement dévié. Il était si peu sûr de son affaire que, pour trouver l'ouverture il a été obligé de la chercher, les mains en avant... et ses doigts ont laissé des traces sur la mince couche de neige qui recouvre la clôture.

Le bonhomme n'eût point été fâché de se rendre compte par lui-même, ainsi qu'il le disait, mais Lecoq était pressé.

— En route, en route! dit-il, vous vérifierez mes assertions une autre fois...

Ils sortirent alors du jardinet, et s'attachèrent aux empreintes qui remontaient vers les boulevards extérieurs, en appuyant toutefois un peu sur la droite dans la direction de la rue du Patay.

Point n'était besoin d'une attention soutenue. Personne, hormis les fugitifs, ne s'était aventuré dans ces parages déserts depuis la dernière tombée de neige. Un enfant eût suivi la voie, tant elle était claire et distincte.

Quatre empreintes, très-différentes, formaient la piste : deux étaient celles des femmes; les deux autres, l'une à l'aller, l'autre au retour, avaient été laissées par l'homme.

A diverses reprises, ce dernier avait posé le pied juste sur les pas des deux femmes, les effaçant à demi, et ainsi il ne pouvait subsister de doutes quant à l'instant précis de la soirée où il était venu épier.

A cent mètres environ de la *Poivrière*, Lecoq saisit brusquement le bras de son vieux collègue.

— Halte!... commanda-t-il, nous approchons du bon endroit, j'entrevois des indices positifs.

L'endroit était un chantier abandonné, ou plutôt la réserve d'un entrepreneur de bâtisses. Il s'y trouvait déposés selon le caprice des charretiers quantité d'énormes blocs de pierre, les uns travaillés, les autres bruts, et bon nombre de grandes pièces de bois grossièrement équarries.

Devant un de ces madriers, dont la surface avait été essuyée, toutes les empreintes se rejoignaient, se mêlaient et se confondaient.

— Ici, prononça le jeune policier, nos fugitives ont rencontré l'homme, et tenu conseil avec lui. L'une d'elles, celle qui a les pieds si petits, s'est assise.

— C'est ce dont nous allons nous assurer plus amplement, fit d'un ton entendu le père Absinthe.

Mais son compagnon coupa court à ces velléités de vérification.

— Vous, l'ancien, dit-il, vous allez me faire l'amitié de vous tenir tranquille; passez-moi la lanterne et ne bougez plus...

Le ton modeste de Lecoq était devenu soudainement si impérieux que le bonhomme n'osa lui résister.

Comme le soldat au commandement de fixe, il resta planté sur ses jambes, immobile, muet, penaud, suivant d'un œil curieux et ahuri les mouvements de son collègue.

Libre de ses allures, maître de manœuvrer la lumière selon la rapidité de ses idées, le jeune policier explorait les environs dans un rayon assez étendu.

Moins inquiet, moins remuant, moins agile, est le limier qui quête.

Il allait, venait, tournait, s'écartait, revenait encore, courant ou s'arrêtant sans raison apparente; il palpait, il scrutait, il interrogeait tout : le terrain, les bois, les pierres et jusqu'aux plus menus objets; tantôt debout, le plus souvent à genoux, quelquefois à plat ventre, le visage si près de terre que son haleine devait faire fondre la neige.

Il avait tiré un mètre de sa poche, et il s'en servait avec une prestesse d'arpenteur, il mesurait, mesurait, mesurait...

Et tous ces mouvements, il les accompagnait de gestes bizarres comme ceux d'un fou, les entrecoupant de jurons ou de petits rires, d'exclamations de dépit ou de plaisir.

Enfin, après un quart d'heure de cet étrange exercice, il revint près du père Absinthe, posa sa lanterne sur le madrier, s'essuya les mains à son mouchoir et dit :

— Maintenant, je sais tout.

— Oh !... c'est peut-être beaucoup.

— Quand je dis tout, je veux dire tout ce qui se rattache à cet épisode du drame qui là-bas, chez la veuve Chupin, s'est dénoué dans le sang. Ce terrain vague, couvert de neige, est comme une immense page blanche où les gens que nous recherchons ont écrit, non-seulement leurs mouvements et leurs démarches, mais encore leurs secrètes pensées, les espérances et les angoisses qui les agitaient. Que vous disent-elles, papa, ces empreintes fugitives ? Rien. Pour moi, elles vivent comme ceux qui les ont laissées, elles palpitent, elles parlent, elles accusent !...

A part soi, le vieil agent de la sûreté se disait :

— Certainement, ce garçon est intelligent ; il a des moyens, c'est incontestable, seulement il est toqué.

— Voici donc, poursuivait Lecoq, la scène que j'ai

lue. Pendant que le meurtrier se rendait à la *Poivrière*, avec les deux femmes, son compagnon, je l'appellerai son complice, venait l'attendre ici. C'est un homme d'un certain âge, de haute taille, — il a au moins un mètre quatre-vingts, — coiffé d'une casquette molle, vêtu d'un paletot marron de drap moutonneux, marié très-probablement, car il porte une alliance au petit doigt de la main droite...

Les gestes désespérés de son vieux collègue le contraignirent de s'arrêter.

Ce signalement d'un individu dont l'existence n'était que bien juste démontrée, ces détails précis donnés d'un ton de certitude absolue, renversaient toutes les idées du père Absinthe et renouvelaient ses perplexités.

— Ce n'est pas bien, grondait-il, non, ce n'est pas délicat. Tu me parles de gratification, je prends la chose au sérieux, je t'écoute, je t'obéis en tout... et voilà que tu te moques de moi. Nous trouvons quelque chose, et au lieu d'aller de l'avant, tu t'arrêtes à conter des blagues...

— Non, répondit le jeune policier, je ne raille pas et je ne vous ai rien dit encore dont je ne sois matériellement sûr, rien qui ne soit la stricte et indiscutable vérité.

— Et tu voudrais que je croie...

— Ne craignez rien, papa, je ne violenterai pas vos convictions. Quand je vous aurai dit mes moyens d'investigation, vous rirez de la simplicité de ce qui, en ce moment, vous semble incompréhensible.

— Va donc, fit le bonhomme d'un ton résigné.

— Nous en étions, mon ancien, au moment où le

complice montait ici la garde, et le temps lui durait. Pour distraire son impatience, il faisait les cent pas le long de cette pièce de bois, et par instants il suspendait sa monotone promenade pour prêter l'oreille. N'entendant rien, il frappait du pied, en se disant sans doute : « Que diable devient donc l'autre, là-bas!...» Il avait fait une trentaine de tours, je les ai comptés, quand un bruit sourd rompit le silence... les deux femmes arrivaient.

Au récit de Lecoq, tous les sentiments divers dont se compose le plaisir de l'enfant écoutant un conte de fées, le doute, la foi, l'anxiété, l'espérance, se heurtaient et se brouillaient dans la cervelle du père Absinthe.

Que croire, que rejeter? Il ne savait. Comment discerner le faux du vrai, parmi toutes ces assertions également péremptoires?

D'un autre côté, la gravité du jeune policier, qui certes n'était pas feinte, écartait toute idée de plaisanterie.

Puis la curiosité l'aiguillonnait.

— Nous voici donc aux femmes, dit-il.

— Mon Dieu, oui, répondit Lecoq; seulement, ici la certitude cesse; plus de preuves, mais seulement des présomptions. J'ai tout lieu de croire que nos fugitives ont quitté la salle du cabaret dès le commencement de la bagarre, avant les cris qui nous ont fait accourir. Qui sont-elles? Je ne puis que le conjecturer. Je soupçonne cependant qu'elles ne sont pas de conditions égales. J'inclinerais volontiers à penser que l'une est la maîtresse et l'autre la servante.

— Il est de fait, hasarda le vieil agent, que la différence de leurs pieds et de leurs chaussures est considérable.

Cette observation ingénieuse eut le don d'arracher un sourire aux préoccupations du jeune policier.

— Cette différence, dit-il sérieusement, est quelque chose, mais ce n'est pas elle qui a fixé mon opinion. Si le plus ou moins de perfection des extrémités réglait les conditions sociales, beaucoup de maîtresses seraient servantes. Ce qui me frappe, le voici :

Quand ces deux malheureuses sortent épouvantées de chez la Chupin, la femme au petit pied s'élance d'un bond dans le jardin, elle court en avant, elle entraîne l'autre, elle la distance. L'horreur de la situation, l'infamie du lieu, l'effroi du scandale, l'idée d'une situation à sauver, lui communiquent une merveilleuse énergie.

Mais son effort, ainsi qu'il arrive toujours aux femmes délicates et nerveuses, ne dure que quelques secondes. Elle n'est pas à la moitié du chemin qu'il y a d'ici à la *Poivrière*, que son élan se ralentit, ses jambes fléchissent. Dix pas plus loin, elle chancelle et trébuche. Quelques pas encore, elle s'affaisse si bien que ses jupes appuient sur la neige et y tracent un léger cercle.

Alors intervient la femme aux souliers plats. Elle saisit sa compagne par la taille, elle l'aide, — et leurs empreintes se confondent — puis la voyant décidément près de défaillir, elle la soulève entre ses robustes bras et la porte — et l'empreinte de la femme au petit pied cesse...

Lecoq inventait-il à plaisir, cette scène n'était-elle qu'un jeu de son imagination ?

Feignait-il cet accent absolu que donne la conviction

profonde et sincère, et qui fait, pour ainsi dire, revivre la réalité?

Le père Absinthe conservait l'ombre d'un doute, mais il entrevoyait un moyen infaillible d'en finir avec ses soupçons.

Il s'empara lestement de la lanterne et courut étudier ces empreintes qu'il avait regardées, qu'il n'avait pas su voir, qui avaient été muettes pour lui, et qui avaient livré leur secret à un autre.

Il dut se rendre. Tout ce que Lecoq avait annoncé, il le retrouva, il reconnut les pas confondus, le cercle des jupons, la lacune des élégantes empreintes.

A son retour, sa contenance seule trahissait une admiration respectueusement ébahie, et c'est avec une nuance très-saisissable de confusion qu'il dit :

— Il ne faut pas en vouloir à un vieux de la vieille, qui est un peu comme saint Thomas... J'ai touché du doigt, et je voudrais bien savoir la suite.

Certes, il s'en fallait que le jeune policier lui en voulût de son incrédulité.

— Ensuite, reprit-il, le complice qui avait entendu venir les fugitives court au-devant d'elles, et il aide la femme au large pied à porter sa compagne. Cette dernière se trouvait décidément mal. Aussitôt le complice retire sa casquette, et s'en sert pour épousseter la neige qui se trouvait sur le madrier. Puis, ne jugeant pas la place assez sèche, il l'essuie du pan de sa redingote.

Ces soins sont-ils pure galanterie ou prévenance habituelle d'un subalterne? Je me le suis demandé.

Ce qui est positif, c'est que pendant que la femme au petit pied reprenait ses sens, à demi étendue sur ce madrier, l'autre entraînait le complice à cinq ou six pas, à gauche, jusqu'à cet énorme bloc.

Là, elle lui parle, et tout en l'écoutant, l'homme, machinalement, pose sur le bloc couvert de neige, sa main qui y laisse une empreinte d'une merveilleuse netteté... puis l'entretien continuant, c'est son coude qu'il appuie sur la neige...

Comme tous les gens d'une intelligence bornée, le père Absinthe devait passer rapidement d'une défiance idiote à une confiance absurde.

Il pouvait tout croire désormais, par la même raison que d'abord il n'avait rien cru.

Sans notions sur les bornes des déductions et de la pénétration humaines, il n'apercevait pas de limites au génie conjectural de son compagnon.

C'est donc de la meilleure foi du monde qu'il lui demanda :

— Et que disaient le complice et la femme aux souliers plats ?

Si Lecoq sourit de cette naïveté, l'autre ne s'en douta pas.

— Il m'est assez difficile de répondre, fit-il; je crois pourtant que la femme expliquait à l'homme l'immensité et l'imminence du danger de sa compagne, et qu'ils cherchaient à eux deux le moyen de le conjurer. Peut-être rapportait-elle des ordres donnés par le meurtrier. Le positif, c'est qu'elle finit en priant le complice de courir jusqu'à la *Poivrière* pour essayer de surprendre ce qui s'y passe. Et il y court, puisque sa piste de l'aller part de ce bloc de pierre.

— Et dire, s'écria le vieil agent, que nous étions dans

le cabaret à ce moment!... Un mot de Gévrol et nous pincions la bande entière. Quelle déveine et quel malheur!...

Le désintéressement de Lecoq n'allait pas jusqu'à partager les regrets de son collègue.

L'erreur de Gévrol, il la bénissait, au contraire. N'était-ce pas à elle qu'il devait l'information de cette affaire que de plus en plus il jugeait mystérieuse, et que cependant il espérait pénétrer?

— Pour finir, reprit-il, le complice ne tarde pas à reparaître, il a vu la scène, il a eu peur, il s'est hâté!... Il tremble que l'idée ne vienne aux agents qu'il a vus de battre les terrains vagues. C'est à la femme aux petits pieds qu'il s'adresse, il lui démontre la nécessité de la fuite, et que chaque minute perdue peut devenir mortelle. A sa voix, elle rassemble toute son énergie, elle se lève et s'éloigne au bras de sa compagne.

L'homme leur a-t-il indiqué la route à suivre, la connaissaient-elles? Nous le saurons plus tard. Ce qui est acquis, c'est qu'il les a accompagnées à quelque distance pour veiller sur elles.

Mais au-dessus de ce devoir de protéger ces deux femmes, il en a un plus sacré, celui de secourir s'il le peut son complice. Il rebrousse donc chemin, repasse par ici, et voici sa dernière piste qui s'éloigne dans la direction de la rue du Château-des-Rentiers. Il veut savoir ce que deviendra le meurtrier, il va se placer sur son passage...

Pareil au dilettante qui sait attendre, pour applaudir, la fin du morceau qui le transporte, le père Absinthe avait su contenir son admiration.

C'est seulement quand il vit que le jeune policier avait fini, qu'il lâcha la bride à son enthousiasme.

— Voilà une enquête!... s'écria-t-il. Et on dit que Gévrol est fort. Qu'il y vienne donc!... Tenez, voulez-vous que je vous dise? Eh bien! comparé à vous, le Général n'est que de la Saint-Jean.

Certes la flatterie était grossière, mais sa sincérité n'était pas douteuse. Puis c'était la première fois que cette rosée de la louange tombait sur la vanité de Lecoq: elle l'épanouit.

— Bast!... répondit-il d'un ton modeste, vous êtes trop indulgent, papa. En somme, qu'ai-je fait de si fort? Je vous ai dit que l'homme avait un certain âge... ce n'était pas difficile après avoir examiné son pas lourd et traînant. Je vous ai fixé sa taille, la belle malice!... Quand je me suis aperçu qu'il s'était accoudé sur le bloc de pierre qui est là, à gauche, j'ai mesuré le susdit bloc. Il a un mètre soixante-sept, donc l'homme qui a pu y appuyer son coude a au moins un mètre quatre-vingts. L'empreinte de sa main m'a prouvé que je ne me trompais pas. En voyant qu'on avait enlevé la neige qui recouvrait le madrier, je me suis demandé avec quoi; j'ai songé que ce pouvait être avec une casquette, et une marque laissée par la visière m'a prouvé que je ne me trompais pas.

Enfin, si j'ai su de quelle couleur est son paletot, et de quelle étoffe, c'est que lorsqu'il a essuyé le bois humide, des éclats de bois ont retenu ces petits flocons de laine marron que j'ai retrouvés et qui figureront aux pièces de conviction... Qu'est-ce que tout cela? Rien. A peine avons-nous les premiers éléments de l'affaire...

Nous tenons le fil, il s'agit d'aller jusqu'au bout... En avant donc !

Le vieux policier était électrisé, et comme un écho, il répéta :

— En avant !!!

V

Cette nuit-là les vagabonds réfugiés aux environs de la *Poivrière* dormirent peu, et encore d'un pénible sommeil, coupé de sursauts, troublé par l'affreux cauchemar d'une descente de police.

Réveillés par les détonations de l'arme du meurtrier, croyant à quelque collision entre des agents de la sûreté et un de leurs camarades, ils restèrent sur pied pour la plupart, l'œil et l'oreille au guet, prêts à détaler comme une bande de chacals à la moindre apparence de danger.

D'abord, ils ne découvrirent rien de suspect.

Mais plus tard, sur les deux heures du matin, lorsqu'ils se rassuraient, le brouillard s'étant un peu dissipé, ils furent témoins d'un phénomène bien fait pour raviver toutes leurs inquiétudes.

Au milieu des terrains déserts, que les gens du quartier appelaient « la plaine, » une lumière petite et fort brillante, décrivait les plus capricieuses évolutions.

Elle se mouvait comme au hasard, sans direction apparente, traçant les plus inexplicables zigzags, rasant le sol parfois, d'autres fois s'élevant, immobile par instants et la seconde d'après filant comme une balle.

En dépit du lieu et de la saison, les moins ignorants d'entre les coquins crurent à un feu follet, à une de ces flammes légères qui s'allument spontanément au-dessus des marais et flottent dans l'atmosphère au gré de la brise.

Ce feu follet... c'était la lanterne des deux agents de la sûreté qui continuaient leurs investigations...

Avant de quitter le chantier où il s'était si soudainement révélé à son premier disciple, Lecoq avait eu de longues et cruelles perplexités.

Il n'avait pas encore le coup d'œil magistral de la pratique. Il n'avait pas surtout la hardiesse et la promptitude de décision que donne un passé de succès.

Or, il hésitait entre deux partis également raisonnables, offrant chacun en sa faveur des probabilités et des arguments de même poids.

Il se trouvait entre deux pistes : celle des deux femmes, d'un côté, celle du complice du meurtrier, de l'autre.

A laquelle s'attacher?... Car, de pouvoir les relever toutes deux, il ne fallait pas l'espérer.

Assis sur le madrier qui lui semblait garder encore la chaleur du corps de la femme au petit pied, le front dans sa main, il réfléchissait, il pesait ses chances.

— Suivre l'homme, murmurait-il, cela ne m'apprendra rien que je ne devine. Il est allé s'embusquer sur le passage de la ronde, il l'a accompagnée de loin, il a regardé coffrer son complice, enfin il a sans doute rôdé autour du poste. En me jetant rapidement sur ses traces, puis-je espérer le rejoindre, me saisir de sa personne? Non, trop de temps s'est écoulé...

Ce monologue, le père Absinthe l'écoutait avec une curiosité ardente et convaincue, anxieux autant que le naïf qui est allé consulter une somnambule pour un objet perdu, et qui attend l'oracle.

— Suivre les femmes, continuait le jeune policier, à quoi cela mènera-t-il? Peut-être à une découverte importante, peut-être à rien!

De ce côté, c'est l'inconnu avec toutes ses déceptions, mais aussi avec toutes ses chances heureuses.

Il se leva, son parti était pris.

— Eh bien!... s'écria-t-il, je choisis l'inconnu! Nous allons, père Absinthe, nous attacher aux pas des deux femmes, et tant qu'ils nous guideront, nous irons...

Enflammés d'une ardeur pareille, ils se mirent en marche. Au bout de la voie où ils s'engageaient, ils apercevaient, ainsi qu'un phare magique, l'un la gratification, l'autre la gloire du succès.

Ils allaient grand train. Au début ce n'était qu'un jeu de suivre ces traces si distinctes qui s'éloignaient dans la direction de la Seine.

Mais ils ne tardèrent pas à être forcés de ralentir leur allure.

Le désert finissait, ils arrivaient aux confins de la civilisation pour ainsi dire, et à chaque instant des empreintes étrangères se mêlaient aux empreintes des fugitives, se confondaient avec elles; et parfois les effaçaient.

Puis, en beaucoup d'endroits, selon l'exposition ou la nature du sol, le dégel avait fait son œuvre, et il se rencontrait de grands espaces absolument débarrassés de neige.

La piste se trouvait alors interrompue, et ce n'était pas trop, pour la ressaisir, de toute la sagacité de Lecoq et de toute la bonne volonté de son vieux compagnon.

En ces occasions, le père Absinthe plantait sa canne en terre, près de la dernière empreinte relevée, et Lecoq et lui quêtaient et battaient le terrain autour de ce point de repaire, à la façon des limiers en défaut.

C'est alors que la lanterne évoluait si étrangement.

Dix fois, malgré tout, ils eussent perdu la voie ou pris le change, sans les élégantes bottines de la femme au petit pied.

Elles avaient, ces bottines, des talons si hauts, si étroits, si singulièrement échancrés, qu'ils rendaient une méprise impossible. Ils enfonçaient à chaque pas de trois ou quatre centimètres dans la neige ou dans la boue, et leur empreinte révélatrice restait nette comme celle du cachet sur la cire.

C'est grâce à ces talons que les agents reconnurent que les deux fugitives n'avaient pas remonté la rue du Patay, comme on devait s'y attendre. Sans doute elles l'avaient jugée peu sûre et trop éclairée.

Elles l'avaient traversée simplement, un peu au-dessous de la ruelle de la Croix-Rouge, et avaient profité d'un vide entre deux maisons pour se rejeter dans les terrains vagues.

— Décidément, murmura Lecoq, les coquines connaissent le pays.

En effet, elles en savaient si bien la topographie, qu'en quittant la rue du Patay, elles avaient brusquement tourné à droite, pour éviter de vastes tranchées ouvertes par des chercheurs de terre à brique.

Mais leur piste était redevenue on ne peut plus visible, et elle resta telle jusqu'à la rue du Chevaleret.

Là, par exemple, les indices cessèrent brusquement.

Lecoq releva bien huit ou dix empreintes de la fugitive aux souliers plats, mais ce fut tout.

Le terrain, il est vrai, ne se prêtait guère à une exploration de cette nature. La circulation avait été assez active dans la rue du Chevaleret, et s'il restait encore un peu de neige sur les trottoirs, le milieu de la chaussée était transformé en une rivière de boue.

— Les gaillardes ont-elles enfin songé que la neige pouvait les trahir, grommela le jeune policier, ont-elles pris la chaussée ?

A coup sûr, elles n'avaient pu traverser comme l'instant d'avant ; car de l'autre côté de la rue s'étendait le mur d'une fabrique.

— N, i, ni, prononça le père Absinthe, nous en sommes pour nos frais.

Mais Lecoq n'était pas d'une trempe à jeter le manche après la cognée pour un échec.

Animé de la rage froide de l'homme qui voit lui échapper l'objet qu'il croyait saisir, il recommença ses recherches, et bien lui en prit.

— J'y suis !... cria-t-il tout à coup, je devine, je vois !...

Le père Absinthe s'approcha. Il ne voyait ni ne devinait, lui, mais il n'en était plus à douter de son compagnon.

— Regardez là, lui dit Lecoq ; qu'apercevez-vous ?...

— Les traces laissées par les roues d'une voiture qui a tourné court.

— Eh bien !... papa, ces traces expliquent tout. Arrivées à cette rue, nos fugitives ont aperçu dans le lointain les lanternes d'un fiacre qui s'avançait, revenant de

Paris. S'il était vide, c'était le salut. Elles l'ont attendu, et, quand il a été à portée, elles ont appelé le cocher... Sans doute, elles lui ont promis un bon pourboire; ce qui est clair, c'est qu'il a consenti à rebrousser chemin. Il a tourné court, elles sont montées en voiture... et voilà pourquoi les empreintes finissent ici.

Cette explication ne dérida pas le bonhomme.

— Sommes-nous plus avancés, maintenant que nous savons cela? dit-il.

Lecoq ne put s'empêcher de hausser les épaules.

— Espériez-vous donc, fit-il, que la piste des coquines nous conduirait à travers tout Paris jusqu'à la porte de leur maison?...

— Non, mais...

— Alors, que voulez-vous de mieux? Pensez-vous que je ne saurai pas, demain, retrouver ce cocher? Il rentrait à vide, cet homme, sa journée finie, donc sa remise est dans le quartier. Croyez-vous qu'il ne se souviendra pas d'avoir pris deux personnes rue du Chevaleret? Il nous dira où il les a déposées, ce qui ne signifie rien, car elles ne lui auront certes pas donné leur adresse, mais il nous dira aussi leur signalement, comment elles étaient mises, leur air, leur âge, leurs façons. Et avec cela, et ce que nous savons déjà...

Un geste éloquent compléta sa pensée, puis il ajouta :

— Il s'agit, à présent, de regagner la *Poivrière,* et vite... Et vous, l'ancien, vous pouvez éteindre votre lanterne.

VI

Tout en jouant ferme des jambes pour se maintenir à la hauteur de son compagnon qui courait presque, tant il avait hâte d'être de retour à la *Poivrière*, le père Absinthe songeait, et une lumière toute nouvelle se faisait dans son cerveau.

Depuis vingt-cinq ans qu'il était à la Préfecture, le bonhomme avait vu, selon son expression, bien des collègues lui passer sur le corps, et conquérir après une année d'emploi une situation qu'on refusait à ses longs services.

En ce cas-là, il ne manquait jamais d'accuser ses supérieurs d'injustice, et ses rivaux heureux de basse flatterie.

Pour lui l'ancienneté était le seul titre à l'avancement, l'unique, le plus beau, le plus respectable.

Quand il avait dit : « Faire des passe-droits à un ancien, à un vieux de la vieille, est une infamie, » il avait résumé son opinion, ses griefs et toutes ses amertumes.

Eh bien !... cette nuit-là, le père Absinthe découvrit qu'à côté de l'ancienneté il y avait quelque chose, et que « le choix » a sa raison d'être. Il s'avoua que ce conscrit qu'il avait traité si légèrement, venait d'entamer une information comme jamais lui, vétéran chevronné, n'eût su le faire.

Mais s'entretenir avec soi n'était pas le fort du bonhomme, il ne tarda pas à s'ennuyer de lui-même, et comme on arrivait à un passage assez difficile pour qu'il fût nécessaire de ralentir le train, il jugea le moment favorable à un bout de conversation.

— Vous ne dites rien, camarade, commença-t-il, et on jurerait que vous n'êtes pas content.

Ce vous, surprenant résultat des réflexions du vieil agent, aurait frappé Lecoq, si son esprit n'eût été à mille lieues de son compagnon.

— Je ne suis pas content, en effet, répondit-il.

— Allons donc !... Vous étiez gai comme pinson, il n'y a pas dix minutes.

— C'est qu'alors je ne prévoyais pas le malheur qui nous menace.

— Un malheur...

— Et très-grand. Ne sentez-vous donc pas que le temps s'est incroyablement radouci. Il est clair que le vent est au sud. Le brouillard s'est dissipé, mais le temps est couvert, il menace... Il pleuvra peut-être avant une heure.

— Il tombe des gouttes déjà, je viens d'en sentir une...

Cette phrase fit sur Lecoq l'effet d'un coup de fouet donné à un cheval vigoureux. Il bondit et prit une allure encore plus précipitée, en répétant :

— Hâtons-nous !... hâtons-nous !...

Le bonhomme prit le pas de course, mais son esprit

était on ne peut plus troublé de la réponse de son jeune compagnon.

Un grand malheur!... Le vent du sud!... La pluie!... Il ne voyait pas, non il ne pouvait voir le rapport.

Intrigué outre mesure, vaguement inquiet, il questionna, bien qu'il n'eût guère que juste assez d'haleine pour suffire à la course forcée qu'il fournissait.

— Parole d'honneur, dit-il, j'ai beau me creuser la tête...

Le jeune policier eut pitié de son anxiété.

— Quoi!... interrompit-il, toujours courant, vous ne comprenez pas que de ces nuages noirs que le vent pousse, dépendent le sort de notre enquête, mon succès, votre gratification!...

— Oh!...

— Il n'y a pas de oh! l'ancien, malheureusement. Vingt minutes d'une petite pluie douce et nous aurions perdu notre temps et nos peines. Qu'il pleuve, la neige fond et adieu nos preuves. Ah! c'est une fatalité! Marchons, marchons plus vite!... En êtes-vous à savoir qu'une enquête doit apporter autre chose que des paroles!... Quand nous affirmerons au juge d'instruction que nous avons vu des traces de pas, il nous répondra : où? Et que dire?... Quand nous jurerons sur nos grands dieux que nous avons reconnu et relevé le pied d'un homme et de deux femmes, on nous dira : faites un peu voir?... Qui sera penaud alors?... Le père Absinthe et Lecoq. Sans compter que Gévrol ne se fera pas faute de déclarer que nous mentons pour nous faire valoir et pour l'humilier...

— Par exemple!...

— Plus vite, papa, plus vite, vous vous indignerez demain. Pourvu qu'il ne pleuve pas!... Des empreintes si belles, si nettes, reconnaissables, qui seraient la confusion des coupables... Comment les conserver. Par quel procédé les solidifier?... J'y coulerais de mon sang, s'il devait s'y figer.

Le père Absinthe se rendait cette justice que sa part de collaboration jusqu'ici était des plus minimes.

Il avait tenu la lanterne.

Mais voici que pour acquérir des droits réels et solides à la gratification, une occasion, croyait-il, se présentait.

Il la saisit...

— Je sais, déclara-t-il, comment on opère pour mouler et conserver des pas marqués sur la neige.

A ces mots, le jeune policier s'arrêta net.

— Vous savez cela, vous? interrompit-il.

— Oui, moi, répondit le vieil agent, avec la nuance de fatuité d'un homme qui prend sa revanche. On a inventé le truc pour l'*affaire de la Maison-Blanche* qui a eu lieu l'hiver, au mois de décembre...

— Je me la rappelle.

— Eh bien!... il y avait sur la neige, dans la cour, une grande diablesse d'empreinte qui faisait le bonheur du juge d'instruction. Il disait qu'à elle seule elle était toute la question, et qu'elle vaudrait dix ans de travaux forcés de plus à l'accusé. Naturellement il tenait à la conserver. On fit venir un grand chimiste de Paris.

— Passez, passez!...

— Pour lors, je n'ai pas vu pratiquer la chose de mes yeux, mais l'expert m'a tout raconté en me montrant le bloc qu'on avait obtenu. Même il me disait qu'il m'expliquait cela à cause de ma profession, et pour mon éducation...

Lecoq trépignait d'impatience.

— Enfin, dit-il brusquement, comment s'y prenait-il.

— Attendez... j'y suis. On prend des plaques de gélatine de première qualité, bien transparentes, et on les met tremper dans de l'eau froide. Quand elles sont bien ramollies, on les fait chauffer et fondre au bain-marie, jusqu'à ce qu'elles forment une bouillie ni trop claire ni trop épaisse. On laisse refroidir cette bouillie jusqu'au point où elle ne coule plus que bien juste et on en verse une couche bien mince sur l'empreinte.

Lecoq était pris de cette irritation si naturelle après une fausse joie, quand on reconnaît qu'on a perdu son temps à écouter un imbécile.

— Assez!... interrompit-il durement; votre procédé est celui d'Hugoulin, et on le trouve dans tous les manuels. Il est excellent, mais en quoi peut-il nous servir?... Avez-vous de la gélatine sur vous?...

— Pour cela, non...

— Ni moi non plus... Autant donc eût valu me conseiller de couler du plomb fondu dans les empreintes pour les fixer...

Ils reprirent leur course, et cinq minutes plus tard, sans un mot échangé, ils rentraient dans le cabaret de la veuve Chupin.

Le premier mouvement du bonhomme devait être de s'asseoir, de se reposer, de respirer... Lecoq ne lui en laissa pas le loisir.

— Haut de pied, papa! commanda-t-il; procurez-moi

une terrine, un plat, un vase quelconque ; donnez-moi de l'eau ; réunissez tout ce qu'il y a de planches, de caisses, de vieilles boîtes dans cette cambuse.

Lui-même, pendant que son compagnon obéissait, il s'arma d'un tesson de bouteille et se mit à râcler furieusement l'enduit de la cloison qui séparait en deux les pièces du rez-de-chaussée de la *Poivrière*.

Son intelligence, déconcertée d'abord par l'imminence d'une catastrophe imprévue, avait repris son équilibre. Il avait réfléchi, il s'était ingénié à chercher un moyen de conjurer l'accident... et il espérait.

Quand il eut à ses pieds sept ou huit poignées de poussière de plâtre, il en délaya la moitié dans de l'eau, de façon à former une pâte extrêmement peu consistante, et il mit le reste de côté dans une assiette.

— Maintenant, papa, dit-il, venez m'éclairer.

— Une fois dans le jardin, le jeune policier chercha la plus nette et la plus profonde des empreintes, s'agenouilla devant et commença son expérience, palpitant d'anxiété.

Il répandit d'abord sur l'empreinte une fine couche de poussière de plâtre sec, et sur cette couche, avec des précautions infinies, il versa petit à petit son délayage, qu'il saupoudrait à mesure de poussière sèche.

O bonheur !... La tentative réussissait !... Le tout formait un bloc homogène et se moulait. Et après une heure de travail, il possédait une demi-douzaine de clichés, qui manquaient peut-être de netteté, mais fort suffisants encore comme pièces de conviction.

Lecoq avait eu raison de craindre ; la pluie commençait.

Il eut encore néanmoins le temps de couvrir avec les planches et les caisses réunies par le père Absinthe un certain nombre de traces qu'il mettait ainsi, pour quelques heures, à l'abri du dégel...

Enfin, il respira. Le juge d'instruction pouvait venir.

VII

Il y a loin, de la *Poivrière* à la rue du Chevaleret, même en prenant par la « plaine » qui évite les détours.

Il n'avait pas fallu moins de quatre heures à Lecoq et à son vieux collègue, pour recueillir au dehors leurs éléments d'information.

Et pendant tout ce temps, le cabaret de la veuve Chupin était resté grand ouvert, accessible au premier venu.

Pourtant, lorsque le jeune policier avait, à son retour, remarqué cet oubli des précautions les plus élémentaires, il ne s'en était pas inquiété.

Tout bien considéré, il était difficile de soupçonner de graves inconvénients à cette étourderie.

Qui donc serait venu, passé minuit, jusqu'à ce cabaret? Sa redoutable renommée élevait autour de lui comme des fortifications. Les pires coquins n'y buvaient pas sans inquiétude, craignant, s'ils venaient à perdre conscience de leurs actes, d'être dépouillés par des voleurs au poivrier.

Il se pouvait, tout au plus, qu'un intrépide, revenant de danser à *l'Arc-en-Ciel*, où il y avait bal de nuit, se sentant quelques sous en poche, et altéré par conséquent, eût été attiré par les lueurs qui s'échappaient de la porte.

Mais il suffisait d'un regard à l'intérieur pour mettre en fuite les plus braves.

En moins d'une seconde, le jeune policier avait envisagé toutes ces probabilités, mais il n'en avait soufflé mot au père Absinthe.

C'est que, peu à peu, l'ivresse de sa joie et de ses espérances s'était dissipée, il était revenu à son calme habituel et, faisant un retour sur soi, il n'était pas enchanté de sa conduite.

Qu'il expérimentât son système d'investigations sur le père Absinthe, comme l'apprenti tribun essaie sur ses amis ses moyens oratoires, rien de mieux.

Même, il avait accablé de sa supériorité le vétéran de la rue de Jérusalem, il l'en avait écrasé.

Le beau mérite et la rare victoire!... Le bonhomme était un bêta; lui, Lecoq, se croyait très-fin... Etait-ce une raison pour se pavaner et faire la roue?...

Si encore il eût donné de sa force et de sa pénétration une preuve éclatante!... Mais qu'avait-il fait?... Le mystère était-il éclairci?... Le succès cessait-il d'être problématique?... Pour un fil tiré, l'écheveau n'est pas débrouillé.

Cette nuit-là, sans doute, alors que se décidait son avenir de policier, il se jura que, s'il ne parvenait pas à se guérir de sa vanité, il s'efforcerait de la dissimuler.

C'est donc d'un ton fort modeste qu'il s'adressa à son compagnon :

— Nous en avons fini avec le dehors, dit-il; ne serait-il pas sage de nous occuper de l'intérieur?...

Tout semblait bien tel que l'avaient vu les deux agents en s'éloignant. Une chandelle à mèche fumeuse et charbonnée éclairait de ses reflets rougeâtres le même désordre, et les cadavres roidis des trois victimes.

Sans perdre une minute, Lecoq se mit à ramasser et à étudier un à un tous les objets renversés. Quelques-uns étaient encore intacts. Ceci tenait à ce que la veuve Chupin avait reculé devant la dépense d'un carrelage, jugeant assez bon pour les pieds de ses pratiques le terrain même sur lequel était bâti le cabaret. Ce sol, qui avait dû être uni autrefois, comme l'aire des fermes, s'était dégradé à la longue, et par les temps humides, par les jours de dégel, il n'était guère moins boueux que « la plaine » elle-même.

Les premières recherches donnèrent les débris d'un saladier, et une grande cuiller de fer, trop tordue pour n'avoir pas servi d'arme pendant la bataille.

Il était clair qu'aux premiers mots de la querelle, les victimes se régalaient de ce mélange d'eau, de vin et de sucre, classique aux barrières, sous le nom de vin à la française.

Après le saladier, les deux agents réunirent cinq de ces horribles verres de cabaret, lourds, à fond très-épais, qui semblent devoir contenir une demi-bouteille, et qui, en réalité, ne tiennent presque rien. Trois étaient brisés, deux entiers.

Il y avait eu du vin dans ces cinq verres... du même vin à la française. On le voyait, mais pour plus de sûreté, Lecoq appliqua sa langue sur l'espèce de mélasse bleuâtre restée au fond de chacun d'eux.

— Diable!... murmura-t-il d'un air inquiet.

Aussitôt il examina successivement le dessus de toutes les tables renversées. Sur l'une d'elles, celle qui se trouvait entre la cheminée et la fenêtre, on distinguait les traces encore humides de cinq verres, du saladier et même de la cuiller.

Cette circonstance avait pour le jeune policier une énorme gravité.

Elle prouvait clairement que cinq personnes avaient vidé le saladier de compagnie. Mais quelles personnes?...

— Oh!... fit Lecoq sur deux tons différents. Oh!... Ne serait-ce donc pas avec le meurtrier qu'étaient les deux femmes!...

Un moyen simple se présentait pour lever tous les doutes. C'était de voir si on ne découvrirait pas d'autres verres. On n'en découvrit qu'un, de la même forme que les autres, mais plus petit. On y avait bu de l'eau-de-vie.

Donc les femmes n'étaient pas avec le meurtrier, donc il ne s'était pas battu parce que les autres les avaient insultées, donc...

Du coup, toutes les suppositions de Lecoq s'en allaient à vau-l'eau. C'était un premier échec, il s'en désolait en silence, quand le père Absinthe, qui n'avait pas cessé de fureter, poussa un cri.

Le jeune policier se retourna, il vit que l'autre était tout pâle.

— Qu'y a-t-il? demanda-t-il.
— Il y a que quelqu'un est venu en notre absence.
— Impossible!...

Ce n'était pas impossible, c'était vrai.

Lorsque Gévrol avait arraché le tablier de la veuve Chupin, il l'avait jeté sur les marches de l'escalier, aucun des agents n'y avait touché... Eh bien!... les poches de ce tablier étaient retournées, c'était une preuve cela, c'était l'évidence.

Le jeune policier était consterné, et la contraction de son visage disait l'effort de sa pensée.

— Qui peut être venu?... murmurait-il. Des voleurs?... C'est improbable...

Puis, après un long silence que le vieil agent se garda bien d'interrompre :

— Celui qui est venu, s'écria-t-il, qui a osé pénétrer dans cette salle gardée par les cadavres d'hommes assassinés... celui-là ne peut être que le complice... Mais ce n'est pas assez d'un soupçon, il me faut une certitude, il me la faut, je la veux!...

Ah!... ils la cherchèrent longtemps, et ce n'est qu'après plus d'une heure d'efforts, que, devant la porte enfoncée par Gévrol, ils démêlèrent dans la boue, entre tous les piétinements, une empreinte qui se rapportait exactement à celles de l'homme qui était venu épier dans le jardin. Ils comparèrent, ils reconnurent les mêmes dessins formés par les clous, sous la semelle.

— C'est donc lui! dit le jeune policier. Il nous a guettés, il nous a vus nous éloigner et il est entré... Mais pourquoi?... Quelle nécessité pressante, irrésistible, a pu le décider à braver un danger imminent?...

Il saisit la main de son compagnon, et la serrant à la briser :

— Pourquoi?... continua-t-il violemment. Ah!... je ne le devine que trop. Il avait été laissé ici, oublié, perdu, quelque pièce de conviction qui devait éclairer les ténèbres de cette horrible affaire... Et pour la ressaisir, pour la reprendre, il s'est dévoué. Et dire que c'est par ma faute, par ma seule faute à moi, que cette preuve décisive nous échappe... Et je me croyais fort!... Quelle leçon!... Il fallait fermer la porte, un imbécile y eût songé...

Il s'interrompit et demeura bouche béante, la pupille dilatée, étendant le doigt vers un des coins de la salle.

— Qu'avez-vous? demanda le bonhomme effrayé.

Il ne répondit pas; mais lentement, avec les mouvements roides d'un somnambule, il s'approcha de l'endroit qu'il avait désigné du doigt, se baissa, ramassa un objet fort menu, et dit :

— Mon étourderie ne méritait pas ce bonheur.

L'objet qu'il avait ramassé était une boucle d'oreille, du genre de celles que les joailliers appellent des boutons. Elle était composée d'un seul diamant, très-gros. La monture était d'une merveilleuse délicatesse...

— Ce diamant, déclara-t-il, après un moment d'examen, doit valoir pour le moins cinq ou six mille francs.

— Vraiment?...

— Je crois pouvoir l'affirmer.

Il n'eût pas dit : « je crois, » quelques heures plus tôt, il eût dit carrément : « j'affirme. » Mais une première erreur était une leçon qu'il ne devait oublier de sa vie.

— Peut-être, objecta le père Absinthe, peut-être est-ce cette boucle d'oreille, que venait chercher le complice?

— Cette supposition n'est guère admissible. Il n'eût

point, en ce cas, fouillé le tablier de la Chupin. A quoi bon?... Non, il devait courir après autre chose... après une lettre, par exemple...

Le vieux policier n'écoutait plus, il avait pris la boucle d'oreille, et l'examinait à son tour.

— Et dire, murmurait-il, émerveillé des feux du diamant, et dire qu'il est venu à la *Poivrière* une femme qui avait pour dix mille francs de pierres aux oreilles!... qui le croirait!

Lecoq hocha la tête d'un air pensif.

— Oui, c'est invraisemblable, répondit-il, incroyable, absurde... Et cependant, nous en verrons bien d'autres, si nous arrivons jamais — ce dont je doute — à déchirer le voile de cette mystérieuse affaire.

VIII

Le jour se levait triste et morne, quand Lecoq et son vieux collègue jugèrent leur information complète.

Il n'y avait plus dans le cabaret un pouce carré qui n'eût été exploré, scrupuleusement examiné, étudié pour ainsi dire à la loupe.

Restait à rédiger le rapport.

Le jeune policier s'assit devant une table et commença par esquisser le *plan du théâtre du meurtre*, plan dont la légende explicative devait aider singulièrement à l'intelligence de son récit :

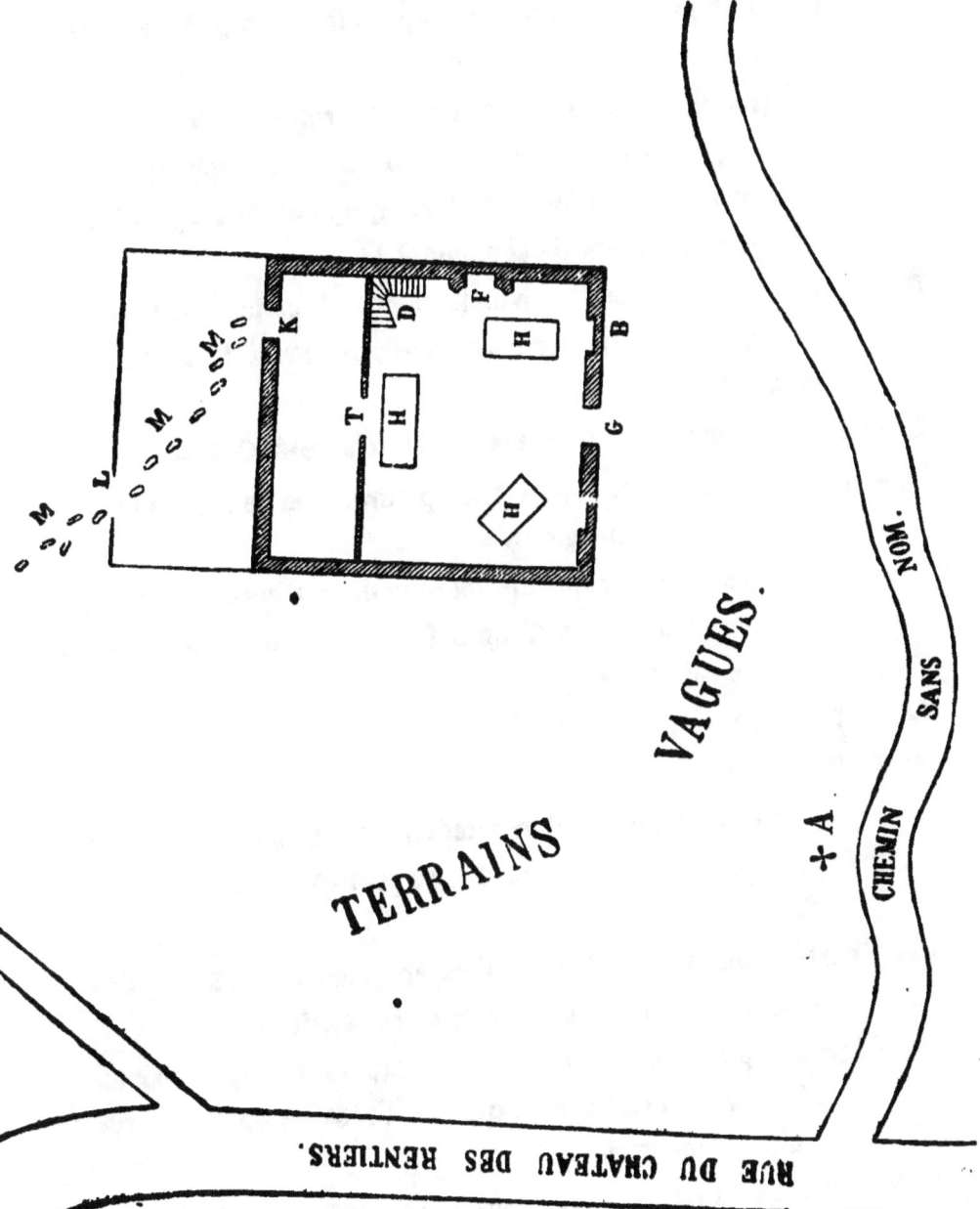

A. — Point d'où la ronde commandée par l'inspecteur du service de la sûreté, Gévrol, entendit les cris des victimes.

(La distance de ce point au cabaret dit la *Poivrière* n'est que de 123 mètres, ce qui donne à supposer que ces cris étaient les premiers, que, par conséquent, le combat commençait seulement.)

B. — Fenêtre fermée par des volets pleins, dont les ouvertures permirent à l'un des agents d'apercevoir la scène de l'intérieur.

C. — Porte enfoncée par l'inspecteur de la sûreté, Gévrol.

D. — Escalier sur lequel était assise, pleurant, la veuve Chupin, arrêtée provisoirement.

(C'est sur la troisième marche de cet escalier, que le tablier de la veuve Chupin fut plus tard retrouvé, les poches retournées.)

F. — Cheminée.

H. H. H. — Tables.

(Les empreintes d'un saladier et de cinq verres ont été constatées sur celle qui se trouve entre les points F. et B.)

T. — Porte communiquant avec l'arrière-salle du cabaret, devant laquelle le meurtrier armé se tenait debout.

K. — Seconde porte du cabaret, ouvrant sur le jardin, et par où pénétra celui des agents qui eut l'idée de couper la retraite du meurtrier.

L. — Portillon du jardinet, donnant sur les terrains vagues.

M. M. M. — Empreintes de pas sur la neige, relevées par les agents restés à la *Poivrière*, après le départ de l'inspecteur Gévrol.

Ainsi, dans cette notice explicative, Lecoq n'écrivait pas une seule fois son nom.

En exposant les choses qu'il avait imaginées ou faites, il mettait simplement : « un agent... »

Ce n'était pas modestie, mal calcul. A s'effacer à propos, on gagne un relief plus considérable quand on sort de l'ombre.

C'était par calcul aussi qu'il plaçait Gévrol en avant.

Cette tactique, un peu bien subtile, mais de bonne guerre, en somme, devait, pensait-il, appeler l'attention sur l'agent qui avait su agir quand tout l'effort du chef s'était borné à enfoncer une porte.

Ce qu'il rédigeait n'était pas un procès-verbal, acte authentique réservé aux seuls officiers de la police judiciaire, — c'était un simple rapport admis tout au plus à titre de renseignement, et cependant il le soignait comme un jeune général le bulletin de sa première victoire.

Tandis qu'il dessinait et écrivait, le père Absinthe se penchait au-dessus de son épaule pour voir.

Le plan, particulièrement, émerveillait le bonhomme. Il lui en était passé beaucoup sous les yeux, mais il s'était toujours figuré qu'il fallait être ingénieur, architecte, arpenteur tout au moins, pour exécuter un semblable travail. Point. Avec un mètre pour prendre quelques mesures et un bout de planche en guise de règle, ce conscrit, son collègue, se tirait d'affaire.

Sa considération pour Lecoq s'en augmenta prodigieusement.

Il est vrai que le digne vétéran de la rue de Jérusalem ne s'était aperçu, ni de l'explosion de la vanité du jeune policier, ni de son retour à une attitude modeste. Il n'avait vu ni ses inquiétudes, ni ses hésitations, ni les défauts de sa pénétration.

Après un bon moment, cependant, le père Absinthe se lassa de regarder courir la plume sur le papier. Il éprouvait le malaise d'une nuit passée, il se sentait la tête brûlante et il grelottait.

Puis, les genoux, ainsi qu'il le disait, lui rentraient dans le corps.

Peut-être aussi, sans en avoir conscience, éprouvait-il quelque impression de cette salle de cabaret, plus sinistre aux lueurs blafardes de l'aube.

Toujours est-il qu'il se mit à fureter dans les armoires et finit par découvrir, ô bonheur!... une bouteille d'eau-de-vie aux trois quarts pleine. Il eut une seconde d'hésitation, mais ma foi!... il s'en versa un grand plein verre, qu'il lampa d'un trait.

— En voulez-vous? demanda-t-il après à son compagnon. Pour fameuse, non, elle ne l'est pas... Mais c'est égal, ça dégourdit et ça dissipe.

Lecoq refusa, il n'avait pas besoin d'être dissipé. Toutes les facultés de son intelligence étaient en jeu. Il s'agissait qu'à la seule lecture du rapport, le juge d'instruction dît : « Qu'on m'aille quérir le gaillard qui a rédigé cela. » Tout son avenir de policier était dans cet ordre.

Et il s'attachait à être net, bref et précis, à bien indiquer comment ses soupçons au sujet du meurtrier étaient venus, avaient grandi, s'étaient confirmés. Il expliquait par quelle série de déductions il arrivait à établir une vérité qui, si elle n'était pas la vraie, était au moins une vérité assez probable pour servir de base à une instruction.

Puis, il détaillait les pièces de conviction placées en ce moment devant lui.

C'étaient les flocons de laine marron recueillis sur le madrier, la précieuse boucle d'oreille, les clichés des différentes empreintes du jardin, le tablier aux poches retournées de la veuve Chupin.

C'était le revolver du meurtrier, dont trois coups sur cinq étaient encore chargés.

L'arme, bien que sans ornements, était remarquablement belle et soignée, et sur la crosse elle portait le nom d'un des premiers armuriers de Londres : Stephen, 14, Skinner-street.

Lecoq sentait bien qu'en fouillant les victimes il rassemblerait d'autres indices, très-précieux peut-être, mais cela il n'osa pas le faire. Il était encore trop petit garçon pour hasarder une telle démarche. D'ailleurs, il comprenait que s'il se risquait, Gévrol, furieux de s'être fourvoyé, ne manquerait pas de crier qu'en dérangeant l'attitude des corps il avait rendu les constatations des médecins impossibles.

Il se consola cependant, et il relisait son rapport, modifiant de ci et de là quelques expressions, lorsque le père Absinthe, qui était allé fumer une pipe sur le seuil de la porte, l'appela.

— Quoi de nouveau?... répondit Lecoq.

— Voici Gévrol et deux de nos collègues qui ramènent avec eux le commissaire et deux messieurs bien mis.

C'était, en effet, le commissaire de police qui arrivait,

tout soucieux de ce triple meurtre qui ensanglantait son arrondissement, mais médiocrement inquiet.

Pourquoi se serait-il ému?

Gévrol, dont l'opinion en pareille matière faisait autorité, avait pris soin de le rassurer lorsqu'il était allé l'éveiller.

— Il ne s'agit, lui avait-il dit, que d'une batterie entre des pratiques à nous, des habitués de la *Poivrière*. Si tous ces mauvais gars-là pouvaient s'entre-détruire, nous serions plus tranquilles.

Il ajoutait que le meurtrier était arrêté, coffré, que par conséquent cette affaire ne présentait aucun caractère d'urgence.

De plus, le crime n'avait pas, ne pouvait avoir le vol pour mobile. C'était énorme. La police en est venue à s'inquiéter des atteintes à la propriété plus, peut-être, que des attentats contre les personnes. Et c'est logique, à une époque où les ruses de la convoitise se substituent à l'énergie de la passion, où les scélérats audacieux deviennent rares tandis que les lâches filous pullulent.

Le commissaire ne vit donc pas d'inconvénient à attendre le jour pour procéder à son enquête sommaire.

Il avait vu le meurtrier, avisé le parquet, et maintenant il venait, sans trop de hâte, accompagné de deux médecins délégués par le procureur impérial pour les constatations médico-légales.

Il amenait aussi un sergent-major de voltigeurs du 53ᵉ de ligne, requis par lui, pour reconnaître, s'il y avait lieu, celui des morts qui portait l'uniforme, et qui, à en croire le chiffre des boutons de sa capote, appartenait au 53ᵉ régiment alors caserné dans les forts.

Moins encore que le commissaire, l'inspecteur de la sûreté s'inquiétait.

Il allait sifflotant, décrivant des moulinets avec sa canne qui ne le quitte jamais, se faisant fête de la déconfiture de ce drôle présomptueux qui avait voulu rester pour glaner là où il n'avait pas aperçu de moisson.

Aussi, dès qu'il fut à portée de voix, interpella-t-il le père Absinthe, lequel, après avoir prévenu Lecoq, était resté sur le seuil de la porte, adossé aux montants, tirant et renvoyant régulièrement des bouffées de sa pipe, immobile comme un sphinx fumeur.

— Eh bien!... vieux, cria Gévrol, avez-vous à nous raconter un bon gros mélodrame, bien noir et bien mystérieux?

— Je n'ai rien à raconter, moi, répondit le bonhomme, sans retirer la pipe soudée à ses lèvres, je suis trop bête, c'est connu... Mais monsieur Lecoq pourrait bien vous apprendre quelque chose sur quoi vous n'avez pas compté.

Ce titre : Monsieur, dont le vieil agent de la sûreté gratifiait son camarade, déplut si fort à Gévrol qu'il ne voulut pas comprendre.

— Qui ça... fit-il, de qui parles-tu?

— De mon collègue, parbleu!... qui est en train de finir son rapport, de monsieur Lecoq, enfin.

Sans malice, assurément, le bonhomme venait d'être le parrain du jeune policier. De ce jour, pour ses ennemis aussi bien que pour ses amis, il devint et resta Monsieur Lecoq. Monsieur, en toutes lettres.

— Ah! ah!... fit l'inspecteur, qui visiblement avait la puce à l'oreille. Ah!... il a découvert...

— Le pot aux roses que les autres n'avaient pas flairé... oui, Général, c'est cela même.

Par cette seule phrase, le père Absinthe se faisait un ennemi de son chef. Mais Lecoq l'avait séduit. Il était du parti de Lecoq, lui, envers et contre tous, il était résolu à s'attacher à lui, à partager sa fortune mauvaise ou bonne.

— On verra bien! murmura l'inspecteur, qui à part soi se promettait de surveiller ce garçon, qu'un succès pouvait poser en rival.

Il n'ajouta rien de plus. Le groupe qu'il précédait arrivait, et il s'effaça pour livrer passage au commissaire de police.

Ce n'était pas un débutant, ce commissaire. Il avait été officier de paix au quartier du Faubourg du Temple aux beaux jours de l'*Épi-Scié* et des *Quatre-Billards*, et cependant il ne put maîtriser un mouvement d'horreur en pénétrant dans la salle de la *Poivrière*.

Le sergent-major du 53e, qui le suivait, un vieux brave médaillé et chevronné, fut plus impressionné encore. Il devint aussi pâle que les cadavres qui étaient là, à terre, et fut obligé de s'appuyer à la muraille.

Seuls les deux médecins furent stoïques.

Lecoq s'était levé, son rapport à la main; il avait salué, et, prenant une attitude respectueuse, il attendait qu'on l'interrogeât.

— Vous avez dû passer une nuit affreuse, dit le commissaire avec bonté, et sans utilité pour la justice, car toutes les investigations étaient superflues...

— Je crois pourtant, répondit le jeune policier, tout cuirassé de diplomatie, que je n'ai pas perdu mon temps. Je tenais à me conformer aux instructions de mon chef, j'ai cherché et j'ai trouvé bien des choses... J'ai acquis, par exemple, la certitude que le meurtrier avait un ami, sinon un complice, dont je pourrais presque donner le signalement... Il doit être d'un certain âge, et porter, si je ne me trompe, une casquette à coiffe molle et un paletot de drap marron moutonneux; quant à ses bottes...

— Tonnerre!... exclama Gévrol, et moi qui...

Il s'arrêta court, en homme dont l'instinct a devancé la réflexion, et qui voudrait bien pouvoir reprendre ses paroles.

— Et vous qui?... interrogea le commissaire. Que voulez-vous dire?

Furieux, mais trop avancé pour reculer, l'inspecteur de la sûreté s'exécuta.

— Voici la chose, dit-il. Ce matin, il y a une heure, pendant que je vous attendais, monsieur le commissaire, devant le poste de la barrière d'Italie, où est consigné le meurtrier, je vis venir de loin un individu dont le signalement n'est pas sans analogie avec celui que nous donne Lecoq. Cet homme me parut abominablement ivre, il chancelait, il trébuchait, il battait les murailles... Il essaya de traverser la chaussée, pourtant, mais parvenu au milieu, il se coucha en travers, dans une position telle qu'il ne pouvait manquer d'être écrasé.

Lecoq détourna la tête, il ne voulait pas qu'on lût dans ses yeux qu'il comprenait.

— Voyant cela, poursuivit Gévrol, j'appelai deux sergents de ville, et je les priai de venir m'aider à faire lever ce malheureux. Nous allons à lui, déjà il paraissait endormi, nous le secouons, il se dresse sur son séant, nous lui disons qu'il ne peut rester là..., mais voilà qu'aussitôt il paraît pris d'une colère furieuse, il nous injurie, il nous menace, il essaye de nous frapper... Et ma foi!... nous le conduisons au poste, pour qu'il cuve du moins son vin en sûreté.

— Et vous l'avez enfermé avec le meurtrier? demanda Lecoq.

— Naturellement... Tu sais bien qu'au poste de la barrière d'Italie il n'y a que deux violons, un pour les hommes, l'autre pour les femmes; par conséquent...

Le commissaire réfléchissait.

— Ah!... voilà qui est fâcheux, murmura-t-il... et pas de remède.

— Pardon!... il en est un, objecta Gévrol. Je puis envoyer un de mes hommes jusqu'au poste, avec ordre de retenir le faux ivrogne...

D'un geste, le jeune policier osa l'interrompre.

— Peine perdue, prononça-t-il froidement. Si cet individu est le complice, il s'est dégrisé, soyez tranquille, et à cette heure il est loin.

— Alors... que faire? demanda l'inspecteur de son air le plus ironique. Peut-on connaître l'avis de... monsieur Lecoq?

— Je pense que le hasard nous offrait une occasion superbe, que nous n'avons pas su la saisir et que le plus court est d'en faire notre deuil et d'attendre qu'elle se représente.

Malgré tout, Gévrol s'entêta à dépêcher un de ses

hommes, et dès qu'il se fut éloigné, Lecoq dut commencer la lecture de son rapport.

Il le débitait rapidement, évitant de mettre en relief les circonstances décisives, réservant pour l'instruction sa pensée intime, mais si forte était la logique de ses déductions, qu'à tout moment il était interrompu par les approbations du commissaire et les « très-bien ! » des médecins.

Seul, Gévrol qui représentait l'opposition, haussait les épaules à se démancher le cou, tout en verdissant de jalousie.

Le rapport terminé :

— Je crois, jeune homme, dit le commissaire à Lecoq, que seul en cette affaire vous avez vu juste... Je me suis trompé. Mais vos explications me font voir d'un tout autre œil l'attitude du meurtrier pendant que je l'interrogeais, il n'y a qu'un moment. C'est qu'il a refusé, oh !... obstinément, de me répondre... Il n'a même pas consenti à me dire son nom...

Il se tut un moment, rassemblant dans sa mémoire toutes les circonstances du passé, et d'un ton pensif il ajouta :

— Nous sommes, je le jurerais, en présence d'un de ces crimes mystérieux dont les mobiles échappent à la perspicacité humaine... d'une de ces ténébreuses affaires dont la justice n'a jamais le fin mot...

Lecoq dissimulait un fin sourire.

— Oh ! pensait-il, nous verrons bien !...

IX

Jamais consultation au chevet d'un malade mourant de quelque mal inconnu, ne mit en présence deux médecins aussi différents que ceux qui, sur la réquisition du parquet, accompagnaient le commissaire de police.

L'un, grand, vieux, tout chauve, portait un large chapeau, et sur son vaste habit noir mal coupé, un paletot de forme antique. Celui-là était un de ces savants modestes, comme il s'en rencontre dans les quartiers excentriques de Paris, un de ces guérisseurs dévoués à leur art, qui, trop souvent, meurent ignorés après d'immenses services rendus.

Il avait ce calme débonnaire de l'homme qui, ayant ausculté toutes les misères humaines, comprend tout. Mais une conscience troublée ne soutenait pas son regard perspicace, plus aigu que ses lancettes.

L'autre, jeune, frais, blond, jovial, trop bien mis, cachait ses mains blanches et frileuses sous des gants de daim fourrés. Son œil ne savait que caresser ou rire. Il devait s'éprendre de toutes ces panacées miraculeuses qui chaque mois sautent des laboratoires de la pharmacie à la quatrième page des journaux. Il avait dû écrire plus d'un article de « médecine à l'usage des gens du monde, » dans les feuilles de sport.

— Je vous demanderai, messieurs, leur dit le commissaire de police, de vouloir bien commencer votre expertise par l'examen de celle des victimes qui porte le costume militaire. Voici un sergent-major, requis pour une simple question d'identité, que je voudrais renvoyer le plus tôt possible à sa caserne.

Les deux médecins répondirent par un geste d'assentiment, et aidés par le père Absinthe et un autre agent, ils soulevèrent le cadavre et l'étendirent sur deux tables, préalablement mises bout à bout.

Il n'y avait pas eu à étudier l'attitude du corps, pour en tirer quelque éclaircissement, puisque le malheureux qui râlait encore à l'arrivée de la ronde avait été déplacé avant d'expirer.

— Approchez-vous, sergent, commanda le commissaire de police, et regardez bien cet homme.

C'est avec une très-visible répugnance que le vieux troupier obéit.

— Quel est l'uniforme qu'il porte? continua le commissaire.

— Celui du 53ᵉ de ligne, 2ᵉ bataillon, compagnie des voltigeurs.

— Le reconnaissez-vous?

— Aucunement.

— Vous êtes sûr qu'il n'appartient pas à votre régiment?

— Ça, je ne puis l'affirmer; il y a au dépôt des conscrits que je n'ai jamais vus. Mais je suis prêt à affirmer qu'il n'a jamais fait partie du 2ᵉ bataillon, qui est le mien, de la compagnie des voltigeurs dont je suis le sergent-major.

Lecoq, resté à l'écart jusque-là, s'avança.

— Peut-être serait-il bon, dit-il, de voir le numéro matricule des effets de cet homme.

— L'idée est bonne, approuva le sergent.

— Voici toujours son képi, ajouta le jeune policier, il porte au fond le numéro 3,129.

On suivit le conseil de Lecoq, et il fut reconnu que chacune des pièces de l'habillement de cet infortuné, était timbrée d'un numéro différent.

— Parbleu!... murmura le sergent, il en a de toutes les paroisses... C'est singulier tout de même!...

Invité à vérifier scrupuleusement ses assertions, le brave troupier redoubla d'application, rassemblant par un effort toutes ses facultés intellectuelles.

— Ma foi!... dit-il enfin, je parierais mes galons qu'il n'a jamais été militaire. Ce particulier doit être un pékin qui se sera déguisé comme cela par farce, à l'occasion du dimanche gras.

— A quoi reconnaissez-vous cela!...

— Dame!... je le sens mieux que je ne puis l'expliquer. Je le reconnais à ses cheveux, à ses ongles, à sa tenue, à un certain je ne sais quoi, enfin à tout et à rien... Et tenez, le pauvre diable ne savait seulement pas se chausser, il a lacé ses guêtres à l'envers.

Il n'y avait évidemment plus à hésiter après ce témoignage, qui venait confirmer la première observation de Lecoq.

— Cependant, insista le commissaire, si cet individu est un pékin, comment s'est-il procuré ces effets? Peut-il les avoir empruntés à des hommes de votre compagnie?

— A la grande rigueur, oui... mais il est difficile de l'imaginer.

— Est-il du moins possible de s'en assurer?

— Oh!... très-bien. Je n'ai qu'à courir à la caserne et à ordonner une revue d'habillement.

— En effet, approuva le commissaire, le moyen est bon.

Mais Lecoq venait d'en imaginer un aussi concluant et plus prompt.

— Un mot, sergent, dit-il. Est-ce que les régiments ne vendent pas de temps à autre, aux enchères publiques, les effets hors de service?

— Si... tous les ans une fois au moins, après l'inspection.

— Et ne fait-on pas une remarque aux vêtements ainsi vendus?

— Pardonnez-moi.

— Alors, voyez donc si l'uniforme de ce malheureux ne présente pas des traces de cette remarque.

Le sous-officier retourna le collet de la capote, visita la ceinture du pantalon, et dit :

— Vous avez raison... ce sont des effets réformés.

L'œil du jeune policier brilla, mais ce ne fut qu'un éclair.

— Il faut donc, observa-t-il, que ce pauvre diable ait acheté ce costume. Où?... Au Temple nécessairement, chez un de ces richissimes marchands qui font en gros le commerce des effets militaires. Ils ne sont que cinq ou six, j'irai de l'un à l'autre, et celui qui a vendu cet uniforme reconnaîtra certainement sa marchandise à quelque signe...

— Et cela nous mènera loin, grommela Gévrol.

Loin ou non, l'incident était vidé. Le sergent-major à sa grande satisfaction, reçut l'autorisation de se retirer, non sans avoir été prévenu, toutefois, que très-probablement le juge d'instruction aurait besoin de sa déposition.

Le moment était venu de fouiller le faux soldat, et le commissaire de police, qui se chargea en personne de cette opération, espérait bien qu'elle donnerait pour résultat une manifestation quelconque de l'identité de cet inconnu.

Il opérait, et dictait en même temps à un agent son procès-verbal, c'est-à-dire la description minutieuse de tous les objets qu'il rencontrait.

C'était : Dans la poche droite du pantalon : du tabac à fumer, une pipe de bruyère et des allumettes.

Dans la poche gauche : un porte-monnaie de cuir très-crasseux, en forme de portefeuille, renfermant sept francs soixante centimes, et un mouchoir de poche en toile, assez propre, mais sans marque.

Et rien autre !...

Le commissaire se désolait, lorsque, tournant et retournant le porte-monnaie, il découvrit un compartiment qui lui avait échappé, par cette raison qu'il était dissimulé sous un repli du cuir.

Dans ce compartiment était un papier soigneusement plié. Il le déplia et lut à haute voix ce billet :

« Mon cher Gustave,

« Demain, dimanche soir, ne manque pas de venir au bal de l'*Arc-en-Ciel*, selon nos conventions. Si tu n'as plus d'argent, passe chez moi, j'en laisse à mon concierge qui te le remettra.

« Sois là-bas à huit heures. Si je n'y suis pas déjà, je ne tarderai pas à paraître.

« Tout va bien,

« Lacheneur. »

Hélas!... qu'apprenait-elle, cette lettre! Que le mort s'appelait Gustave; qu'il était en relations avec Lacheneur, lequel lui avançait de l'argent pour une certaine chose, et que de plus ils s'étaient rencontrés à l'*Arc-en-Ciel* quelques heures avant le meurtre.

C'était peu, bien peu!... C'était quelque chose, cependant; c'était un indice, et dans ces ténèbres absolues, il suffit parfois, pour se guider, de la plus chétive lueur.

— Lacheneur!... grommela Gévrol, le pauvre diable prononçait ce nom dans son agonie...

— Précisément, insista le père Absinthe, et même il voulait se venger de lui... Il l'accusait de l'avoir attiré dans un piége... Le malheur est que le dernier hoquet lui a coupé la parole...

Lecoq se taisait. Le commissaire de police lui avait tendu la lettre, et il l'étudiait avec une incroyable intensité d'attention.

Le papier était ordinaire, l'encre bleue. Dans un des angles était un timbre à demi-effacé ne laissant distinguer que ce nom : Beaumarchais.

C'était assez pour Lecoq.

— Cette lettre, pensa-t-il, a certainement été écrite dans un café du boulevard Beaumarchais... Lequel ? je le saurai, car c'est ce Lacheneur qu'il faut retrouver.

Pendant que, réunis autour du commissaire, les hommes de la Préfecture tenaient conseil et délibéraient, les médecins abordaient la partie délicate et véritablement pénible de leur tâche.

Avec le secours de l'obligeant père Absinthe, ils avaient dépouillé de ses vêtements le corps du faux soldat, et, penchés sur leur « sujet, » comme les chirurgiens du « cours d'anatomie, » les manches retroussées, ils l'examinaient, l'inspectaient, l'évaluaient physiquement.

Volontiers le jeune docteur-artiste eût enjambé des formalités très-ridicules selon lui, et tout à fait superflues ; mais le vieux avait de la mission du médecin-légiste une opinion trop haute pour faire bon marché du plus menu détail.

Minutieusement, avec la plus scrupuleuse exactitude, il notait la taille du mort, son âge présumé, la nature de son tempérament, la couleur et la longueur de ses cheveux, relatant l'état de son embonpoint et le degré de développement de son système musculaire.

Ensuite, ils passèrent à l'examen de la blessure.

Lecoq avait bien vu. Les docteurs constatèrent une fracture à la base du crâne. Elle ne pouvait, déclarait leur rapport, avoir été produite que par l'action d'un instrument contondant à large surface, ou par un choc violent de la tête contre un corps très-dur, d'une certaine étendue.

Or, nulle arme n'avait été retrouvée, autre que le revolver, dont la crosse n'était pas assez forte pour produire une telle blessure.

Il fallait donc, de toute nécessité, qu'il y ait eu une lutte corps à corps entre le faux soldat et le meurtrier, et que ce dernier, saisissant son adversaire par le cou, lui eût fracassé la tête contre le mur.

La présence d'ecchymoses très-petites et très-nombreuses autour du cou donnait à ces conclusions une vraisemblance absolue.

Ils ne relevèrent d'ailleurs aucune autre lésion; pas une contusion, pas une égratignure, rien.

Ne devenait-il pas dès-lors évident, que cette lutte si acharnée, mortelle, avait dû être excessivement courte.

Entre l'instant où la ronde avait entendu un cri et le moment où Lecoq avait vu par la découpure du volet tomber la victime, tout avait été consommé.

L'examen des deux autres individus « homicidés, » pour parler la langue de la médecine légale, exigeait des précautions différentes sinon plus grandes.

Leur position avait été respectée; ils gisaient en travers de la cheminée comme ils étaient tombés, et leur attitude devait fournir des indices précieux.

Elle était telle, cette attitude, qu'il ne pouvait même tenir à l'idée que leur mort n'eût pas été instantanée.

Tous deux étaient étendus sur le dos, les jambes allongées, les mains largement ouvertes.

Pas de crispations, de torsions de muscles, nulle trace de combat, ils avaient été foudroyés.

Leur physionomie, à l'un et à l'autre, exprimait l'épouvante arrivée à son paroxysme. Ce qui devait faire présumer, l'opinion de Devergie admise, que le dernier sentiment de leur existence avait été non la colère et la haine, mais la terreur...

— Ainsi, disait le vieux docteur, je suis autorisé à imaginer qu'ils ont dû être stupéfiés par quelque spectacle absolument imprévu, étrange, effrayant... Cette expression terrifiée que je leur vois, je ne l'ai surprise qu'une fois, sur les traits d'une brave femme, morte subitement du saisissement qu'elle éprouva en voyant entrer chez elle un de ses voisins qui s'était déguisé en fantôme, pour lui faire une bonne farce.

Ces explications du médecin, Lecoq les buvait, pour ainsi dire, et il cherchait à les ajuster aux vagues hypothèses qui surgissaient du fond de sa pensée.

Mais qui pouvaient être ces individus, accessibles à une telle peur?

Garderaient-ils comme l'autre le secret de leur identité?

Le premier que les docteurs examinèrent avait dépassé la cinquantaine. Ses cheveux étaient rares et blanchissaient; toute sa barbe était rasée, à l'exception d'une grosse touffe rousse et rude qui s'épanouissait sous son menton très-proéminent.

Il était misérablement vêtu, d'un pantalon qui s'effiloquait sur des bottes lugubrement éculées, et d'une blouse de laine noire toute maculée.

Celui-là, le vieux docteur le déclara, avait été tué d'un coup de feu tiré à bout portant : la largeur de la plaie circulaire, l'absence de sang sur les bords, la peau rétractée, les chairs dénudées, noircies, brûlées, le démontraient avec une précision mathématique.

L'énorme différence des plaies d'armes à feu selon la distance, sauta aux yeux quand les médecins arrivèrent à l'autopsie du dernier de ces malheureux.

La balle qui lui avait donné la mort avait été tirée à plus d'un mètre de lui, et sa blessure n'avait rien de l'aspect hideux de l'autre.

Cet individu, plus jeune de quinze ans au moins que son compagnon, était petit, trapu et remarquablement laid.

Sa figure complétement imberbe était toute couturée par la petite vérole.

Sa tenue était celle des pires rôdeurs de barrières. Il portait un pantalon à carreaux gris sur gris, et une blouse ouverte à revers. Ses bottines avaient été cirées. La petite casquette cirée, tombée près de lui, devait bien accompagner sa coiffure prétentieuse et sa cravate à la Collin...

Mais voilà tout ce que le rapport des médecins dégagé de ses termes techniques, voilà tout ce que les investigations les plus attentives fournirent de renseignements.

Vainement les poches de ces deux hommes avaient été explorées, fouillées; elles ne contenaient rien qui pût mettre sur la trace de leur personnalité, de leur nom, de leur situation sociale, de leur profession.

Non rien, pas une indication même vague, pas une lettre, pas une adresse, pas un chiffon de papier; rien, pas même un de ces menus objets d'un usage personnel, comme une blague, un couteau, une pipe, qui peuvent devenir une occasion de reconnaissance, de constatation d'identité.

Du tabac dans un sac de papier, des mouchoirs de poche sans marque, des cahiers à cigarettes, voilà tout ce qu'on avait réuni.

Le plus âgé avait soixante-sept francs, à même son gousset; le plus jeune était nanti de deux louis...

Ainsi, rarement la police s'était trouvée en présence d'une aussi grave affaire avec aussi peu de renseignements.

A l'exception du fait lui-même, trop prouvé par trois victimes, elle ignorait tout, les circonstances et le mobile, et les probabilités entrevues, loin de dissiper les ténèbres, les épaississaient.

Certes, il était à espérer qu'avec du temps, de l'obstination, des recherches et les puissants moyens d'investigation dont dispose la rue de Jérusalem, on arriverait jusqu'à la vérité...

Mais, en attendant, tout était mystère, à ce point qu'on en était à se demander de quel côté réellement était le crime.

Le meurtrier était arrêté, mais s'il persistait dans son mutisme, comment lui jeter son nom à la face? Il protestait de son innocence, comment l'accabler des preuves de sa culpabilité?

Des victimes, on ignorait tout... Et l'une d'elles s'accusait.

Une inexplicable influence liait la langue de la veuve Chupin.

Deux femmes, dont l'une pouvait perdre à la *Poivrière* une boucle d'oreille de 5,000 francs, avaient assisté à la lutte... puis disparu.

Un complice, après deux traits d'une audace inouïe, s'était échappé...

Et tous ces gens, le meurtrier, les femmes, la cabaretière, le complice et les victimes, étaient également suspects, inquiétants, étranges, également soupçonnés de n'être pas ce qu'ils semblaient être.

Aussi le commissaire, d'une voix attristée, résumait ses impressions. Peut-être songeait-il qu'il aurait, au sujet de tout cela, un quart d'heure difficile à la Préfecture.

— Allons, dit-il enfin, il faudra transporter ces trois individus à la Morgue. Là, on les reconnaîtra sans doute.

Il se recueillit et ajouta :

— Et dire que l'un de ces morts est peut-être Lacheneur...

— C'est peu probable, dit Lecoq. Le faux soldat, demeuré le dernier vivant, avait vu tomber ses deux compagnons. S'il eût supposé Lacheneur tué, il n'eût pas parlé de vengeance.

Gévrol qui depuis deux heures affectait de rester à l'écart, s'était rapproché. Il n'était pas homme à se rendre même à l'évidence.

— Si monsieur le commissaire, dit-il, veut m'en croire, il s'en tiendra à mon opinion, un peu plus positive que les rêveries de M. Lecoq.

Un roulement de voiture devant la porte du cabaret l'interrompit, et l'instant d'après le juge d'instruction entrait.

X

Il n'était personne à la *Poivrière* qui ne connût, au moins de vue, le juge d'instruction qui arrivait, et Gévrol, vieil habitué du Palais de Justice, murmura son nom.

M. Maurice d'Escorval.

Il était fils de ce fameux baron d'Escorval qui, en 1815, faillit payer de sa vie son dévouement à l'Empire, et dont Napoléon, à Sainte-Hélène, faisait ce magnifique éloge :

« Il existe, je le crois, des hommes aussi honnêtes ; « mais plus honnêtes, non, ce n'est pas possible. »

Entré jeune dans la magistrature, doué de remarquables aptitudes, M. d'Escorval semblait promis aux plus hautes destinées. Il trompa les pronostics en refusant obstinément toutes les situations qui lui furent offertes, pour conserver près du tribunal de la Seine ses modestes et utiles fonctions.

Il disait, pour expliquer ses refus, qu'il tenait au séjour de Paris plus qu'à l'avancement le plus envié, et on ne comprenait pas trop cette passion de sa part. Malgré ses brillantes relations, en effet, et en dépit de sa fortune très-considérable, depuis la mort d'un frère aîné, il menait l'existence la plus retirée, cachant sa vie, ne se révélant que par son travail obstiné et par le bien qu'il répandait autour de lui.

C'était alors un homme de quarante-deux ans, qui paraissait plus jeune que son âge, encore que son front commençât à se dégarnir.

On eût admiré sa physionomie sans l'inquiétante immobilité qui la déparait, sans le pli sarcastique de ses lèvres trop minces, sans l'expression morne de ses yeux d'un bleu pâle.

Dire qu'il était froid et grave, eût été mal dire, et trop peu. Il était la gravité et la froideur mêmes avec une nuance de hauteur...

Saisi dès le seuil du cabaret par l'horreur du spectacle, c'est à peine si M. d'Escorval accorda aux médecins et au commissaire un salut distrait. Les autres ne comptaient pas, pour lui.

Déjà, toutes ses facultés étaient en jeu. Il étudiait le terrain, arrêtant son regard aux moindres objets, avec cette sagacité attentive du juge qui sait le poids d'un détail et qui comprend l'éloquence des circonstances extérieures.

— C'est grave !... dit-il enfin, bien grave !...

Le commissaire de police, pour toute réponse, leva les bras au ciel, geste qui traduisait bien sa pensée :

— A qui le dites-vous !...

Le fait est que, depuis deux heures, le digne commissaire trouvait cruellement lourde sa responsabilité, et qu'il bénissait le magistrat qui l'en déchargeait.

— Monsieur le procureur impérial n'a pu m'accompagner, reprit M. d'Escorval ; il n'a pas le don d'ubiquité, et je doute qu'il lui soit possible de venir me rejoindre. Commençons donc nos opérations...

Jusqu'ici la curiosité des assistants était déçue, aussi le commissaire fut-il l'interprète du sentiment général, lorsqu'il dit :

— Monsieur le juge d'instruction a sans doute interrogé le coupable, et il doit savoir...

— Je ne sais rien, interrompit M. d'Escorval, qui parut fort surpris de l'interpellation.

Il s'assit sur cette réponse, et pendant que son greffier rédigeait les préliminaires de tout procès-verbal de constat, il se mit, lui, à lire le rapport écrit par Lecoq.

Blotti dans l'ombre, pâle, ému, fiévreux, le jeune policier s'efforçait de surprendre sur l'impassible visage du magistrat un indice de ses impressions.

C'était son avenir qui se décidait, qui allait dépendre d'un oui ou d'un non.

Et ce n'était plus à une intelligence obtuse comme celle du père Absinthe qu'il s'adressait, mais à une perspicacité supérieure.

— Si encore, pensait-il, je pouvais plaider ma cause!... Mais qu'est la phrase écrite, comparée à la phrase parlée, mimée, vivante, palpitante de l'émotion et des convictions de qui la prononce...

Bientôt il se sentit rassuré.

La figure du juge d'instruction gardait son immobilité, mais il hochait la tête, en signe d'approbation, et même, par instants, un détail plus ingénieux que les autres lui arrachait une exclamation : « Pas mal!... très bien!... »

Lorsqu'il eut achevé :

— Tout ceci, dit-il enfin au commissaire, ne ressemble guère à votre rapport de ce matin, qui présentait cette ténébreuse affaire comme une bataille entre quelques misérables vagabonds.

L'observation n'était que trop juste, et le commissaire n'en était pas à regretter d'être resté chaudement au lit, s'en remettant absolument à Gévrol.

— Ce matin, répondit-il évasivement, j'avais résumé les impressions premières... elles ont été modifiées par les recherches ultérieures, de sorte que...

— Oh! interrompit le juge, je ne vous fais aucun reproche, je n'ai que des félicitations à vous adresser, au contraire... On n'agit pas mieux ni plus vite. Toute cette information révèle une grande pénétration, et les résultats en sont surtout exposés avec une clarté et une précision rares.

Lecoq eut comme un éblouissement.

Le commissaire, lui, hésita une seconde.

La tentation lui venait de confisquer l'éloge à son profit.

S'il la repoussa, c'est qu'il était honnête et que de plus il ne lui déplaisait pas de faire pièce à Gévrol, pour le punir de sa légèreté présomptueuse.

— Je dois avouer, dit-il enfin, que l'honneur de cette enquête ne me revient pas.

— Dès lors, à qui l'attribuer, sinon à l'inspecteur du service de la sûreté?

Ainsi pensa M. d'Escorval, non sans surprise, car

ayant déjà employé Gévrol, il était loin de lui soupçonner l'ingéniosité, le style surtout, du rapport.

— C'est donc vous, lui demanda-t-il, qui avez si rondement conduit cette affaire ?

— Ma foi, non !... répondit l'homme de la Préfecture, je n'ai pas tant d'esprit que ça, moi !... Je me contente de relever ce que je découvre, et je dis : Voilà. Je veux bien être pendu si toutes les imaginations de ce rapport existent ailleurs que dans la cervelle de celui qui l'a fait... Des blagues, quoi !

Peut-être était-il de bonne foi, étant de ces gens que l'amour-propre aveugle à ce point que, les yeux crevés par l'évidence, ils la nient.

— Cependant, insista le juge, les femmes dont voici les empreintes ont existé !... Le complice qui a laissé sur un madrier ces flocons de laine est un être réel... Cette boucle d'oreille est un indice réel, palpable...

Gévrol se tenait à quatre pour ne pas hausser les épaules.

— Tout cela, dit-il, s'explique sans qu'il soit besoin de chercher midi à quatorze heures. Que le meurtrier ait un complice... c'est possible. La présence des femmes est naturelle, partout où il y a des filous, on rencontre des voleuses. Quant au diamant, que prouve-t-il ?... Que les coquins avaient fait un bon coup, qu'ils étaient venus ici partager le butin, et que du partage est venue la querelle...

C'était une explication, et si plausible, que M. d'Escorval garda le silence, se recueillant avant de prendre une détermination.

— Décidément, déclara-t-il enfin, j'adopte l'hypothèse du rapport... Quel en est l'auteur ?

La colère rendait Gévrol plus rouge qu'un homard.

— L'auteur, répondit-il, est un de mes agents que voici, un fort et adroit, monsieur Lecoq !... Allons, malin, approche qu'on te voie...

Le jeune policier s'avança, les lèvres contractées par ce sourire de satisfaction qu'on appelle familièrement « la bouche en cœur. »

— Mon rapport n'est qu'un sommaire, monsieur, commença-t-il, mais j'ai certaines idées...

— Vous me les direz si je vous interroge, interrompit le juge.

Et sans se soucier du désappointement de Lecoq, il prit dans le portefeuille de son greffier deux imprimés qu'il remplit et qu'il tendit à Gévrol, en disant :

— Voici deux mandats de dépôt... faites prendre, au poste où ils sont consignés, l'inculpé et la maîtresse de ce cabaret, et qu'on les conduise à la Préfecture, où on les tiendra au secret.

Cet ordre donné, M. d'Escorval se retournait déjà vers les médecins, quand le jeune policier, au risque d'une rebuffade nouvelle, intervint.

— Oserais-je, demanda-t-il, prier monsieur le juge de me confier cette mission ?

— Impossible, je puis avoir besoin de vous ici.

— C'est que, monsieur, j'aurais aimé pour recueillir certains indices, une occasion qui ne se représentera pas...

Le juge d'instruction comprit peut-être les intentions du jeune agent.

— Soit donc, répondit-il, mais en ce cas vous m'attendrez à la Préfecture où je me transporterai dès que j'aurai terminé ici... Allez !...

Lecoq ne se fit pas répéter la permission ; il s'empara des mandats et s'élança dehors.

Il ne courait pas, il volait à travers les terrains vagues. Des fatigues de la nuit, il ne ressentait plus rien. Jamais il ne s'était senti le corps si dispos et si alerte, l'esprit si net et si lucide.

Il espérait, il avait confiance, et il eût été parfaitement heureux, s'il eût eu affaire à un tout autre juge d'instruction.

M. d'Escorval le gênait et le glaçait au point de paralyser ses moyens. Puis, de quel air de dédain il l'avait toisé, de quel ton impératif il lui avait imposé silence, et cela, lorsqu'il venait de louer son travail...

— Mais bast !... se disait-il, est-ce qu'on a jamais ici-bas une joie sans mélange !...

Et il courait...

XI

Quand, après vingt minutes de course, Lecoq arriva à l'entrée de la route de Choisy, le chef de poste de la place d'Italie faisait les cent pas, la pipe aux dents, devant son corps de garde.

A son air soucieux, au coup d'œil inquiet qu'il jetait à chaque instant sur une petite fenêtre munie d'un abat-jour, les passants devaient reconnaître qu'il avait en cage, en ce moment, quelque oiseau d'importance.

Dès qu'il reconnut le jeune policier, son front se dérida, et il suspendit sa promenade.

— Eh bien !... demanda-t-il, quelles nouvelles ?

— J'apporte l'ordre de conduire les prisonniers à la Préfecture.

Le chef de poste, aussitôt, se frotta les mains à s'enlever l'épiderme.

— Grand bien leur fasse !... s'écria-t-il, la voiture cellulaire passera d'ici à une heure, nous les y emballerons bien gentiment, et fouette cocher !...

Force fut à Lecoq d'interrompre l'expansion de sa satisfaction.

— Les prisonniers sont-ils seuls ? interrogea-t-il.

— Absolument seuls, la femme d'un côté, l'homme de l'autre... la nuit n'a pas donné... une nuit de Dimanche gras !... c'est surprenant. Il est vrai que votre chasse a été interrompue.

— Vous avez eu un ivrogne, cependant.

— Tiens ! oui... dans le fait... ce matin, au jour... Un pauvre diable qui doit une fameuse chandelle à Gévrol.

Ce mot, ironie involontaire, devait aviver les regrets de Lecoq.

— Une fameuse chandelle, en effet !... approuva-t-il.

— C'est sûr, quoique vous ayez l'air de rire : sans Gévrol, il se faisait écraser.

— Et qu'est-il devenu, cet ivrogne ?...

Le chef de poste haussa les épaules.

— Ah !... dame !... répondit-il, vous m'en demandez trop !... C'était un brave homme, qui avait passé la nuit chez des amis, et que l'air a étourdi quand il est sorti. Il nous a expliqué cela, quand il a été dégrisé, au bout d'une demi-heure. Non, je n'ai jamais vu un homme si vexé. Il en pleurait. Il répétait comme cela : Un père de famille, à mon âge !... c'est honteux !... Qu'est-ce que va dire ma femme !... que penseront les enfants !...

— Il parlait beaucoup de sa femme ?...

— Rien que d'elle... Il doit même nous avoir dit son nom... Eudoxie, Léocadie... un nom dans ce genre-là, toujours. Il croyait, le pauvre bonhomme, qu'il était fautif, et qu'on allait le garder en prison. Il demandait à envoyer un commissionnaire chez lui. Quand on lui a dit qu'il était libre, j'ai cru qu'il allait devenir fou de plaisir, il nous embrassait les mains... Et il a filé!... Ah! il ne demandait pas son reste!

La raillerie du hasard continuait.

— Et vous l'avez mis avec le meurtrier? interrogea Lecoq.

— Comme de juste.

— Ils se sont parlé.

— Parlé!... plus souvent! Le bonhomme était soûl, je vous le répète, si soûl qu'il n'aurait pas seulement pu dire : pain. Quand on l'a déposé dans le violon, pouf!... il est tombé comme une souche. Dès qu'il s'est éveillé on lui a ouvert..... Non, ils ne se sont pas parlé.

Le jeune policier était devenu pensif.

— C'est bien cela, murmura-t-il.

— Vous dites?...

— Rien.

Lecoq n'avait que faire de communiquer ses réflexions au chef de poste. Elles n'étaient pas précisément gaies...

— Je l'avais compris, pensait-il, cet ivrogne, qui n'est autre que le complice, a autant d'habileté que d'audace et de sang-froid. Pendant que nous suivions ses traces, il nous épiait. Nous nous éloignons, il ose pénétrer dans le cabaret. Puis il vient se faire prendre ici, et grâce à un truc d'une simplicité enfantine, comme tous les trucs qui réussissent, il parvient à parler au meurtrier. Avec quelle perfection il a joué son rôle!... Tous les sergents de ville y ont été pris, eux qui cependant se connaissent en ivrognes!... Mais je sais qu'il jouait un rôle, c'est déjà quelque chose... Je sais qu'il faut prendre le contre-pied de tout ce qu'il a dit... Il a parlé de sa famille, de sa femme, de ses enfants... donc il n'a ni enfants, ni femme, ni famille...

Il s'interrompit, il s'oubliait, ce n'était pas le moment de se perdre en conjectures.

— Au fait, reprit-il à haute voix, comment était-il, cet ivrogne?

— C'était un grand et gros papa, rougeaud, avec des favoris blancs, large figure, petits yeux, nez épaté, l'air bête et jovial..., une manière de Jocrisse.

— Quel âge lui avez-vous donné?

— De quarante à cinquante ans.

— Avez-vous quelque idée de sa profession?

— Ma foi!... ce bonhomme avec sa casquette et son grand mac-farlane marron doit être quelque petit boutiquier ou un employé.

Ce signalement assez précis obtenu, c'était toujours autant de pris; Lecoq allait pénétrer dans le corps de garde quand une réflexion l'arrêta.

— J'espère du moins, dit-il, que cet ivrogne n'a pas communiqué avec la Chupin!...

Le chef de poste éclata de rire.

— Eh!... comment l'eût-il pu!... répondit-il. Est-ce que la vieille n'est pas dans sa prison à elle!... Ah! la coquine! Tenez, il n'y a pas une heure qu'elle a cessé de hurler et de vociférer. Non!... de ma vie, je n'ai entendu des horreurs et des abominations comme celles qu'elle nous criait. C'était à faire rougir les pavés du poste; même l'ivrogne en était tellement interloqué qu'il est allé lui parler au judas pour l'engager à se taire...

Le jeune policier eut un si terrible geste que le chef du poste s'arrêta court.

— Qu'y a-t-il donc? balbutia-t-il. Vous vous fâchez... pourquoi?

— Parce que, répondit Lecoq furieux, parce que...

Et ne voulant pas avouer la cause vraie de sa colère, il entra au poste en disant qu'il allait voir le prisonnier.

Resté seul, le chef de poste se mit à jurer à son tour.

— Ces « cocos » de la sûreté sont toujours les mêmes, grondait-il, tous. Ils vous questionnent, on leur dit tout ce qu'ils veulent savoir, et après, si on leur demande quelque chose, ils vous répondent : « rien » ou « parce que »!... Farceurs!... Ils ont trop de chance, et ça les rend fiers. Pas de garde, pas d'uniforme, la liberté... Mais où donc est passé celui-ci?

L'œil collé au judas qui sert aux hommes de garde à surveiller les prisonniers du violon, Lecoq examinait avidement le meurtrier.

C'était à se demander si c'était bien là le même homme qu'il avait vu quelques heures plus tôt à la *Poivrière*, debout sur le seuil de la porte de communication, tenant la ronde en respect, enflammé par toutes les furies de la haine, le front haut, l'œil étincelant, la lèvre frémissante...

Maintenant, toute sa personne trahissait le plus effroyable affaissement, l'abandon de soi, l'anéantissement de la pensée, l'hébétude, le désespoir...

Il était assis en face du judas, sur un banc grossier, les coudes sur les genoux, le menton dans la main, l'œil fixe, la lèvre pendante...

— Non, murmura Lecoq, non cet homme n'est pas ce qu'il paraît être.

Il l'avait examiné, il voulut lui parler. Il entra, l'homme leva la tête, arrêta sur lui un regard sans expression, mais ne dit mot.

— Eh bien !... demanda le jeune policier, comment cela va-t-il ?

— Je suis innocent ! répondit l'homme d'une voix rauque.

— Je l'espère bien... mais c'est l'affaire du juge. Moi je viens savoir si vous n'auriez pas besoin de prendre quelque chose...

— Non !

Sur la seconde même, le meurtrier se ravisa.

— Tout de même, ajouta-t-il, je casserais bien une croûte, histoire de boire un verre de vin.

— On vous sert, répondit Lecoq.

Il sortit aussitôt, et tout en courant dans le voisinage pour acheter quelques comestibles, il se pénétrait de cette idée, qu'en demandant à boire après un refus, l'homme n'avait songé qu'à la vraisemblance du personnage qu'il prétendait jouer...

Quoi qu'il en fût, le meurtrier mangea du meilleur appétit. Il se versa ensuite un grand verre de vin, le vida lentement et dit :

— C'est bon !... Ça fait du bien où ça passe.

Cette satisfaction désappointa fort le jeune policier. Il avait choisi, en manière d'épreuve, un de ces horribles liquides bleuâtres, troubles, épais, nauséabonds, qui se fabriquent à la barrière, et il s'attendait à un haut-le-cœur, pour le moins, du meurtrier...

Et pas du tout !... Mais il n'eut pas le loisir de chercher les conclusions de ce fait. Un roulement au dehors annonçait l'arrivée de la voiture de la Préfecture, lugubre véhicule, qui a reçu entre autres noms celui de « panier à salade à compartiments. »

Il fallut y porter la veuve Chupin, qui se débattait et criait à l'assassin, puis le meurtrier fut invité à y prendre place.

Là, du moins, le jeune policier comptait sur quelque manifestation de répugnance, et il guettait... Rien. L'homme monta dans l'affreuse voiture le plus naturellement du monde, et même il prit possession de son compartiment en habitué, qui connaît les êtres et sait quelle position est la meilleure dans un si étroit espace.

— Ah ! le mâtin est fort !... murmura Lecoq dépité, mais je l'attends à la Préfecture.

XII

Les portes de la voiture cellulaire étaient exactement refermées, le conducteur fit claquer son fouet et la geôle roulante partit au grand trot de ses deux vigoureux chevaux.

Lecoq avait pris place dans le cabriolet ménagé sur le devant, entre le conducteur et le garde de Paris de service, et sa préoccupation était si forte, que certes, il n'entendit rien de leur conversation. Elle était des plus joviales, bien que troublée par l'atroce voix de la veuve Chupin qui, enrageant dans son compartiment, chantait ou vomissait des injures, alternativement.

Le jeune policier venait d'entrevoir le moyen de surprendre quelque chose du secret que cachait ce meurtrier, qui, dans sa conviction, — il en eût parié sa tête à couper, — devait avoir vécu dans les sphères élevées de la société.

Que ce prévenu eût réussi à feindre de l'appétit, qu'il eût surmonté le dégoût d'une boisson nauséabonde, qu'il fût monté sans broncher dans le « panier à salade à compartiments, » il n'y avait rien, là, de positivement extraordinaire de la part d'un homme doué d'une forte volonté, et dont l'imminence du péril et l'espoir du salut devaient décupler l'énergie.

Mais saurait-il se contraindre de même, lorsqu'il serait soumis aux humiliantes formalités de l'écrou de la Permanence, formalités qui, en certains cas, peuvent et doivent être poussées jusqu'aux derniers outrages?...

Non, Lecoq ne le pouvait supposer.

Sa persuasion était que très-certainement l'horreur de la flétrissure, l'exaspération de toutes les délicatesses violentées, les révoltes de la chair et de la pensée, jetteraient le meurtrier hors de soi et lui arracheraient un de ces mots caractéristiques dont s'empare l'instruction.

C'est seulement quand la voiture cellulaire quitta le Pont-Neuf pour prendre le quai de l'Horloge que le jeune policier parut revenir à lui. Bientôt la lourde machine tourna sous un porche et s'arrêta au milieu d'une cour étroite et humide.

Déjà Lecoq était à terre. Il ouvrit la porte du compartiment où était enfermé le meurtrier, en lui disant :

— Nous sommes arrivés, descendez.

Il n'y avait pas de danger qu'il s'échappât. Une grille s'était refermée, et d'ailleurs une douzaine, au moins, de surveillants et d'agents s'étaient approchés, curieux de voir la moisson de coquins de la nuit.

Délivré, le meurtrier était descendu lestement.

Encore une fois, sa physionomie avait changé. Elle n'exprimait plus que la parfaite indifférence d'un homme éprouvé par bien d'autres hasards.

L'anatomiste, étudiant le jeu d'un muscle, n'a pas l'attention passionnée de Lecoq observant l'attitude, le visage, le regard du meurtrier.

Quand son pied toucha le pavé verdâtre de la cour, il parut éprouver une sensation de bien-être ; il aspira l'air à pleins poumons, puis il se détira et se secoua violemment pour rendre l'élasticité à ses membres engourdis par l'exiguïté du compartiment du « panier à salade. »

Cela fait, il regarda autour de lui, et un sourire à peine saisissable monta à ses lèvres.

On eût juré que ce lieu ne lui était pas étranger, qu'il avait vu déjà ces hautes murailles noircies, ces fenêtres grillées, ces portes épaisses, ces verroux, tout cet appareil sinistre de la geôle.

— Mon Dieu !... pensa Lecoq ému, est-ce qu'il se reconnaît !...

L'inquiétude du jeune policier redoubla, quand il vit l'homme, sans une indication, sans un mot, sans un signe, se diriger vers une des cinq ou six portes qui ouvraient sur la cour.

Il allait droit à celle qu'il fallait prendre en effet, tout droit, sans une hésitation. Etait-ce un hasard ?

Alors il devenait prodigieux, car le meurtrier ayant pénétré dans un couloir assez obscur, marcha droit devant lui, tourna à gauche, dépassa la salle des gardiens, laissa à droite le « parloir des singes » et entra dans le greffe.

Un vieux repris de justice, un « cheval de retour, » comme on dit rue de Jérusalem, n'eût pas fait mieux.

Lecoq sentait comme une sueur froide perler le long de son échine.

— Cet homme, pensait-il, est déjà venu ici; il sait les êtres !

Le greffe était une salle assez grande, mal éclairée par des fenêtres trop petites à carreaux poussiéreux, chauffée outre mesure par un poêle de fonte.

Là était le greffier, lisant un journal posé sur le registre d'écrou, registre lugubre, où sont inscrits et décrits tous ceux que l'inconduite, la misère, le crime, un coup de tête, une erreur quelquefois, ont amené devant cette porte basse du Dépôt.

Trois ou quatre surveillants, attendant l'heure de leur service, étaient à demi assoupis sur des bancs de bois.

Ces bancs, deux tables, quelques mauvaises chaises constituaient l'ameublement.

Dans un coin, on apercevait la toise sous laquelle doivent passer tous les inculpés. Car on les mesure, pour que le signalement soit complet.

A l'entrée du prévenu et de Lecoq, le greffier leva la tête.

— Ah!... fit-il, la voiture est arrivée ?

— Oui, répondit le jeune policier.

Et tendant un des mandats signés par M. d'Escorval, il ajouta :

— Voici les papiers de ce gaillard-là.

Le greffier prit le mandat, lut et tressauta.

— Oh!... exclama-t-il, un triple assassinat, oh ! oh !...

Positivement il regarda le prévenu avec plus de considération. Ce n'était pas un prisonnier ordinaire, un méchant vagabond, un vulgaire filou.

— Le juge d'instruction ordonne sa mise au secret, reprit-il, et il faut lui donner des vêtements, les siens étant des pièces de conviction... Vite que quelqu'un aille prévenir monsieur le directeur, qu'on fasse attendre les autres voyageurs de la voiture... Je vais, moi, écrouer ce gaillard-là dans les règles.

Le directeur n'était pas loin, il parut. Le greffier avait préparé son registre.

— Votre nom?... demanda-t-il au prévenu.
— Mai.
— Vos prénoms?
— Je n'en ai pas.
— Comment, vous n'avez pas de prénoms!

Le meurtrier sembla réfléchir, puis d'un air bourru :

— Au fait, dit-il, autant vous dire de ne pas vous épuiser à m'interroger ; je ne répondrai qu'au juge. Vous voudriez me faire couper, n'est-ce pas?... La belle malice!... mais je la connais...

— Remarquez, observa le directeur, que vous aggravez votre situation...

— Rien du tout!... Je suis innocent, vous voulez m'enfoncer, je me défends. Tirez-moi maintenant des paroles du ventre, si vous pouvez!... Mais vous feriez mieux de me rendre mon argent qu'on m'a pris au poste. Cent trente-six francs huit sous!... J'en aurai besoin quand je sortirai d'ici. Je veux qu'on les inscrive sur le registre... Où sont-ils?...

Cet argent avait été remis à Lecoq par le chef du poste avec tout ce qui avait été trouvé sur le meurtrier quand on l'avait fouillé une première fois. Il déposa le tout sur une table.

— Voici vos cent trente-six francs huit sous, dit-il, et de plus votre couteau, votre mouchoir de poche et quatre cigares...

Le plus vif contentement se peignit sur les traits du prévenu.

— Maintenant, reprit le greffier, voulez-vous répondre?

Mais le directeur avait compris l'inutilité de l'insistance, il fit signe au greffier de se taire, et s'adressant à l'homme :

— Retirez vos chaussures, commanda-t-il.

A cet ordre, Lecoq crut voir vaciller le regard du meurtrier. Etait-ce une illusion?

— Pourquoi faire? demanda-t-il.

— Pour passer sous la toise, répondit le greffier; il faut que j'inscrive votre taille.

Le prévenu ne répondit pas, il s'assit et retira ses bottes de gros cuir, dont l'une, celle de droite, avait le talon complétement tourné en dedans. Il avait les pieds nus dans ses bottes grossières.

— Vous ne mettez donc des chaussures que le dimanche?... lui demanda Lecoq.

— A quoi voyez-vous cela?

— Parbleu!... à la boue dont vos pieds sont couverts jusqu'à la cheville.

— Et après!... fit l'homme du ton le plus insolent. Est-ce un crime de n'avoir pas les pieds comme une marquise?...

— Ce ne serait pas votre crime, en tout cas, dit lentement le jeune policier. Pensez-vous que je ne vois pas, en dépit de la boue, combien vos pieds sont blancs et nets?... Les ongles sont soignés et passés à la lime...

Il s'interrompit. Un éclair de son génie investigateur traversait son esprit.

Il avança vivement une chaise, étendit dessus un journal et dit au meurtrier :

— Veuillez poser vos pieds là !...

L'homme essaya de faire des façons.

— Ah !... ne résistez pas, insista le directeur, nous sommes en force.

Le prévenu se résigna. Il se plaça comme on le lui avait ordonné, et Lecoq s'armant d'un canif se mit à détacher adroitement les fragments de boue qui adhéraient à la peau.

Partout ailleurs qu'au greffe du Dépôt, on eût sans doute ri de la besogne entreprise par Lecoq ; besogne mystérieuse, étrange et grotesque tout à la fois.

Mais dans cette antichambre de la Cour d'assises, les actes les plus futiles revêtent une teinte lugubre, le rire se glace aisément sur les lèvres, et on ne s'étonne de rien.

Tous les assistants, d'ailleurs, depuis le directeur jusqu'au dernier des gardiens, en avaient bien vu d'autres. Même il ne vint à personne l'idée de demander au jeune policier à quelle inspiration il obéissait.

Ce qui était clair, ce qui était acquis, c'est que le prévenu allait disputer à la justice son identité, qu'il fallait à tout prix la constater, et que probablement Lecoq avait imaginé un moyen d'atteindre ce but.

Il eut, du reste, promptement terminé, et recueilli sur le journal plein le creux de la main d'une poussière noirâtre.

Cette poussière, il la divisa en deux parts. Il en enveloppa une dans un morceau de papier qu'il glissa dans sa poche, et présenta l'autre au directeur en lui disant :

— Je vous prie, monsieur, de recevoir en dépôt et de sceller ceci sous les yeux du prévenu. Il ne faut pas qu'il puisse, plus tard, prétendre que, à cette poussière, on en a substitué d'autre.

Le directeur fit ce qu'on lui demandait, et pendant qu'il ficelait et cachetait dans un petit sac cette « pièce de conviction, » le meurtrier haussait les épaules et ricanait.

Il est vrai que sous cette gaieté cynique, Lecoq croyait deviner une poignante anxiété.

Le hasard lui devait bien la compensation de ce petit triomphe, car les événements ultérieurs allaient tromper toutes ses prévisions.

Ainsi, le meurtrier n'éleva aucune objection quand il reçut l'ordre de se déshabiller, pour échanger ses vêtements souillés de sang, contre le costume fourni par l'administration.

Pas un des muscles de son visage ne trahit le secret de son âme, pendant qu'on soumettait sa personne à ces perquisitions ignominieuses qui font monter le rouge au front des plus abjects scélérats.

C'est avec une farouche insensibilité qu'il laissa les surveillants peigner ses cheveux et sa barbe, et inspecter l'intérieur de sa bouche, pour s'assurer qu'il ne cachait ni un de ces ressorts de montre qui coupent les plus solides barreaux, ni un de ces fragments microscopiques de mine de plomb, dont se servent les prisonniers pour tracer ces billets qu'ils échangent, roulés dans une boulette de mie de pain, et qu'ils appellent des « postillons. »

Les formalités de l'écrou étaient accomplies, le directeur sonna un gardien.

— Conduisez cet homme, lui dit-il, au numéro 3 des « secrets. »

Point ne fut besoin d'entraîner le prévenu. Il sortit comme il était entré, précédant le gardien, en habitué qui sait où il va.

— Quel bandit!... exclama le greffier.

— Vous croyez!... hasarda Lecoq, dérouté mais non ébranlé.

— Ah!... il n'y a pas à en douter, déclara le directeur. Ce gaillard est assurément un dangereux malfaiteur, un récidiviste... Même il me semble l'avoir eu déjà pour locataire... j'en jurerais presque.

Ainsi, ces gens d'une expérience consommée partageaient l'opinion de Gévrol, Lecoq était seul de son avis.

Il ne discuta pas, cependant... à quoi bon? D'ailleurs on venait d'introduire la veuve Chupin.

Le voyage avait calmé ses nerfs, car elle était devenue plus douce qu'un mouton. C'est d'une voix pateline et l'œil en pleurs qu'elle prit ces « bons messieurs » à témoin de l'injustice criante qui lui était faite, à elle, une honnête femme, bien connue à la Préfecture. Sans doute on en voulait à sa famille, puisque déjà, en ce moment, son fils Polyte, un si bon sujet, était détenu sous l'inculpation d'un « vol au bonjour. » Qu'allaient devenir sa bru et son petit-fils Toto, qui n'avaient qu'elle pour soutien!...

Mais quand on l'emmena, après qu'elle eût donné ses noms et prénoms, une fois dans le corridor, le naturel reprit le dessus, et on l'entendit se quereller avec le gardien.

— Tu as tort de n'être pas poli, lui disait-elle, c'est une bonne pièce que tu perds, sans compter qu'une fois libre je t'aurais invité à venir boire un bon coup sans payer dans mon établissement.

C'était fini, Lecoq était libre jusqu'à l'arrivée du juge d'instruction. Il erra d'abord le long des corridors et de salle en salle; mais comme partout il était questionné, dérangé, il sortit et alla s'établir sur le quai, devant le porche.

Ses convictions n'étaient pas entamées, mais son point de départ venait d'être déplacé.

Plus que jamais il était sûr que le meurtrier dissimulait son état social, mais d'un autre côté il lui était prouvé que cet homme connaissait bien la prison et ses usages.

Ce prévenu, en outre, se révélait à lui plus fort, mille fois, qu'il le soupçonnait.

Quelle puissance sur soi!... Quelle perfection de jeu!... Il n'avait pas sourcillé pendant les plus atroces épreuves, et il avait trompé les meilleurs yeux de Paris...

Le jeune policier était là depuis tantôt trois heures, immobile autant que la borne sur laquelle il était assis, ne s'apercevant ni du froid ni du vol du temps, quand un coupé s'arrêta devant le porche, et M. d'Escorval en descendit suivi de son greffier.

Il se dressa et courut au devant d'eux, haletant, interrogeant.

— Mes recherches sur le terrain, lui dit le juge, me confirment dans l'idée que vous avez vu juste. Y a-t-il du nouveau ?

— Oui, monsieur, un fait futile en apparence, mais d'une importance qui...

— C'est bien !... interrompit le juge, vous m'expliquerez cela dans un moment. Je veux avant interroger sommairement les prévenus... simple affaire de forme pour aujourd'hui. Attendez-moi donc ici...

Quoique le juge eût promis de se hâter, Lecoq comptait sur une heure au moins de faction, et il en prenait son parti. Il avait tort. Vingt minutes ne s'étaient pas écoulées, quand M. d'Escorval reparut... sans son greffier.

Il marchait très-vite, et adressa d'assez loin la parole au jeune policier.

— Il faut, lui dit-il, que je rentre chez moi... à l'instant. Je ne puis vous écouter...

— Cependant, monsieur...

— Assez !... on a porté à la Morgue les cadavres des victimes... Ayez l'œil de ce côté. Puis, pour ce soir, faites... Ah ! faites ce que vous jugerez utile.

— Mais, monsieur, il me faudrait...

— Demain !... demain !... à neuf heures, dans mon cabinet... au Palais.

Lecoq voulait insister, mais déjà M. d'Escorval était monté, s'était jeté plutôt, dans son coupé, et le cocher fouettait le cheval.

— En voilà un juge !... murmura le jeune policier demeuré tout pantois sur le quai. Devient-il fou ?...

Et une mauvaise pensée traversant son esprit :

— Ou plutôt, ajouta-t-il, ne tiendrait-il pas la clef de l'énigme?... Ne voudrait-il pas se priver de mes services?...

Ce soupçon lui fut si cruel, qu'il rentra précipitamment, espérant tirer quelque lumière de l'attitude du prévenu, et qu'il courut coller son œil au guichet ménagé dans la porte épaisse des « secrets. »

Le meurtrier était couché sur le grabat placé vis-à-vis la porte, la figure tournée du côté du mur, enveloppé jusqu'aux yeux dans la couverture.

Dormait-il?... Non, car le jeune policier surprit un mouvement singulier. Ce mouvement qu'il ne put s'expliquer l'intrigua; il appliqua l'oreille au lieu de l'œil, à l'ouverture, et il distingua comme une plainte étouffée!... Plus de doute!... le meurtrier râlait.

— A moi!... cria Lecoq épouvanté, à l'aide!...

Dix gardiens accoururent.

— Qu'y a-t-il?

— Le prévenu!... là... il se suicide.

On ouvrit, il était temps.

Le misérable avait déchiré une bande de ses vêtements, il l'avait nouée autour de son cou, et se servant en guise de tourniquet d'une cuiller de plomb apportée avec sa pitance, il s'étranglait...

Le médecin de la prison, qu'on envoya chercher, et qui le saigna, déclara que dix minutes encore et c'en était fait, la suffocation étant déjà presque complète.

Quand le meurtrier revint à lui, il promena autour de son cabanon un regard de fou. On eût dit qu'il s'étonnait de se sentir vivant. Puis, une grosse larme jaillit de ses paupières bouffies, roula le long de sa joue et se perdit dans sa barbe.

On le pressa de questions... Pas un mot.

— Puisque c'est ainsi, fit le médecin, qu'il est au secret et qu'on ne peut lui donner un compagnon, il faut lui mettre la camisole de force.

Après avoir aidé à emmailloter le prévenu, Lecoq se retira tout pensif et péniblement ému. Il sentait, sous le voile mystérieux de cette affaire, s'agiter quelque drame terrible.

— Mais que s'est-il passé? murmurait-il. Ce malheureux s'est-il tû, a-t-il tout avoué au juge?... Pourquoi cet acte de désespoir?...

XIII

Lecoq ne dormit pas, cette nuit-là !

Et cependant il y avait plus de quarante heures qu'il était sur pied, et qu'il n'avait pour ainsi dire ni bu ni mangé.

Mais la fatigue même, les émotions, l'anxiété, l'espoir, communiquaient à son corps l'énergie factice de la fièvre, et à son esprit la lucidité maladive qui résulte d'efforts exorbitants de la pensée.

C'est qu'il ne s'agissait plus, comme au temps où il travaillait chez son protecteur l'astronome, de poursuivre des déductions en l'air. Ici, les faits n'avaient plus rien de chimérique. Ils n'étaient que trop réels, les cadavres des trois victimes qui gisaient sur les dalles de la Morgue.

Mais si la catastrophe était matériellement prouvée, tout le reste n'était que présomptions, doutes, conjectures. Pas un témoin ne se levait pour dire quelles circonstances avaient entouré, précédé, préparé l'affreux dénoûment.

Une seule découverte, il est vrai, devait suffire à éclairer ces ténèbres où se débattait l'instruction, l'identité du meurtrier.

Quel était-il?... Qui avait tort ou raison, de Gévrol soutenu par tous les gens du Dépôt, ou de Lecoq, seul de son bord.

L'opinion de Gévrol s'appuyait sur une preuve formidable, l'évidence qui pénètre dans l'esprit par les yeux.

L'hypothèse du jeune policier ne reposait que sur une série d'observations subtiles et de déductions dont le point de départ était une phrase prononcée par le meurtrier.

Et cependant Lecoq n'avait plus l'ombre d'un doute, depuis une courte conversation avec le greffier de M. d'Escorval, qu'il avait rencontré en sortant du Dépôt.

Ce brave garçon, adroitement interrogé par Lecoq, n'avait point vu d'inconvénient à lui apprendre ce qui s'était passé dans la cellule des « secrets, » entre le prévenu et le juge d'instruction.

C'était, autant dire, rien.

Non-seulement le meurtrier n'avait rien avoué à M. d'Escorval, mais il avait, assurait le greffier, répondu de la façon la plus évasive aux questions qui lui étaient posées, et même, à certaines, il n'avait pas répondu.

Et si le juge n'avait pas insisté, c'est que pour lui ce premier interrogatoire n'était qu'une formalité destinée à justifier la délivrance un peu prématurée du mandat de dépôt.

Dès lors, que penser de l'acte de désespoir du prévenu?...

La statistique des prisons est là, pour démontrer que les « malfaiteurs d'habitude » — c'est l'expression — ne se suicident pas.

Arrêtés chauds du crime, les uns sont pris d'une exaltation folle et ont des attaques de nerfs, les autres tombent dans une torpeur stupide, pareille à celle de la bête repue qui s'endort, les babines pleines de sang.

Mais aucun n'a l'idée d'attenter à ses jours. Ils « tiennent à leur peau, » si compromise qu'elle soit, ils sont lâches, ils sont douillets. L'abject Poulman, pendant sa détention, ne put jamais se résoudre à se laisser arracher une dent, dont il souffrait tant qu'il en pleurait.

D'un autre côté, le malheureux qui dans un moment d'égarement commet un crime, cherche presque toujours à échapper par une mort volontaire aux conséquences de son acte.

Donc, la tentative avortée du prévenu était une forte présomption en faveur du système de Lecoq.

— Il faut, se disait-il, que le secret de cet infortuné soit terrible, puisqu'il y tient plus qu'à la vie, puisqu'il a essayé de s'étrangler pour l'emporter intact dans la tombe.

Il s'interrompit, quatre heures sonnaient.

Lestement il sauta à bas de son lit, où il s'était jeté tout habillé, et cinq minutes plus tard, il descendait la rue Montmartre, où il logeait déjà à cette époque, mais dans un hôtel garni.

Le temps était toujours détestable; il brouillassait. Mais qu'importait au jeune policier!... Il marchait d'un bon pas, quand arrivé à la pointe Saint-Eustache, il fut interpellé par une grosse voix railleuse.

— Hé!... joli garçon!...

Il regarda et aperçut Gévrol qui, suivi de trois de ses agents, venait jeter ses filets aux environs des Halles. C'est un bon endroit. Il est rare qu'il ne se glisse pas quelques filous altérés dans les établissements qui restent ouverts toute la nuit pour les maraîchers.

— Te voilà levé bien matin, monsieur Lecoq, continua l'inspecteur de la sûreté, tu cours toujours après l'identité de notre homme.

— Toujours.

— Est-ce un prince déguisé, décidément, ou un simple marquis?

— L'un ou l'autre, à coup sûr...

— Bon!... En ce cas tu vas nous payer une tournée à prendre sur ta future gratification.

Lecoq consentit, et la petite troupe entra en face, dans un débit.

Les verres remplis :

— Ma foi !... Général, reprit le jeune policier, notre rencontre m'évite une course. Je comptais passer à la Préfecture pour vous prier, de la part du juge d'instruction, d'envoyer ce matin même un de nos collègues à la Morgue. L'affaire de la *Poivrière* a fait du bruit, il y aura du monde, et il s'agirait de dévisager et d'écouter les curieux...

— C'est bon!... le père Absinthe y sera dès l'ouverture.

Envoyer le père Absinthe là où il fallait un agent subtil, était une moquerie. Cependant Lecoq ne protesta pas. Mieux valait encore être mal servi que trahi, et il était sûr du bonhomme.

— N'importe!... continua Gévrol, tu aurais dû me prévenir hier soir. Mais quand je suis arrivé, tu étais déjà parti.

— J'avais affaire.

— Où?

— A la place d'Italie. Je voulais savoir si le violon du poste est pavé ou carrelé.

Sur cette réponse, il paya, salua, et sortit.

— Tonnerre!... s'écria alors Gévrol, en reposant violemment son verre sur le comptoir, sacré tonnerre!... Que ce cadet-là me déplaît! Méchant galopin!... Ça ne sait pas le b, a, ba du métier, et ça fait le malin. Quand ça ne trouve rien, ça invente des histoires, et ça entortille les juges d'instruction avec des phrases, pour avoir de l'avancement. Je t'en donnerai, moi, de l'avancement... à rebours... Ah! je t'apprendrai à te ficher de moi.

Lecoq ne s'était pas moqué. La veille, en effet, il s'était rendu au poste où avait été renfermé le prévenu, il avait comparé au sol du violon la poussière qu'il avait en poche, et il rapportait, croyait-il, de cette expédition une de ces charges accablantes qui, souvent, suffisent à un juge d'instruction pour obtenir des aveux complets du plus obstiné prévenu.

S'il s'était hâté de fausser compagnie à Gévrol, c'est qu'il avait une rude besogne à mener à bonne fin avant de se présenter à M. d'Escorval.

Il prétendait retrouver le cocher qui avait été arrêté par les deux femmes rue du Chevaleret, et, dans ce but, il s'était procuré dans les bureaux de la Préfecture le nom et l'adresse de tous les loueurs de voitures établis entre la route de Fontainebleau et la Seine.

Les débuts de ses recherches ne furent pas heureux.

Dans le premier établissement où il se présenta, les garçons d'écurie, qui n'étaient pas levés, l'injurièrent. Les palefreniers étaient debout dans le second, mais pas un cocher n'était arrivé. Ailleurs, le patron refusait de lui communiquer les feuilles où est — où devrait être du moins — inscrit l'itinéraire quotidien de chaque cocher.

Il commençait à désespérer, quand enfin, sur les sept heures et demie, au jour, chez un nommé Trigault, dont l'établissement était situé au delà des fortifications, il apprit que, dans la nuit du dimanche au lundi, un des cochers avait dû rebrousser chemin comme il rentrait.

Même, ce cocher, on le lui montra dans la cour, où il aidait à atteler sa voiture.

C'était un gros petit vieux, au teint enflammé, au petit œil pétillant de ruse, qui avait dû user sur le siège plus d'un fagot de manches de fouet. Lecoq marcha droit à lui.

— C'est vous, lui demanda-t-il, qui, dans la nuit de dimanche à lundi, entre une heure et deux du matin, avez pris deux femmes rue du Chevaleret?

Le cocher se redressa, enveloppa Lecoq d'un regard sagace, et prudemment répondit :

— Peut-être.

— C'est une réponse positive qu'il me faut.

— Ah! Ah!... fit le vieux d'un ton narquois, monsieur

connaît sans doute deux dames qui ont perdu quelque chose dans une voiture, et alors...

Le jeune policier tressaillit de joie. Cet homme, évidemment, était celui qu'il cherchait, il l'interrompit :

— Avez-vous entendu parler d'un crime dans les environs ?...

— Oui, dans un cabaret borgne, on a assassiné...

— Eh bien !... ces deux femmes s'y trouvaient ; elles fuyaient quand elles vous ont rencontré. Je les cherche ; je suis agent du service de la sûreté, voici ma carte ; voulez-vous me donner des renseignements ?...

Le gros cocher était devenu blême.

— Ah !... les scélérates, s'écria-t-il. Je ne m'étonne plus du pourboire qu'elles m'ont donné. Un louis, et deux pièces de cent sous pour la course, en tout trente francs... Gueux d'argent !... si je ne l'avais pas dépensé, je le jetterais...

— Et où les avez-vous conduites ?

— Rue de Bourgogne. J'ai oublié le numéro, mais je reconnaîtrai la maison.

— Malheureusement, elles ne se seront pas fait descendre chez elles.

— Qui sait ?... Je les ai vues sonner ; on a tiré le cordon, et elles entraient comme je filais. Voulez-vous que je vous y mène ?

Pour toute réponse, Lecoq s'élança sur le siége en disant :

— Partons !...

XIV

Devait-on supposer complétement dénuées d'intelligence les femmes qui s'étaient échappées du cabaret de la veuve Chupin au moment du meurtre?

Non!

Etait-il admissible que ces deux fugitives, avec la conscience de leur situation périlleuse se fussent fait conduire jusqu'à leur domicile par une voiture prise sur la voie publique?

Non encore.

Donc l'espoir de les rejoindre que manifestait le cocher était chimérique.

Lecoq se dit tout cela, et cependant il n'hésita pas à grimper sur le siége et à donner le signal : En route.

C'est qu'il obéissait à un axiôme qu'il s'était forgé à ses heures de méditation, qui devait plus tard assurer sa réputation et qu'il formulait ainsi :

« En matière d'information, se défier surtout de la vraisemblance. Commencer toujours par croire ce qui paraît incroyable. »

D'autre part, en se décidant ainsi, le jeune policier se

ménageait les bonnes grâces du cocher, et, par suite des renseignements plus abondants.

Enfin, c'était une façon d'être rapidement ramené a cœur de Paris.

Ce dernier calcul ne fut pas déçu.

Le cheval dressa l'oreille et allongea le trot, quand son maître cria : « Hue, Cocotte ! » La bête avait pratiqué l'homme et reconnaissait l'intonation avec laquelle il n'y avait pas à badiner.

En moins de rien, la voiture atteignit la route de Choisy, et alors Lecoq reprit ses questions.

— Voyons, mon brave, commença-t-il, vous m'avez conté les choses en gros, j'aurais besoin de détails maintenant. Comment ces deux femmes vous ont-elles accosté ?

— C'est bien simple. J'avais fait, le dimanche gras, une fichue journée. Six heures de file sur les boulevards, et la pluie tout le temps. Quelle misère !... A minuit, j'avais trente sous de pourboire, pour tout potage. Cependant j'étais tellement échiné, mon cheval était si las, que je me décide à rentrer. Je marronnais, il faut voir !... Quand, rue du Chevaleret, passé la rue Picard, j'aperçus de loin deux femmes debout sous un réverbère. Naturellement, je ne m'en occupe pas, parce que les femmes, quand on a mon âge...

— Passons ! interrompit le jeune policier.

— Je passe en effet devant elles, et quand elles se mettent à m'appeler : « Cocher !... cocher !... » Je fais celui qui n'entend rien. Mais alors en voilà une qui court après moi, en criant : « Un louis !... un louis de pourboire ! » Je réfléchissais, quand, pour comble, la femme ajoute : « Et dix francs pour la course ! » Du coup, j'arrête net.

Lecoq bouillait d'impatience; mais il sentait que des questions directes et rapides ne le mèneraient à rien. Le plus sage était de tout entendre.

— Vous comprenez, poursuivit le cocher, qu'on ne se fie pas à deux gaillardes pareilles, à cette heure, dans le quartier là-bas. Donc, quand elles s'approchent pour monter, je dis : « Halte-là !... les petites mères, on a promis des sous à papa; où sont-ils ? » Aussitôt il y en a une qui m'allonge recta 30 francs, en disant : « Surtout, bon train ! »

— Impossible d'être plus précis, approuva le jeune policier. A présent, comme étaient ces deux femmes?

— Vous dites?

— Je vous demande de qui elles avaient l'air, pour qui vous les avez prises ?...

Un large rire épanouit la bonne face rouge du cocher.

— Dame !... répondit-il, elles m'ont fait l'effet de deux... de deux pas grand'chose de bon.

— Ah !... Et comment étaient-elles habillées?

— Comme les demoiselles qui vont danser à l'*Arc-en-Ciel*, vous m'entendez. Seulement, l'une avait l'air cossue, tandis que l'autre... Oh! là là !... quel déchet!

— Laquelle a couru après vous?

— Celle qui avait l'air minable, celle qui...

Il s'interrompit : si vif était le souvenir qui traversait son esprit, qu'il tira sur les rênes à faire cabrer son cheval.

— Tonnerre!... s'écria-t-il, attendez, j'ai fait une remarque, à ce moment-là. Il y avait une des deux coquines qui appelait l'autre Madame, gros comme le bras, tandis que l'autre la tutoyait et la rudoyait.

— Oh!... fit le jeune policier, sur trois tons différents, oh, oh!... Et laquelle, s'il vous plaît, disait : tu?

— La mal mise. Elle n'avait pas les deux pieds dans le même soulier, celle-là. Elle secouait l'autre, la cossue, comme un prunier. « Malheureuse, lui disait-elle, veux-tu nous perdre... tu t'évanouiras quand nous serons à la maison, marche!... » Et l'autre répondait en pleurnichant : « Vrai, madame, bien vrai, je ne peux pas! » Elle paraissait si bien ne pas pouvoir, en effet, que je me disais à part moi : « En voilà une qui a bu plus que sa suffisance!... »

C'étaient là des circonstances, et d'une importance extrême, qui confirmaient, en les rectifiant, les premières suppositions de Lecoq.

Ainsi qu'il l'avait soupçonné, la condition sociale des deux femmes n'était pas la même.

Seulement, il s'était trompé en attribuant la prééminence à la femme aux fines bottines à talons hauts, dont les empreintes inégales lui avaient révélé les défaillances.

Cette prééminence appartenait à celle qui avait laissé les traces de ses souliers plats, et supérieure par sa condition, elle l'avait été par son énergie.

Lecoq était désormais persuadé que des deux fugitives, l'une était la servante et l'autre la maîtresse.

— Est-ce bien tout, mon brave? demanda-t-il à son compagnon.

— Tout, répondit le cocher, sauf que j'ai observé que

celle qui m'a donné l'argent, la mal vêtue, avait une main... oh! mais une main d'enfant, et que malgré sa colère, sa voix était douce comme une musique.

— Avez-vous vu sa figure?...

— Oh!... si peu...

— Enfin, pouvez-vous me dire si elle est jolie, si elle est brune ou blonde?...

Tant de questions à la fois étourdissaient le digne cocher.

— Minute!... répondit-il. Dans mon idée, elle n'est pas jolie, je ne la crois pas jeune, mais pour sûr elle est blonde, avec beaucoup de cheveux.

— Est-elle petite ou grande, grasse ou maigre?

— Entre les deux.

C'était vague.

— Et l'autre, demanda Lecoq, la cossue?...

— Diable!... pour celle-là, ni vu ni connu, elle m'a paru petite, voilà tout.

— Reconnaîtriez-vous celle qui vous a payé, si on vous la représentait?

— Dame!... non.

La voiture arrivait au milieu de la rue de Bourgogne; le cocher arrêta son cheval en disant :

— Attention!... Voici la maison où sont entrées les deux coquines... là.

Retirer le foulard qui lui servait de cache-nez, le plier, le glisser dans sa poche, sauter à terre et entrer dans la maison indiquée, fut pour le jeune policier l'affaire d'un instant.

Dans la loge du concierge une vieille femme cousait.

— Madame, lui dit poliment Lecoq en lui présentant son foulard, je rapporte ceci à une de vos locataires.

— A laquelle?...

— Par exemple, voilà ce que je ne sais pas.

La digne concierge crut comprendre que ce jeune homme si poli était un mauvais plaisant qui prétendait se moquer d'elle.

— Vilain malhonnête, commença-t-elle.

— Pardon, interrompit Lecoq, laissez-moi finir; voici la chose. Avant-hier soir, avant-hier matin plutôt, sur les trois heures, je rentrais me coucher, tranquillement, quand, ici près, deux dames qui avaient l'air très-pressées me devancent. L'une d'elles laisse tomber ceci... Je le ramasse, et comme de juste, je hâte le pas pour le lui remettre... Peine perdue, elles étaient déjà entrées ici. A l'heure qu'il était, je n'ai pas osé sonner dans la crainte de vous déranger; hier j'ai été occupé, mais aujourd'hui j'arrive : voici l'objet.

Il posa le foulard sur la table et fit mine de se retirer, la concierge le retint.

— Grand merci de la complaisance, dit-elle, mais vous pouvez garder ça. Nous n'avons pas, dans la maison, des femmes qui rentrent seules après minuit.

— Cependant, insista le jeune policier, j'ai des yeux, j'ai vu...

— Ah!... j'oubliais, s'écria la vieille femme. La nuit que vous dites, en effet, on sonne ici... quelle scie! Je tire le cordon et j'écoute... rien. N'entendant ni refermer la porte ni monter dans l'escalier, je me dis : « Bon! encore un polisson qui me fait une niche. » La maison, vous m'entendez, ne pouvait pas rester ouverte au premier venu. Lors, je ne fais ni une ni deux, je passe un jupon et je sors de la loge. Qu'est-ce que je vois?... deux ombres qui filent, bssst... et qui me plantent la porte sur le nez. Vite je reviens me tirer le cordon à moi-même, et je cours regarder dans la rue... Qu'est-ce que j'aperçois?... Deux femmes qui couraient!...

— Dans quelle direction?...

— Elles allaient vers la rue de Varennes...

Lecoq était fixé ; il salua civilement la concierge, dont il pouvait avoir besoin encore, et regagna la voiture.

— Je l'avais prévu, dit-il au cocher, elles ne demeurent pas là.

Le cocher eut un geste de dépit. Sa colère allait s'épancher en un flux de paroles, mais Lecoq, qui avait consulté sa montre, l'interrompit :

— Neuf heures!... dit-il, je serai en retard de plus d'une heure, mais j'apporterai des nouvelles... Conduisez-moi à la morgue, et vite !

XV

Les lendemains de crimes mystérieux et de catastrophes dont les victimes n'ont pas été reconnues, sont les grands jours de la Morgue.

Dès le matin, les employés se hâtent, tout en échangeant des plaisanteries à faire frissonner. Presque tous sont très-gais, par suite d'un impérieux besoin de réagir contre l'horrible tristesse de ce qui les entoure.

— Nous aurons du monde, aujourd'hui, disent-ils.

Et de fait, quand Lecoq et son cocher atteignirent le quai, ils purent de loin distinguer des groupes nombreux et animés qui stationnaient autour du lugubre monument.

Les journaux avaient rapporté l'affaire du cabaret de la veuve Chupin, et dame ! on voulait voir...

Sur le pont, Lecoq se fit arrêter, et sauta sur le trottoir.

— Je ne veux pas descendre de voiture devant la morgue, dit-il.

Puis, tirant alternativement sa montre et son porte-monnaie, il poursuivit :

— Nous avons, mon brave, une heure quarante minutes; par conséquent, je vous dois...

— Ah!... rien du tout!... répondit impérieusement le cocher.

— Cependant...

— Non!... pas un sou. Je suis trop vexé d'avoir dépensé l'argent de ces satanées coquines... Je voudrais, tenez, que ce que j'en ai bu m'eût donné la colique. Ainsi, ne vous gênez pas... s'il vous faut une voiture, prenez la mienne, pour rien, jusqu'à ce que vous ayez pincé les scélérates.

Lecoq n'était pas riche, à cette époque, il n'insista pas.

— Vous avez bien pris mon nom au moins, poursuivit le cocher, et mon adresse?...

— Assurément!... Il faudra que le juge d'instruction entende votre déposition. Vous recevrez une assignation...

— Eh bien! c'est ça... Papillon (Eugène), cocher, chez M. Trigault... Je loge chez lui, parce que, voyez-vous, je suis un peu son associé.

Déjà le jeune policier s'éloignait, Papillon le rappela.

— En sortant de la Morgue, lui dit-il, vous irez bien quelque part... vous m'avez déclaré que vous aviez un rendez-vous, et que même vous étiez en retard.

— Sans doute, on m'attend au Palais de Justice, mais c'est à deux pas...

— N'importe... je vais vous espérer au coin du quai. Ah!... ce n'est pas la peine de répondre non, je l'ai mis dans ma tête et je suis Breton. C'est un service que je vous demande : gardez-moi au moins pour les trente francs des coquines.

Il y eût eu cruauté à repousser cette requête. Lecoq fit donc un geste d'assentiment et se dirigea rapidement vers la Morgue.

S'il y avait tant de monde aux alentours, c'est que le sinistre établissement était plein, et on faisait queue, littéralement.

Lecoq, pour pénétrer, dut jouer énergiquement des coudes.

Au dedans, c'était hideux. Oui, hideux à se demander quelles dégoûtantes émotions venaient chercher là ces féroces curieux.

Il y avait des femmes en grand nombre, des jeunes filles aussi.

Les petites ouvrières qui, en se rendant à leur ouvrage, sont obligées de passer aux environs, font un détour pour venir contempler la moisson de cadavres inconnus que donnent quotidiennement le crime, les accidents de voitures, la Seine et le canal Saint-Martin. Les plus sensibles restent à la porte, les intrépides entrent, et en ressortant racontent leurs impressions. Quand il n'y a personne, que les dalles chôment, elles ne sont pas contentes... C'est à n'y pas croire.

Mais il y avait, ce matin-là, chambrée complète. Toutes les dalles, hormis deux, étaient occupées.

L'atmosphère était infâme. Un froid malsain tombait sur les épaules, et au-dessus de la foule planait comme un brouillard infect, tout imprégné des âcres odeurs du chlore, destiné à combattre les miasmes.

Et aux chuchotements des causeries, entrecoupées

d'acclamations et de soupirs, se mêlaient, ainsi qu'un accompagnement continu, le murmure des robinets, placés au chevet de chaque dalle, et le sourd clapotis de l'eau qui coulait et tombait en s'éclaboussant.

Par les petites fenêtres cintrées, la lumière glissait blafarde sur les corps exposés, faisait saillir énergiquement les muscles, accusait les marbrures des chairs verdâtres, et éclairait sinistrement les haillons pendus autour de l'amphithéâtre, défroques horribles qui doivent aider aux reconnaissances, et qui, au bout d'un certain temps, sont vendues... car rien ne se perd.

Mais le jeune policier était trop à ses pensées pour remarquer les hideurs du spectacle.

A peine donna-t-il un coup d'œil aux trois victimes de l'avant-veille. Il cherchait le père Absinthe et ne le découvrait pas.

Gévrol, volontairement ou non, avait-il manqué à ses promesses, ou bien le vieil homme de la rue de Jérusalem, s'était-il oublié à sa goutte matinale et avait-il bu la consigne?

En désespoir de cause, Lecoq s'adressa au chef des gardiens.

— Il paraît, demanda-t-il, que personne encore n'a reconnu un seul des malheureux de l'affaire de l'autre nuit.

— Personne!... Et cependant, depuis l'ouverture, nous avons un monde fou. Moi, voyez-vous, si j'étais le maître, des jours comme aujourd'hui, je demanderais deux sous par personne, à la porte, demi-place pour les enfants, et on ferait de fameuses recettes... on couvrirait les frais...

Cette idée ainsi émise, était un appât présenté à la conversation. Lecoq ne le saisit pas.

— Excusez, interrompit-il. Ne vous a-t-on pas, dès ce matin, envoyé un agent du service de la sûreté?

— En effet.

— Alors, où est-il passé?... Je ne l'aperçois pas.

Le gardien, avant de répondre, toisa d'un œil soupçonneux ce questionneur acharné, et enfin, d'un ton hésitant, il dit :

— En êtes-vous?...

Cette phrase fut lancée dans la circulation, à l'époque où prospéraient d'immondes agents provocateurs, sous la Restauration, elle s'appliquait uniquement à la police. « On en était ou on n'en était pas. » La phrase a survécu aux circonstances.

— J'en suis, répondit le jeune policier, exhibant sa carte à l'appui de son affirmation.

— Et vous vous nommez?...

— Lecoq.

La physionomie du gardien-chef se fit soudainement souriante :

— En ce cas, dit-il, j'ai une lettre pour vous, qui vient de m'être remise par votre camarade, lequel était forcé de s'absenter... La voici :

Le jeune agent rompit immédiatement le cachet, et lut :

« Monsieur Lecoq... »

Monsieur!... Cette simple formule de politesse amena sur ses lèvres un léger sourire. N'était-elle pas, de la part du père Absinthe, la reconnaissance explicite de la supériorité de son collègue? Le jeune policier devina là un dévouement canin qu'il devait payer par cette protection affectueuse du maître pour son premier disciple.

Cependant, il poursuivait sa lecture :

« Monsieur Lecoq, j'étais de faction depuis l'ouver-
« ture, quand vers neuf heures trois jeunes gens sont
« entrés bras dessus bras dessous. Ils avaient la tournure
« et le genre d'employés de magasin. Tout à coup, j'en
« vois un qui devient plus blanc que sa chemise, et qui
« montre aux autres un de nos inconnus de chez la Chu-
« pin, en disant : Gustave !...

« Aussitôt ses camarades lui mettent la main sur la
« bouche, en répétant : Vas-tu te taire, fichue bête, de
« quoi te mêles-tu, veux-tu donc nous faire arriver de la
« peine ?

« Là-dessus ils sortent, et moi je sors derrière eux.

« Mais celui qui avait parlé était si ému qu'il ne pou-
« vait plus se traîner, de sorte que les autres l'ont con-
« duit dans un petit caboulot.

« J'y suis entré, moi aussi, et c'est là que je vous fais
« cette lettre, tout en les guignant du coin de l'œil. Le
« gardien-chef vous remettra ce papier qui vous expli-
« quera mon absence. Vous comprenez que je vais *filer*
« ces gaillards-là.

« ABS. »

Cette lettre était d'une écriture presque indéchiffrable, les fautes d'orthographe s'entrelaçaient de ligne en ligne, mais elle était claire et précise, et devait éveiller les plus flatteuses espérances.

Le visage de Lecoq rayonnait donc, quand il remonta en voiture, et tout en poussant son cheval, le vieux cocher ne put se tenir de questionner.

— Cela va comme vous voulez, dit-il.

Un « chut ! » amical fut la seule réponse du jeune policier. Il n'avait pas trop de toute son attention pour coordonner dans son esprit ses renseignements nouveaux.

Descendu devant la grille du palais, il eut bien de la peine à congédier le vieux cocher, qui voulait absolument rester à ses ordres. Il y réussit cependant, mais il était déjà sous le porche de gauche, que le bonhomme, debout sur son siége, lui criait encore :

— Chez M. Trigault !... n'oubliez pas !... le père Papillon... numéro 998, — 1,000 moins 2...

Parvenu au troisième étage de l'aile gauche du Palais, à l'entrée de cette longue, étroite et sombre galerie qu'on appelle la galerie de l'instruction, Lecoq s'adressa à un huissier installé derrière un bureau de chêne.

— M. d'Escorval est sans doute dans son cabinet, demanda-t-il.

L'huissier hocha tristement la tête.

— M. d'Escorval, répondit-il, n'est pas venu ce matin et il ne viendra pas d'ici des mois...

— Comment cela ?... Que voulez-vous dire ?

— Hier soir en descendant de son coupé, à sa porte, il est tombé si malheureusement qu'il s'est cassé la jambe.

XVI

On est riche, on a voiture, chevaux, cocher..., et quand on passe étalé sur les coussins, on recueille plus d'un regard d'envie.

Mais voilà que le cocher qui a bu un coup de trop verse l'équipage, ou bien les chevaux s'emportent et brisent tout, ou encore l'heureux maître, en un moment de préoccupation, manque le marche-pied et se fracasse la jambe à l'angle du trottoir.

Tous les jours de pareils accidents arrivent, et même, leur longue liste doit être, pour les humbles piétons, une raison de bénir leur modeste fortune, qui les met à l'abri de telles aventures.

Néanmoins, en apprenant le malheur de M. d'Escorval, Lecoq eut l'air si parfaitement déconfit que l'huissier ne put s'empêcher d'éclater de rire.

— Que voyez-vous donc là de si extraordinaire? demanda-t-il.

— Moi?... rien.

Le jeune policier mentait. Il venait d'être frappé de la bizarre coïncidence de ces deux événements : la tentative de suicide du meurtrier et la chute du juge d'instruction.

Mais il ne laissa pas au vague pressentiment qui tressaillit dans son esprit le temps de prendre consistance. Quel rapport entre ces deux faits ?...

D'ailleurs, il n'entrevoyait pour lui aucun préjudice, bien au contraire, et il n'avait pas encore enrichi son formulaire d'un axiome qu'il professa plus tard :

« Se défier extraordinairement de toutes les circons-
« tances qui paraissent favoriser nos secrets désirs. »

Il est sûr que Lecoq était bien loin de se réjouir de l'accident de M. d'Escorval, il eût donné bonne chose de grand cœur pour que la blessure n'eût pas de suites... Seulement, il ne pouvait s'empêcher de se dire qu'il se trouvait, de par le hasard de ce malheur, quitte de relations qui lui semblaient affreusement pénibles, avec un homme dont les hauteurs dédaigneuses l'avaient comme écrasé.

Tous ces motifs divers réunis furent cause d'une légèreté dont il devait porter la peine.

— De la sorte, dit-il à l'huissier, je n'ai que faire ici, ce matin.

— Plaisantez-vous ?... Depuis quand le couvent chôme-t-il faute d'un moine !... Il y a plus d'une heure déjà, que toutes les affaires urgentes dont était chargé monsieur d'Escorval ont été réparties entre messieurs les juges d'instruction.

— Moi je viens pour cette grosse affaire d'avant-hier...

— Eh !... que ne le disiez-vous ! On vous attend, et même on a déjà envoyé un garçon vous demander à la Préfecture. C'est M. Segmuller qui instruit...

Le front du jeune policier se plissa. Il cherchait à se rappeler celui des juges qui portait ce nom, et s'il ne s'était pas déjà trouvé en rapport avec lui.

— Oui, reprit l'huissier, qui était d'humeur causeuse, M. Segmuller... Ne le connaissez-vous donc pas?... Voilà un brave homme, et qui n'a pas la mine toujours renfrognée comme presque tous nos messieurs. C'est de lui qu'un prévenu disait en sortant d'être interrogé : « Ce diable-là m'a si bien tiré les vers du nez que j'aurai certainement le cou coupé; mais c'est égal, c'est un bon enfant ! »

C'est le cœur ragaillardi par ces détails de bon augure, que le jeune policier alla frapper à la porte qui lui avait été indiquée, et qui portait le n° 22.

— Ouvrez !... cria une voix bien timbrée.

Il entra, et se trouva en face d'un homme d'une quarantaine d'années, assez grand, un peu replet, et qui lui dit tout d'abord :

— Vous êtes l'agent Lecoq?... Parfait !... Asseyez-vous, je m'occupe de l'affaire, je serai à vous dans cinq minutes.

Lecoq obéit, et sournoisement, avec la perspicacité de l'intérêt en éveil, il se mit à étudier le juge dont il allait devenir le collaborateur... à peu près comme le limier est le collaborateur du chasseur.

Son extérieur s'accordait parfaitement avec les dires de l'huissier. La franchise et la bienveillance éclataient sur sa large face, bien éclairée par des yeux bleus très-doux.

Cependant le jeune policier s'imagina qu'il serait imprudent de se fier absolument à ces apparences bénignes.

Il n'avait pas tort.

Né aux environs de Strasbourg, M. Segmuller utilisait dans l'exercice de ses délicates fonctions cette physionomie candide départie à presque tous les enfants de la blonde Alsace, masque trompeur qui fréquemment dissimule une finesse gasconne doublée de la redoutable prudence cauchoise.

L'esprit de M. Segmuller était des plus pénétrants et des plus alertes, mais son système — chaque juge a le sien — était la bonhomie. Pendant que certains de ses confrères demeuraient roides et tranchants autant que le glaive qu'on place dans la main de la statue de la Justice, il affectait la simplicité et la rondeur, sans que pourtant, jamais l'austérité de son caractère de magistrat en fût altérée.

Mais sa voix avait de si paternelles intonations, il voilait si bien de naïveté la subtilité des questions et la portée des réponses, que celui qu'il interrogeait oubliait de se tenir sur ses gardes et se laissait aller. Et quand au-dedans de lui-même il s'applaudissait du peu de malice du juge, le prévenu était déjà retourné comme un gant.

Près d'un tel homme, un greffier maigre et grave eût entretenu la défiance; aussi s'en était-il trié un, qui était comme sa caricature. Il s'appelait Goguet. Il était court, obèse, imberbe et souriant. Sa large face exprimait, non plus la bonhomie mais la niaiserie, et il était niais raisonnablement.

Ainsi qu'il l'avait dit, M. Segmuller étudiait la cause qui lui arrivait là inopinément.

Sur son bureau étaient étalées toutes les pièces de conviction réunies par Lecoq, depuis le flocon de laine, jusqu'à la boucle d'oreille de diamant.

Il lisait et relisait le rapport écrit par Lecoq, et, suivant les phrases diverses, il examinait les objets placés devant lui ou consultait le plan du terrain.

Après non pas cinq minutes, mais une bonne demi-heure, il repoussa son fauteuil.

— Monsieur l'agent, prononça-t-il, monsieur d'Escorval m'avait prévenu par une note en marge du dossier, que vous êtes un homme intelligent et qu'on peut se fier à vous.

— J'ai du moins la bonne volonté.

— Oh! vous avez mieux que cela; c'est la première fois qu'on m'apporte un travail aussi complet que votre rapport. Vous êtes jeune; si vous persévérez, je vous crois appelé à rendre de grands services.

Le jeune policier s'inclina, balbutiant, pâle de plaisir.

— Votre conviction, poursuivit M. Segmuller, devient dès ce moment la mienne. C'était, m'a dit monsieur le procureur impérial, celle de M. d'Escorval. Nous sommes en face d'une énigme, il s'agit de la déchiffrer.

— Oh!... nous y arriverons, monsieur? s'écria Lecoq.

Il se sentait capable de choses extraordinaires, il était prêt à passer dans le feu, pour ce juge qui l'accueillait si bien. L'enthousiasme qui brillait dans ses yeux était tel que M. Segmuller ne put s'empêcher de sourire.

— J'ai bon espoir, dit-il, moi aussi, mais nous ne sommes pas au bout... Maintenant, vous, depuis hier, avez-vous agi? Monsieur d'Escorval vous avait-il donné des ordres?... Avez-vous recueilli quelque nouvel indice?...

— Je crois, monsieur, n'avoir pas perdu mon temps.

Et aussitôt, avec une précision rare, avec un bonheur d'expression qui ne fait jamais défaut à qui possède bien son sujet, Lecoq raconta tout ce qu'il avait surpris depuis son départ de la *Poivrière*.

Il dit les démarches hardies de l'homme qu'il croyait le complice, ses observations à lui sur le meurtrier, ses espérances avortées et ses tentatives. Il dit les dépositions du cocher et de la concierge, il lut la lettre du père Absinthe.

Pour finir, il déposa sur le bureau les quelques pincées de terre qu'il s'était si singulièrement procurées, et à côté une quantité à peu près égale de poussière qu'il était allé ramasser au violon de la place d'Italie.

Puis, quand il eut expliqué quelles raisons l'avaient fait agir, et le parti qu'on pouvait tirer de ses précautions :

— Ah ! vous avez raison ! s'écria M. Segmuller, il se peut que nous ayons là un moyen de déconcerter toutes les dénégations du prévenu... C'est, certes, de votre part, un trait de surprenante sagacité.

Il fallait que ce fût ainsi, car Goguet, le greffier, approuva.

— Saperlote !... murmura-t-il, je n'aurais pas trouvé celle-là, moi !...

Tout en causant, M. Segmuller avait fait disparaître dans un vaste tiroir toutes les pièces de conviction, qui ne devaient apparaître qu'en temps et lieu.

— Maintenant, dit-il, je possède assez d'éléments pour interroger la veuve Chupin. Peut-être en tirerons-nous quelque chose.

Il allongeait la main vers un cordon de sonnette, Lecoq fit un geste presque suppliant.

— J'aurais, monsieur, dit-il, une grâce à vous demander.

— Laquelle?... parlez.

— Je m'estimerais bien heureux s'il m'était permis d'assister à l'interrogatoire... Il faut si peu, quelquefois, pour éveiller une heureuse inspiration.

La loi dit que « l'accusé sera interrogé secrètement par le juge assisté de son greffier, » mais elle admet cependant la présence des agents de la force publique.

— Soit, répondit M. Segmuller, demeurez.

Il sonna, un huissier parut.

— A-t-on, selon mes ordres, amené la veuve Chupin? demanda-t-il.

— Elle est là, dans la galerie, oui, monsieur.

— Qu'elle entre.

L'instant d'après, la cabaretière faisait son entrée, s'inclinant de droite et de gauche, avec force révérences et salutations.

Elle n'en était plus à ses débuts devant un juge d'instruction, la veuve Chupin, et elle n'ignorait pas quel grand respect on doit à la justice.

Aussi s'était-elle parée pour l'interrogatoire.

Elle avait lissé en bandeaux plats ses cheveux gris rebelles et avait tiré tout le parti possible des vêtements qu'elle portait. Même, elle avait obtenu du directeur du Dépôt qu'on lui achetât, avec l'argent trouvé sur elle lors de son arrestation, un bonnet de crêpe noir et deux mouchoirs blancs, où elle se proposait de « pleurer toutes les larmes de son corps » aux moments pathétiques.

Pour seconder ces artifices de toilette, elle avait tiré de son répertoire de grimaces, un petit air innocent, malheureux et résigné, tout à fait propre, selon elle, à se concilier les bonnes grâces et l'indulgence du magistrat dont son sort allait dépendre.

Ainsi travestie, les yeux baissés, la voix mielleuse, le geste patelin, elle ressemblait si peu à la terrible patronne de la *Poivrière* que ses pratiques eussent hésité à la reconnaître.

En revanche, rien que sur la mine, un vieux et honnête célibataire lui eût proposé vingt francs par mois pour se charger de son ménage.

Mais M. Segmuller avait démasqué bien d'autres hypocrisies, et l'idée qui lui vint fut celle qui brilla dans les yeux de Lecoq.

— Quelle vieille comédienne !...

Sa perspicacité, il est vrai, devait être singulièrement aidée par quelques notes qu'il venait de parcourir. Ces notes étaient simplement le dossier de la veuve Chupin adressé à titre de renseignement au parquet par la Préfecture de police.

Son examen achevé, le juge d'instruction fit signe à Goguet, son souriant greffier, de se préparer à écrire.

— Votre nom ?... demanda-t-il brusquement à la prévenue.

— Aspasie Clapard, mon bon monsieur, répondit la vieille femme, veuve Chupin, pour vous servir.

Elle esquissa une belle révérence, et ajouta :

— Veuve légitime, s'entend, j'ai mes papiers de mariage dans ma commode, et si on veut envoyer quelqu'un...

— Votre âge?... interrompit le juge.
— Cinquante-quatre ans.
— Votre profession?...
— Débitante de boissons, à Paris, tout près de la rue du Château-des-Rentiers, à deux pas des fortifications.

Ces questions d'individualité sont le début obligé de tout interrogatoire.

Elles laissent au prévenu et au juge le temps de s'étudier réciproquement, de se tâter pour ainsi dire, avant d'engager la lutte sérieuse, comme deux adversaires qui, sur le point de se battre à l'épée, essaieraient quelques passes avec des fleurets mouchetés.

— Maintenant, poursuivit le juge, occupons-nous de vos antécédents. Vous avez déjà subi plusieurs condamnations?...

La vieille récidiviste était assez au fait de la procédure criminelle pour n'ignorer pas le mécanisme de ce fameux casier judiciaire, une des merveilles de la justice française, qui rend si difficiles les négations d'identité.

— J'ai eu des malheurs, mon bon juge, pleurnicha-t-elle.

— Oui, et en assez grand nombre. Tout d'abord, vous avez été poursuivie pour recel d'objets volés.

— Mais j'ai été renvoyée plus blanche que neige. Mon pauvre défunt avait été trompé par des camarades.

— Soit. Mais c'est bien vous qui, pendant que votre mari subissait sa peine, avez été condamnée pour vol à un mois de prison une première fois, et à trois mois ensuite.

— J'avais des ennemis qui m'en voulaient, des voisins qui ont fait des cancans...

— En dernier lieu, vous avez été condamnée pour avoir entraîné au désordre des jeunes filles mineures...

— Des coquines, mon bon cher monsieur, des petites sans cœur... Je leur avais rendu service, et après elles sont allées conter des menteries pour me faire du tort... j'ai toujours été trop bonne.

La liste des malheurs de l'honnête veuve n'était pas épuisée, mais M. Segmuller crut inutile de poursuivre.

— Voilà le passé, reprit-il. Pour le présent, votre cabaret est un repaire de malfaiteurs. Votre fils en est à sa quatrième condamnation, et il est prouvé que vous avez encouragé et favorisé ses détestables penchants. Votre belle-fille, par miracle, est restée honnête et laborieuse, aussi l'avez-vous accablée de tant de mauvais traitements que le commissaire du quartier a dû intervenir. Quand elle a quitté votre maison, vous vouliez garder son enfant... pour l'élever comme son père, sans doute.

C'était, pensa la vieille, le moment de s'attendrir. Elle sortit de sa poche son mouchoir neuf, roide encore de l'apprêt, et essaya en se frottant énergiquement les yeux de s'arracher une larme... On en eût aussi aisément tiré d'un morceau de parchemin.

— Misère !... gémissait-elle, me soupçonner, moi, de songer à conduire à mal mon petit-fils, mon pauvre petit Toto !... Je serais donc pire que les bêtes sauvages, je voudrais donc la perdition de mon propre sang !...

Mais ces lamentations paraissaient ne toucher que très-médiocrement le juge; elle s'en aperçut, et changeant brusquement de système et de ton, elle entama sa justification.

Elle ne niait rien positivement, mais elle rejetait tout sur le sort, qui n'est pas juste, qui favorise les uns, non les meilleurs souvent, et accable les autres.

Hélas! elle était de ceux qui n'ont pas de chance, ayant toujours été innocente et persécutée. En cette dernière affaire, par exemple, où était sa faute? Un triple meurtre avait ensanglanté son cabaret, mais les établissements les plus honnêtes ne sont pas à l'abri d'une catastrophe pareille.

Elle avait eu le temps de réfléchir, dans le silence des « secrets, » elle avait fouillé jusqu'aux derniers replis de sa conscience, et cependant elle en était encore à se demander quels reproches on pouvait raisonnablement lui adresser...

— Je puis vous le dire, interrompit le juge : on vous reproche d'entraver autant qu'il est en vous l'action de la loi...

— Est-il, Dieu !... possible !...

— Et de chercher à égarer la justice. C'est de la complicité, cela, veuve Chupin, prenez-y garde. Quand la police s'est présentée, au moment même du crime, vous avez refusé de répondre.

— J'ai dit tout ce que je savais.

— Eh bien !... il faut me le répéter.

M. Segmuller devait être content. Il avait conduit

l'interrogatoire de telle sorte, que la veuve Chupin se trouvait naturellement amenée à entreprendre d'elle-même le récit des faits.

C'était un point capital. Des questions directes eussent peut-être éclairé cette vieille, si fine, qui gardait tout son sang-froid, et il importait qu'elle ne soupçonnât rien de ce que savait ou de ce qu'ignorait l'instruction.

En l'abandonnant à sa seule inspiration, on devait obtenir dans son intégrité la version qu'elle se proposait de substituer à la vérité.

Cette version, ni le juge, ni Lecoq n'en doutaient, devait avoir été concertée au poste de la place d'Italie, entre le meurtrier et le faux ivrogne, et transmise ensuite à la Chupin par ce hardi complice.

— Oh!... la chose est bien simple, mon bon monsieur, commença l'honnête cabaretière. Dimanche soir, j'étais seule au coin de mon feu, dans la salle basse de mon établissement, quand tout à coup la porte s'ouvre, et je vois entrer trois hommes et deux dames.

M. Segmuller et le jeune policier échangèrent un rapide regard. Le complice avait vu relever les empreintes, donc on n'essayait pas de contester la présence des deux femmes.

— Quelle heure était-il? demanda le juge.
— Onze heures à peu près.
— Continuez.
— Sitôt assis, poursuivit la veuve, ces gens me commandent un saladier de vin à la française. Sans me vanter, je n'ai pas ma pareille pour préparer cette boisson. Naturellement, je les sers, et aussitôt après, comme j'a-

vais des blouses à repriser pour mon garçon, je monte à ma chambre qui est au premier.

— Laissant ces individus seuls ?

— Oui, mon juge.

— C'était, de votre part, beaucoup de confiance.

La veuve Chupin secoua mélancoliquement la tête.

— Quand on n'a rien, prononça-t-elle, on ne craint pas les voleurs.

— Poursuivez, poursuivez...

— Alors, donc, j'étais en haut depuis une demi-heure, quand on se met à m'appeler d'en bas : « Eh ! la vieille ! » Je descends, et je me trouve nez à nez avec un grand individu très-barbu, qui venait d'entrer. Il voulait un petit verre de fil-en-quatre... Je le sers, seul à une table.

— Et vous remontez ? interrompit le juge.

L'ironie fut-elle comprise de la Chupin ? sa physionomie ne le laissa pas deviner.

— Précisément, mon bon monsieur, répondit-elle. Seulement, cette fois, j'avais à peine repris mon dé 'et? mon aiguille, que j'entends un tapage terrible dans ma salle. Dare dare je dégringole mon escalier, pour mettre le holà... Ah ! bien, oui !... Les trois premiers arrivés étaient tombés sur le dernier venu, et ils l'assommaient de coups, mon bon monsieur, ils le massacraient... Je crie... c'est comme si je chantais. Mais voilà que l'individu qui était seul contre trois sort un pistolet de sa poche ; il tire et tue un des autres, qui roule à terre... Moi, de peur, je tombe assise sur mon escalier, et pour ne pas voir, car le sang coulait, je relève mon tablier sur ma tête... L'instant d'après, monsieur Gévrol arrivait avec ses agents, on enfonçait ma porte, et voilà...

I.

Ces odieuses vieilles, qui ont trafiqué de tous les vices et bu toutes les hontes, atteignent parfois une perfection d'hypocrisie à mettre en défaut la plus subtile pénétration.

Un homme non prévenu, par exemple, eût pu se laisser prendre à la candeur de la veuve Chupin, tant elle y mettait de naturel, tant elle rencontrait à propos la juste intonation de la franchise, de la surprise ou de l'effroi.

Malheureusement elle avait contre elle ses yeux, ses petits yeux gris, mobiles comme ceux de la bête inquiète, où l'astuce heureuse allumait des étincelles.

C'est qu'elle se réjouissait, au-dedans d'elle-même, de son bonheur et de son adresse, n'étant pas fort éloignée de croire que le juge ajoutait foi à ses déclarations.

Dans le fait, pas un des muscles du visage de M. Segmuller n'avait trahi ses impressions pendant le récit de la vieille, récit débité avec une prestigieuse volubilité.

Quand elle s'arrêta, à bout d'haleine, il se leva sans mot dire et s'approcha de son greffier pour surveiller la rédaction du procès-verbal de cette première partie de l'interrogatoire.

Du coin où il se tenait modestement assis, Lecoq ne cessait d'observer la prévenue.

— Elle pense pourtant, se disait-il, que c'est fini, et que sa déposition va passer comme une lettre à la poste.

Si telle était, en effet, l'espérance de la veuve Chupin, elle ne tarda pas à être déçue.

M. Segmuller, après quelques légères observations au

souriant Goguet, vint s'asseoir près de la cheminée, estimant le moment arrivé de pousser vivement l'interrogatoire.

— Ainsi, veuve Chupin, commença-t-il, vous affirmez n'être pas restée un seul instant près des gens qui étaient entrés boire chez vous?

— Pas une minute.

— Ils entraient et commandaient, vous les serviez et vous vous hâtiez de sortir.

— Oui, mon bon monsieur.

— Il me paraît impossible, cependant, que vous n'ayez pas surpris quelques mots de leur conversation. De quoi causaient-ils?

— Ce n'est pas mon habitude d'espionner mes pratiques.

— Enfin, avez-vous entendu quelque chose?

— Rien.

Le juge d'instruction haussa les épaules d'un air de commisération.

— En d'autres termes, reprit-il, vous refusez d'éclairer la justice.

— Oh!... si on peut dire...

— Laissez-moi finir. Toutes ces histoires invraisemblables de sorties, de blouses pour votre fils à raccommoder dans votre chambre, vous ne les avez inventées que pour avoir le droit de me répondre : « Je n'ai rien vu, rien entendu, je ne sais rien. » Si tel est le système que vous adoptez, je déclare qu'il n'est pas soutenable et ne serait admis par aucun tribunal.

— Ce n'est pas un système, c'est la vérité.

M. Segmuller parut se recueillir, puis tout à coup :

— Décidément, vous n'avez rien à me dire sur ce misérable assassin ?

— Mais ce n'est pas un assassin, mon bon monsieur...

— Que prétendez-vous ?...

— Dame !... il a tué les autres en se défendant. On lui cherchait querelle, il était seul contre trois hommes, il voyait bien qu'il n'avait pas de grâce à attendre de brigands qui...

Elle s'arrêta court, toute interdite, se reprochant sans doute de s'être laissée entraîner, d'avoir eu la langue trop longue.

Elle put espérer, il est vrai, que le juge n'avait rien remarqué.

Un tison venait de rouler du foyer, il avait pris les pincettes et ne semblait préoccupé que du soin de reconstruire artistement l'édifice écroulé de son feu.

— Qui me dira, murmurait-il, entre haut et bas, qui me garantira que ce n'est pas cet homme, au contraire, qui a attaqué les trois autres...

— Moi, déclara carrément la veuve Chupin, moi, qui le jure !...

M. Segmuller se redressa, aussi étonné en apparence que possible.

— Comment pouvez-vous savoir, prononça-t-il, comment pouvez-vous jurer ? Vous étiez dans votre chambre quand la querelle a commencé.

Grave et immobile sur sa chaise, Lecoq jubilait intérieurement. Il trouvait que c'était un joli résultat, et qui promettait, d'avoir, en huit questions, amené cette vieille rouée à se démentir. Il se disait aussi que la preuve de la connivence éclatait. Sans un intérêt secret, la vieille cabaretière n'eût pas pris si imprudemment la défense du prévenu.

— Après cela, reprit le juge, vous parlez peut-être d'après ce que vous savez du caractère du meurtrier, vous le connaissez vraisemblablement.

— Je ne l'avais jamais vu avant cette soirée-là.

— Mais il était cependant déjà venu dans votre établissement ?

— Jamais de sa vie.

— Oh ! Oh !... comment expliquez-vous alors que, entrant dans la salle du bas, pendant que vous étiez dans votre chambre, cet inconnu, cet étranger se soit mis à crier : « Hé !... la vieille ! » Il devinait donc que l'établissement était tenu par une femme, et que cette femme n'était plus jeune ?

— Il n'a pas crié cela.

— Rappelez vos souvenirs ; c'est vous-même qui venez de me le dire.

— Je n'ai pas dit cela, mon bon monsieur.

— Si... et on va vous le prouver, en vous relisant votre interrogatoire... Goguet, lisez, s'il vous plaît.

Le souriant greffier eut promptement trouvé le passage, et de sa meilleure voix il lut la phrase textuelle de la Chupin :

« ... J'étais en haut depuis une demi-heure, quand
« d'en bas on se met à m'appeler : « Hé !... la vieille ! »
« Je descends, etc., etc. »

— Vous voyez bien ! insista M. Segmuller.

L'assurance de la vieille récidiviste fut sensiblement diminuée par cet échec. Mais loin d'insister, le juge glissa sur cet incident, comme s'il n'y eût pas attaché grande importance.

— Et les autres buveurs, reprit-il, ceux qui ont été tués, les connaissiez-vous?...

— Non, monsieur, ni d'Ève ni d'Adam.

— Et vous n'avez pas été surprise de voir ainsi arriver chez vous trois inconnus, accompagnés de deux femmes?

— Quelquefois le hasard...

— Allons!... vous ne pensez pas ce que vous dites. Ce n'est pas le hasard qui peut amener des clients la nuit, par un temps épouvantable, dans un cabaret mal famé comme le vôtre, et situé surtout assez loin de toute voie fréquentée, au milieu des terrains vagues...

— Je ne suis pas sorcière; ce que je pense, je le dis.

— Donc, vous ne connaissez même pas le plus jeune de ces malheureux, celui qui était vêtu en soldat, Gustave, enfin?

— Aucunement.

M. Segmuller nota l'intonation de cette réponse, et plus lentement il ajouta :

— Du moins, vous avez bien ouï parler d'un ami de ce Gustave, un certain Lacheneur?

A ce nom, le trouble de l'hôtesse de la *Poivrière* fut visible, et c'est d'une voix profondément altérée, qu'elle balbutia :

— Lacheneur?... Lacheneur?... Jamais je n'ai entendu prononcer ce nom.

Elle niait, mais l'effet produit restait, et à part soi, Lecoq jurait qu'il retrouverait ce Lacheneur, ou qu'il périrait à la tâche. N'y avait-il pas, parmi les pièces de conviction, une lettre de lui, écrite, on le savait, dans un café du boulevard Beaumarchais?

Avec un pareil indice et de la patience...

— Maintenant, continua M. Segmuller, nous arrivons aux femmes qui accompagnaient ces malheureux. Quel genre de femmes était-ce?...

— Oh!... des filles de rien du tout.

— Etaient-elles richement habillées?...

— Très-misérablement, au contraire.

— Bien!... donnez-moi leur signalement.

— C'est que... mon bon juge, je les ai à peine vues... Enfin, c'étaient deux grandes et puissantes gaillardes, si mal bâties que, sur le premier moment, comme c'était le dimanche gras, je les ai prises pour des hommes déguisés en femmes. Elles avaient des mains comme des épaules de mouton, la voix cassée, et des cheveux très-noirs. Elles étaient brunes comme des mulâtresses, voilà surtout ce qui m'a frappé...

— Assez!... interrompit le juge; j'ai désormais la preuve de votre insigne mauvaise foi. Ces femmes étaient petites, et l'une d'elles était remarquablement blonde.

— Je vous jure, mon bon monsieur....

— Ne jurez pas, je serais forcé de vous confronter avec un honnête homme qui vous dirait que vous mentez.

Elle ne répliqua pas, et il y eut un moment de silence; M. Segmuller se décidait à frapper le grand coup.

— Soutiendrez-vous aussi, demanda-t-il, que vous

n'aviez rien de compromettant dans la poche de votre tablier?

— Rien... On peut le chercher et fouiller; il est resté chez moi.

Cette assurance, sur ce point, ne trahissait-elle pas l'influence du faux ivrogne?...

— Ainsi, reprit M. Segmuller, vous persistez... Vous avez tort, croyez-moi. Réfléchissez... Selon que vous agirez, vous irez aux assises comme témoin... ou comme complice.

Bien que la veuve parût écrasée sous ce coup inattendu, le juge n'insista pas. On lui relut son interrogatoire, elle le signa et sortit.

M. Segmuller aussitôt, s'assit à son bureau, remplit un imprimé et le remit à son greffier, en disant :

— Voici, Goguet, une ordonnance d'extraction pour le directeur du Dépôt. Allez dire qu'on m'amène le meurtrier.

XVII

Arracher des aveux à un homme intéressé à se taire, et persuadé qu'il n'existe pas de preuves contre lui, c'est certes difficile.

Mais demander, dans de telles conditions, la vérité à une femme, c'est vouloir, dit-on au Palais, c'est pretendre confesser le diable.

Aussi, dès que M. Segmuller et Lecoq se trouvèrent seuls, ils se regardèrent d'un air qui disait leur inquiétude, et combien peu ils conservaient d'espoir.

En somme, qu'avait-il produit de positif, cet interrogatoire conduit avec cette dextérité du juge qui sait disposer et manier ses questions, comme un général sait manœuvrer ses troupes et les faire donner à propos?

Il en ressortait la preuve irrécusable de la connivence de la veuve Chupin, et rien de plus.

— Cette coquine sait tout!... murmura Lecoq.

— Oui, répondit le juge, il m'est presque démontré qu'elle connaît les gens qui se trouvaient chez elle, les femmes, les victimes, le meurtrier, tous enfin. Mais il est certain qu'elle connaît ce Gustave... Je l'ai lu dans son œil. Il m'est prouvé qu'elle sait qui est ce Lacheneur, cet inconnu dont le soldat mourant voulait se venger, ce personnage mystérieux qui a, très-évidemment, la clef de cette énigme. C'est cet homme qu'il faudrait retrouver…

— Ah! je le retrouverai, s'écria Lecoq, quand je devrais questionner les onze cent mille hommes qui se promènent dans Paris!

C'était beaucoup promettre, à ce point que le juge, en dépit de ses préoccupations, se laissa aller à rire.

— Si seulement, poursuivit Lecoq, si seulement cette vieille sorcière se décidait à parler à son prochain interrogatoire!…

— Oui! mais elle ne parlera pas.

Le jeune policier hocha la tête. Tel était bien son avis. Il ne se faisait pas illusion; il avait reconnu entre les sourcils de la veuve Chupin ces plis qui trahissent l'idiote obstination de la brute.

— Les femmes ne parlent jamais, reprit le juge, et quand elles semblent se résigner à des révélations, c'est qu'elles espèrent avoir trouvé un artifice qui égarera les investigations. L'évidence, du moins, écrase l'homme le plus entêté; elle lui casse bras et jambes, il cesse de lutter, il avoue. La femme, elle, se moque de l'évidence. Lui montre-t-on la lumière, elle ferme les yeux et répond : « Il fait nuit. » Qu'on lui tourne la tête vers le soleil qui l'éblouit de ses rayons et l'aveugle, elle persiste et répète : « Il fait nuit. » Les hommes, selon la sphère sociale où ils sont nés, imaginent et combinent des systèmes de défense différents. Les femmes n'ont qu'un système, quelle que soit leur condition. Elles nient quand même, toujours, et elles pleurent. Quand, au prochain interrogatoire, je pousserai la Chupin, soyez sûr qu'elle trouvera des larmes...

Dans son impatience, il frappa du pied. Il avait beau fouiller l'arsenal de ses moyens d'action, il n'y trouvait pas une arme pour briser cette résistance opiniâtre.

— Si seulement j'avais idée du mobile qui guide cette vieille femme, reprit-il. Mais pas un indice! Qui me dira quel puissant intérêt lui commande le silence!... Serait-ce sa cause qu'elle défend?... Est-elle complice? Qui nous prouve qu'elle n'a pas aidé le meurtrier à combiner un guet-apens?

— Oui, répondit lentement Lecoq, oui, cette supposition se présente naturellement à l'esprit. Mais l'accueillir, n'est-ce pas rejeter les prémices admises par monsieur le juge?... Si la Chupin est complice, le meurtrier n'est pas le personnage que nous soupçonnons, il est simplement l'homme qu'il paraît être.

L'objection sembla convaincre M. Segmuller.

— Quoi, alors, s'écria-t-il, quoi!...

L'opinion du jeune policier était faite. Mais pouvait-il décider, lui, l'humble agent de la sûreté, quand un magistrat hésitait?

Il comprit combien sa position lui imposait de réserve, et c'est du ton le plus modeste qu'il dit :

— Pourquoi le faux ivrogne n'aurait-il pas ébloui la Chupin en faisant briller à ses yeux les plus magnifiques espérances? Pourquoi ne lui aurait-il pas promis de l'argent, une grosse somme?...

Il s'interrompit, le greffier rentrait. Derrière lui s'avançait un garde de Paris qui demeura respectueusement sur le seuil, les talons sur la même ligne, la main droite à la visière du shako, la paume en dehors, le coude à la hauteur de l'œil... selon l'ordonnance.

— Monsieur, dit au juge ce militaire, monsieur le directeur de la prison m'envoie vous demander s'il doit maintenir la veuve Chupin au secret; elle se désespère de cette mesure.

M. Segmuller se recueillit un moment.

— Certes, murmurait-il, répondant à quelque révolte de sa conscience, certes, c'est une terrible aggravation de peine, mais si je laisse cette femme communiquer avec les autres détenues, une vieille récidiviste comme elle trouvera sûrement un expédient pour faire parvenir des avis au dehors... Cela ne se peut, l'intérêt de la justice et de la vérité doit passer avant tout.

Cette dernière considération l'emporta.

— Il importe, commanda-t-il, que la prévenue reste au secret jusqu'à nouvel ordre.

Le garde de Paris laissa retomber la main du salut, porta le pied droit à trois pouces en arrière du talon gauche, fit demi-tour et s'éloigna au pas ordinaire.

La porte refermée, le souriant greffier tira de sa poche une large enveloppe.

— Voici, dit-il, une communication de monsieur le directeur.

Le juge rompit le cachet et lut à haute voix :

« Je ne saurais trop conseiller à monsieur le juge d'ins« truction de s'entourer de sérieuses précautions quand « il interrogera le prévenu Mai.

« Depuis sa tentative avortée de suicide, ce prévenu « est dans un tel état d'exaltation qu'on a dû lui laisser

« la camisole de force. Il n'a pas fermé l'œil de la nuit,
« et les gardiens qui l'ont veillé s'attendaient à tout mo-
« ment à voir la folie se déclarer. Cependant il n'a pas
« prononcé une parole.

« Quand on lui a présenté des aliments ce matin, il
« les a repoussés avec horreur, et je ne serais pas éloi-
« gné de lui croire l'intention de se laisser mourir de
« faim.

« J'ai rarement vu un malfaiteur plus dangereux.
« Je le crois capable de se porter aux plus affreuses ex-
« trémités... »

— Bigre !... exclama le greffier dont le sourire pâlit ; à la place de monsieur le juge, je ferais entrer les soldats qui vont amener ce gaillard-là.

— Quoi !... c'est vous, Goguet, fit doucement M. Segmuller, vous, un vieux greffier, qui parlez ainsi. Auriez-vous peur ?...

— Peur, moi ?... Certainement non, mais...

— Bast !... interrompit Lecoq, d'un ton qui trahissait sa confiance en sa prodigieuse vigueur, ne suis-je pas là !

Rien qu'en s'asseyant à son bureau, M. Segmuller eût eu comme un rempart entre le prévenu et lui. Il s'y tenait d'habitude ; mais après le mouvement d'effroi de son greffier, il eût rougi de paraître craindre.

Il se plaça donc près du feu, comme l'instant d'avant, quand il interrogeait la Chupin, et sonna pour donner l'ordre d'introduire l'homme, seul. Il insista sur ce mot : seul.

La seconde d'après, la porte s'ouvrait avec une violence terrible, et le meurtrier entrait, se précipitait, plutôt, dans le cabinet.

Le taureau qui s'échappe de l'abattoir, après avoir été manqué par la masse du boucher, a ces allures affolées, ces mouvements désordonnés et sauvages.

Goguet en blêmit derrière sa table, et Lecoq fit un pas, prêt à s'élancer.

Mais, arrivé au milieu de la pièce, l'homme s'arrêta, promenant autour de lui un regard perçant.

— Où est le juge?... demanda-t-il d'une voix rauque.

— Le juge, c'est moi, répondit M. Segmuller.

— Non... l'autre.

— Quel autre?

— Celui qui est venu me questionner hier soir.

— Il lui est arrivé un accident. En vous quittant il s'est cassé la jambe.

— Oh!...

— Et c'est moi qui le remplace...

Mais le prévenu semblait hors d'état d'entendre. A son exaltation frénétique succédait subitement un anéantissement mortel. Ses traits contractés par la rage se détendaient. Il était devenu livide, il chancelait...

— Remettez-vous, lui dit le juge d'un ton bienveillant, et si vous vous sentez trop faible pour rester debout, prenez un siége...

Déjà, par un prodige d'énergie, l'homme s'était redressé. Même une flamme, aussitôt éteinte, avait brillé dans ses yeux...

— Bien des merci de votre bonté, monsieur, répondit-il, mais ça ne sera rien... j'ai eu comme un éblouissement, il est passé.

— Il y a longtemps peut-être que vous n'avez mangé?...

— Je n'ai rien mangé depuis que celui-ci, — il montrait Lecoq, — m'a apporté du pain et du jambon, au violon, là-bas.

— Sentez-vous le besoin de prendre quelque chose ?

— Non !... Quoique cependant... si c'était un effet de votre bonté... je boirais bien un verre d'eau.

— Voulez-vous du vin avec ?...

— J'aime mieux de l'eau pure.

On lui apporta ce qu'il demandait.

Aussitôt il se versa un premier verre qu'il avala d'un trait, puis un second qu'il vida lentement.

On eût dit qu'il buvait la vie. Il semblait renaître.

XVIII

Sur vingt prévenus qui arrivent à l'instruction, dix-huit au moins se présentent armés d'un système complet de défense, conçu et discuté dans le silence des « secrets. »

Coupables ou innocents, ils ont adopté un rôle qui commence à l'instant où, le cœur battant et la gorge sèche, ils franchissent le seuil du cabinet redoutable où les attend le magistrat instructeur.

Ce moment de l'entrée du prévenu est donc un de ceux où le juge met en jeu toute la puissance de sa pénétration.

L'attitude de l'homme doit trahir le système, comme une table résume les matières d'un volume.

Mais ici, M. Segmuller n'avait pas, croyait-il, à se défier de trompeuses apparences. Il était évident pour lui que le prévenu n'avait pu songer à feindre, que le désordre de son arrivée était aussi réel que son anéantissement présent.

Du moins, tous les dangers dont avait parlé le directeur du Dépôt étaient écartés. Le juge alla donc s'établir à son bureau. Il s'y sentait plus à l'aise, et pour ainsi dire plus fort. Là, il tournait le dos au jour, sa tête s'effaçait dans l'ombre, et au besoin il pouvait, rien qu'en se baissant, dissimuler une surprise, une impression trop vive.

Le prévenu, au contraire, restait en pleine lumière, et pas un des tressaillements de sa face, pas un des battements de sa paupière ne devait échapper à une attention sérieuse.

Il paraissait alors complétement remis, et ses traits avaient repris l'insoucieuse immobilité de la résignation.

— Vous sentez-vous tout à fait mieux?... lui demanda M. Segmuller.

— Je vais très-bien.

— J'espère, poursuivit paternellement le juge, que vous saurez vous modérer, maintenant. Hier, vous avez essayé de vous donner la mort. C'eût été un grand crime ajouté aux autres, un crime qui...

D'un geste brusque, le prévenu l'interrompit.

— Je n'ai pas commis de crime, dit-il, d'une voix rude encore, mais non plus menaçante. Attaqué, j'ai défendu ma peau, ce qui est le droit de chacun. Ils étaient trois sur moi, des enragés... j'ai tué pour ne pas être tué. C'est un grand malheur, et je donnerais ma main pour le réparer, mais ma conscience ne me reproche pas ça.

Ça... c'était le claquement de l'ongle de son pouce sous ses dents.

— Cependant, continua-t-il, on m'a arrêté et traité comme un assassin. Quand je me suis vu tout seul dans ce cercueil de pierre que vous appelez « le secret, » j'ai eu peur, j'ai perdu la tête. Je me suis dit : « Mais, mon « garçon, on t'a enterré vivant, il s'agit de mourir, et « vite, si tu ne veux pas souffrir. » Là-dessus, j'ai cherché à m'étrangler. Ma mort ne faisait de tort à personne, je n'ai ni femme ni petits qui comptent sur le travail de mes bras, je m'appartiens. Ce qui n'empêche qu'après la saignée, on m'a lié dans un sac de toile, comme un fou... Fou ! j'ai cru que je le deviendrais. Toute la nuit les geôliers ont été après moi, comme des enfants qui tourmentent une bête enchaînée. Ils me tâtaient, ils me regardaient, ils passaient la chandelle devant mes yeux...

Tout cela était débité avec un sentiment d'amertume profonde, mais sans colère, violemment, mais sans déclamation, comme toutes les choses que l'on sent très-vivement.

Et la même réflexion venait en même temps au juge et au jeune policier.

— Celui-là, pensaient-ils, est très-fort, on n'en aura pas raison aisément.

Après une minute de méditation, M. Segmuller reprit :

— On s'explique, jusqu'à un certain point, un premier mouvement de désespoir dans la prison. Mais plus tard, ce matin même, vous avez refusé la nourriture qu'on vous offrait...

La sombre figure de l'homme s'éclaira soudain à cette question, ses yeux eurent un clignotement comique, et enfin il éclata de rire, d'un bon rire bien gai, bien franc, bien sonore.

— Ça, dit-il, c'est une autre affaire. Certainement, j'ai tout refusé, mais vous allez voir pourquoi... J'avais les mains prises dans le sac, et les gardiens prétendaient me faire manger comme un poupon à qui sa nourrice donne la bouillie... Ah! mais non... j'ai serré les lèvres de toutes mes forces. Alors il y en a un qui a essayé de m'ouvrir la bouche de force pour y fourrer la cuillère, comme on ouvre la gueule d'un chien malade pour l'obliger à gober une médecine... Dame!... celui-là j'ai essayé de le mordre, c'est vrai, et si son doigt s'était trouvé entre mes dents, il y restait. Et c'est pour cette raison qu'ils se sont tous mis à lever les bras au ciel, et à dire en me montrant : « Voilà un redoutable malfaiteur, un fier scélérat!!! »

Ce souvenir lui semblait bien réjouissant, car il se reprit à rire de plus belle, à la grande stupéfaction de Lecoq, au grand scandale du bon Goguet, le greffier.

De son côté, M. Segmuller avait grand peine à dissimuler complétement sa surprise.

— Vous êtes trop raisonnable, je l'espère, dit-il enfin, pour garder rancune à des hommes, qui, en vous attachant, obéissaient à leurs supérieurs, et qui, du reste, ne cherchaient qu'à vous sauver de vos propres fureurs.

— Hum!... fit le prévenu, redevenant sérieux, je leur en veux encore un petit peu, et si j'en tenais un dans un coin... Mais ça passera, je me connais, je n'ai pas plus de fiel qu'un poulet.

— Il dépend d'ailleurs de vous d'être bien traité; soyez calme, et on ne vous remettra pas la camisole de force. Mais il faut être calme...

Le meurtrier branla tristement la tête.

— Je serai donc sage, dit-il, quoique ce soit terriblement dur d'être en prison quand on n'a rien fait de mal. Si encore j'étais avec des camarades, on causerait, et le temps passerait... Mais rester seul, tout seul, dans ce trou froid, où on n'entend rien... c'est épouvantable. C'est si humide que l'eau coule le long du mur, et on jurerait que c'est des vraies larmes, des larmes d'homme qui sortent de la pierre...

Le juge d'instruction s'était penché sur son bureau pour prendre une note. Ce mot : « des camarades, » l'avait frappé, et il se proposait de le faire expliquer plus tard.

— Si vous êtes innocent, continua-t-il, vous serez bientôt relâché, mais il faut établir votre innocence.

— Que dois-je faire pour cela ?

— Dire la vérité, toute la vérité, répondre en toute sincérité, sans restrictions, sans arrière-pensée aux questions que je vous poserai.

— Pour ça, on peut compter sur moi.

Il levait déjà la main comme pour prendre Dieu et les hommes à témoin de sa bonne foi, M. Segmuller lui ordonna de l'abaisser, en ajoutant :

— Les prévenus ne prêtent pas serment.

— Tiens !... fit l'homme d'un air étonné, c'est drôle !

Tout en semblant laisser s'égarer le prévenu, le juge ne le perdait pas de vue. Il avait surtout voulu, par ces préliminaires, le rassurer, le mettre à l'aise, écarter autant que possible ses défiances, et il estimait le but qu'il se proposait atteint.

— Encore une fois, reprit-il, prêtez-moi toute votre

attention, et n'oubliez pas que votre liberté dépend de votre franchise. Comment vous nommez-vous?

— Mai.

— Quels sont vos prénoms?

— Je n'en ai pas.

— C'est impossible.

Un mouvement du prévenu trahit une impatience aussitôt maîtrisée.

— Voici, répondit-il, la troisième fois qu'on me dit cela depuis hier. C'est ainsi, cependant. Si j'étais menteur, rien ne serait si simple que de vous dire que je m'appelle Pierre, Jean ou Jacques... Mais mentir n'est pas mon genre. Vrai, je n'ai pas de prénoms. S'il s'agissait de surnoms, ce serait autre chose, j'en ai eu beaucoup.

— Lesquels?...

— Voyons... pour commencer, quand j'étais chez le père Fougasse, on m'appelait l'Affiloir, parce que, voyez-vous...

— Qui était ce père Fougasse?

— Le roi des hommes pour les bêtes sauvages, monsieur le juge. Ah!... il pouvait se vanter de posséder une ménagerie, celui-là. Tigres, lions, perroquets de toutes les couleurs, serpents gros comme la cuisse, il avait tout. Malheureusement il avait aussi une connaissance qui a tout mangé.

Se moquait-il, parlait-il sérieusement? Il était si malaisé de le discerner, que M. Segmuller et Lecoq étaient également indécis. Goguet, lui, tout en minutant l'interrogatoire, riait.

— Assez!... interrompit le juge, quel âge avez-vous?

— Quarante-quatre ou cinq ans.

— Où êtes-vous né?...

— En Bretagne, probablement.

Pour le coup, M. Segmuller crut découvrir une intention ironique qu'il importait de réprimer.

— Je vous préviens, dit-il durement, que si vous continuez ainsi, votre liberté est fort compromise. Chacune de vos réponses est une inconvenance.

La plus sincère désolation, mêlée d'inquiétude, se peignit sur les traits du meurtrier.

— Ah!... il n'y a pas d'offense, monsieur le juge, gémit-il. Vous me questionnez, je réponds... Vous verriez bien que je dis vrai, si vous me laissiez vous conter ma petite affaire.

XIX

« Prévenu bavard, cause bien instruite, » dit un vieux proverbe du Palais.

C'est qu'il semble impossible, en effet, qu'un coupable, épié par le juge, puisse parler beaucoup sans que sa langue trahisse son intention ou sa pensée, sans qu'il s'évapore quelque chose du secret qu'il prétend garder.

Les plus simples, parmi les prévenus, ont compris cela. Aussi, obligés à une prodigieuse contention d'esprit, sont-ils généralement plus que réservés.

Enfermés dans leur système de défense, comme une tortue dans sa carapace, ils n'en sortent que le moins possible et avec la plus ombrageuse circonspection.

A l'interrogatoire, ils répondent, il le faut bien, mais c'est comme à regret, brièvement, ils sont avares de détails.

Ici, l'accusé était prodigue de paroles. Ah!... il n'avait pas l'air de craindre de « se couper. » Il n'hésitait pas, à l'exemple de ceux qui tremblent de disloquer d'un mot le roman qu'ils s'efforcent de substituer à la vérité.

En d'autres circonstances, c'eût été une présomption en sa faveur.

— Expliquez-vous donc!... répondit M. Segmuller à la requête indirecte de son prévenu.

Le meurtrier ne dissimula pas adroitement la joie que lui causait la liberté qui lui était accordée.

L'éclat de ses yeux, le gonflement de ses narines, révélèrent une satisfaction pareille à celle du chanteur de romances qu'on traîne au piano.

Il se campa, la tête en arrière, en beau parleur sûr de ses moyens et de ses effets, promena sa langue sur ses lèvres pour les humecter, et dit :

— Comme cela, c'est mon histoire que vous me demandez ?

— Oui.

— Pour lors, monsieur le juge, vous saurez qu'un beau jour, il y a de cela quarante-cinq ans, le père Tringlot, directeur d'une troupe pour la souplesse, la force et la dislocation, s'en allait de Guingamp à Saint-Brieuc par la grande route. Naturellement, il voyageait dans ses deux grandes voitures, avec son épouse, son matériel et ses artistes. Très-bien. Mais voilà que peu après avoir dépassé un gros bourg nommé Chatelaudren, regardant de droite et de gauche, il aperçoit sur le revers d'un fossé quelque chose de blanc qui grouillait. « Faut que je voie ce que c'est, » dit-il à son épouse. Il arrête, descend, va au fossé, prend la chose et pousse un cri. Vous me demanderez : Qu'avait-il donc trouvé, cet homme ? Oh ! mon Dieu ! c'est bien simple. Il venait de trouver votre serviteur, alors âgé d'environ dix mois.

Il salua à la ronde sur ces derniers mots.

— Naturellement, reprit-il, le père Tringlot me porte à son épouse, une bien brave femme, tout de même. Elle me prend, m'examine, me tâte, et dit : « Il est fort, ce môme, et bien venant ; il faut le garder, puisque sa mère a eu l'abomination de l'abandonner. Je lui donnerai des leçons, et dans cinq ou six ans il nous fera honneur. » Là dessus, on commence à me chercher un nom. On était aux premiers jours du mois de mai ; il fut décidé que je m'appellerais Mai, et Mai je suis depuis ce jour-là, sans prénom.

Il s'interrompit, et son regard s'arrêta successivement sur ses trois auditeurs, comme s'il eût quêté une approbation.

L'approbation ne venant pas, il poursuivit :

— C'était un homme simple, le père Tringlot, et ignorant les lois. Il ne déclara pas sa trouvaille à l'autorité. De la sorte, je vivais, mais je n'existais pas, puisqu'il faut être inscrit sur un registre de mairie pour exister.

Tant que j'ai été moutard, je ne me suis pas inquiété de cela.

Plus tard, quand j'ai été sur mes seize ans, quand je venais à penser à la négligence du bonhomme, je m'en réjouissais au dedans de moi-même.

Je me disais : Mai, mon gars, tu n'es couché sur aucun registre du gouvernement, donc tu ne tireras pas au sort, par conséquent tu ne partiras pas soldat.

Ce n'était pas du tout dans mon idée d'être soldat, je ne me serais pas fait inscrire pour un boulet de canon.

Bien plus tard encore, l'âge de la conscription passé, un homme de loi m'a dit que si je réclamais pour avoir un état civil on me ferait de la peine. Alors, je me suis décidé à exister en contrebande.

De n'être personne, ça a ses bons et ses mauvais côtés. Je n'ai pas servi, c'est vrai, mais je n'ai jamais eu de papiers.

Ah!... ça m'a fait manger de la prison plus souvent qu'à mon tour. Mais comme, en définitive, je n'ai jamais été fautif, je m'en suis toujours tiré... Et voilà pourquoi je n'ai pas de prénom, et comment je ne sais pas au juste où je suis né...

Si la vérité a un accent particulier, ainsi que l'ont écrit des moralistes, le meurtrier avait trouvé cet accent-là.

Voix, geste, regard, expression, tout était d'accord : pas un mot de sa longue narration n'avait détonné.

— Maintenant, dit froidement M. Segmuller, quels sont vos moyens d'existence?

A la mine déconfite du meurtrier, on eût juré qu'il avait compté que son éloquence allait lui ouvrir les portes de la prison.

— J'ai un état, répondit-il piteusement, celui que m'a montré la mère Tringlot. J'en vis, et j'en ai vécu en France et dans d'autres contrées.

Le juge pensa trouver là un défaut de cuirasse.

— Vous avez habité l'étranger? demanda-t-il.

— Un peu!... Voilà seize ans que je travaille, tantôt en Allemagne, tantôt en Angleterre, avec la troupe de M. Simpson.

— Ainsi vous êtes saltimbanque. Comment avec un

tel métier vos mains sont-elles si blanches et si soignées ?

Loin de paraître embarrassé, le prévenu étala ses mains et les examina avec une visible complaisance.

— C'est vrai, au moins, fit-il, qu'elles sont jolies... c'est que je les soigne.

— On vous entretient donc à ne rien faire ?

— Ah !... mais non !... Seulement, monsieur le juge, je suis, moi, pour parler au public, pour « tourner le compliment, » pour faire le boniment, comme on dit... et, sans me flatter, j'ai une certaine capacité.

M. Segmuller se caressait le menton, ce qui est son tic lorsqu'il suppose qu'un prévenu s'enferre.

— En ce cas, dit-il, veuillez me donner un échantillon de votre talent.

— Oh !... fit l'homme, semblant croire à une plaisanterie, oh !...

— Obéissez, je vous prie, insista le juge.

Le meurtrier ne se défendit plus. A la seconde même, sa mobile physionomie prit une expression toute nouvelle, mélange singulier de bêtise, d'impudence et d'ironie.

En guise de baguette, il prit une règle sur le bureau du juge, et d'une voix fausse et stridente, avec des intonations bouffonnes, il commença :

« *Silence, la musique !... Et toi, la grosse caisse, la*
« *paix !... Voici, messieurs et dames, l'heure, l'instant et le*
« *moment de la grrrande et unique représentation du théâ-*
« *tre des prestiges, sans pareil au monde pour le trapèze et*
« *la danse de corde, les élévations et les dislocations, et*
« *autres exercices de grâce, de souplesse et de force, avec*

« *le concours d'artistes de la capitale ayant eu l'hon-*
« *neur...* »

— Il suffit !... interrompit le juge, vous débitiez cela en France, mais en Allemagne ?...

— Naturellement, je parle la langue du pays.

— Voyons !... commanda M. Segmuller, dont l'allemand était la langue maternelle.

Le prévenu quitta son air niais, se grima d'une importance comique, et sans l'ombre d'une hésitation il reprit du ton le plus emphatique :

« *Mit Bewilligung der hochlœblichen Obrigkeit wird*
« *heute vor hiesiger ehrenwerthen Bürgerschaft zum ersten-*
« *mal aufgeführt...* Genovefa, *oder die...* » (1)

— Assez !... dit durement le juge.

Il se leva, peut-être pour cacher sa déception, et ajouta :

— On va aller chercher un interprète, qui nous dira si vous vous exprimez aussi facilement en anglais.

Lecoq, sur ces mots, s'avança modestement :

— Je parle l'anglais, dit-il.

— Alors, très-bien. Vous m'avez entendu, prévenu...

Déjà l'homme s'était une fois encore transformé. Le flegme et la gravité britanniques se peignaient sur son visage, ses gestes étaient devenus roides et compassés. C'est du ton le plus sérieux qu'il dit :

« *Ladies, and Gentlemen,*
« *Long life to our queen, and to the honourable mayor*
« *of that town. No country England excepted,* — *our glo-*

---

(1) Avec la permission de l'autorité locale, sera représentée devant l'honorable bourgeoisie, pour la première fois... *Geneviève* ou la...

L'ENQUÊTE

« rious *England!* — should produce such a strange thing,
« such a parangon of curiosity... » (1)

Pendant une minute encore, il parla sans interruption.

M. Segmuller s'était accoudé à son bureau le front entre ses mains, Lecoq dissimulait mal sa stupeur.

Seul, Goguet, le souriant greffier s'amusait...

---

(1) Mesdames et messieurs. Longue vie à notre reine et à l'honorable maire de cette ville. Aucune contrée, l'Angleterre exceptée, — notre glorieuse Angleterre! — ne saurait produire une chose aussi étrange, un pareil exemple de curiosité!...

XX

Le directeur du Dépôt, ce fonctionnaire à qui vingt ans de pratique des prisons et des détenus donnaient une autorité d'oracle, cet observateur si difficile à surprendre, avait écrit au juge d'instruction :

« Entourez-vous de précautions, avant d'interroger le prévenu Mai. »

Pas du tout ! au lieu du dangereux malfaiteur dont l'annonce seule avait fait pâlir le greffier, on trouvait une manière de philosophe pratique, inoffensif et jovial, vaniteux et beau parleur, un homme à boniments, un pitre, enfin !

La déconvenue était étrange.

Cependant, loin de souffler à M. Segmuller la tentation de renoncer au point de départ de Lecoq, elle enfonça plus profondément dans son esprit le système du jeune policier.

S'il restait silencieux, les coudes sur la tablette de son bureau, les mains croisées sur les yeux, c'est que, dans cette position, rien qu'en écartant les doigts, il pouvait, à loisir, étudier son homme.

L'attitude de ce meurtrier était inconcevable.

Son « compliment » anglais terminé, il restait au milieu du cabinet, la physionomie étonnée, moitié content, moitié inquiet, mais aussi à l'aise que s'il eût été sur les tréteaux où il disait avoir passé la moitié de sa vie.

Et, réunissant tout ce qu'il avait d'intelligence et de pénétration, le juge s'efforçait de saisir quelque chose, un indice, un tressaillement d'espoir, une contraction d'angoisse, sur ce masque plus énigmatique en sa mobilité que la face de bronze des sphynx.

Jusqu'alors, M. Segmuller avait le dessous.

Il est vrai qu'il n'avait point encore attaqué sérieusement. Il n'avait utilisé aucune des armes que lui avait forgées Lecoq.

Mais le dépit le gagnait, il fut aisé de le voir, à la façon brusque dont il releva la tête au bout d'un moment.

— Je le reconnais, dit-il au prévenu, vous parlez couramment les trois grandes langues de l'Europe. C'est un rare talent.

Le meurtrier s'inclina, un sourire orgueilleux aux lèvres.

— Mais cela n'établit pas votre identité, continua le juge. Avez-vous des répondants à Paris ?... Pouvez-vous indiquer une personne honorable qui garantisse votre individualité ?

— Eh !... monsieur, il y a seize ans que j'ai quitté la France et que je vis sur les grands chemins et dans les foires...

— N'insistez pas, la prévention ne saurait se contenter

de ces raisons. Il serait trop aisé d'échapper aux conséquences de ses antécédents. Parlez-moi de votre dernier patron, M. Simpson... Quel est ce personnage?

— M. Simpson est un homme riche, répondit le prévenu d'un ton froissé, riche à plus de deux cent mille francs, et honnête. En Allemagne, il travaille avec un théâtre de marionnettes; en Angleterre, il fait voir des phénomènes, selon le goût des pays...

— Eh bien!... ce millionnaire peut témoigner en votre faveur; il doit être facile de le retrouver.

En ce moment, Lecoq n'avait plus un brin de fil sec sur lui; il l'a avoué depuis. En dix paroles, le prévenu allait confirmer ou réduire en poudre les affirmations de l'enquête...

— Certes, répondit-il avec emphase, M. Simpson ne peut dire que du bien de moi. Il est assez connu pour qu'on le retrouve, seulement cela demandera du temps.

— Pourquoi?...

— Parce que, à l'heure qu'il est, il doit être en route pour l'Amérique. C'est même ce voyage qui m'a fait le quitter... je crains la mer.

Les angoisses dont les griffes aiguës déchiraient le cœur de Lecoq s'envolèrent. Il respira.

— Ah!... fit le juge sur trois tons différents, ah!... ah!...

— Quand je dis qu'il est en route, reprit vivement le prévenu, il se peut que je me trompe, et qu'il ne soit pas encore parti. Ce qui est sûr, c'est qu'il avait arrangé toutes ses affaires pour s'embarquer quand nous nous sommes séparés.

— Sur quel navire devait-il prendre passage?
— Il ne me l'a pas dit.
— Où vous êtes vous quittés?
— A Leipzig, en Saxe...
— Quand?
— Vendredi dernier.

M. Segmuller haussa dédaigneusement les épaules...
— Vous étiez à Leipzig vendredi, vous?... fit-il. Depuis quand donc êtes-vous à Paris?
— Depuis dimanche, à quatre heures du soir.
— Voilà ce qu'il faudrait prouver.

A la contraction du visage du meurtrier, on dut supposer un puissant effort de mémoire. Pendant près d'une minute, il parut chercher, interrogeant de l'œil le plafond et le sol alternativement, se grattant la tête, frappant du pied.

— Comment prouver, murmurait-il, comment?...

Le juge se lassa d'attendre.
— Je vais vous aider, dit-il. Les gens de l'auberge où vous étiez logés à Leipzig ont dû vous remarquer?...
— Nous ne sommes pas descendus à l'auberge.
— Où donc avez-vous mangé, couché?...
— Dans la grande voiture de M. Simpson, elle était vendue, mais il ne devait la livrer qu'au port où il s'embarquait.
— Quel est ce port?...
— Je l'ignore.

Moins habitué que le juge à garder le secret de ses impressions, Lecoq ne put s'empêcher de se frotter les mains. Il voyait son prévenu convaincu de mensonge, « collé au mur, » selon son expression.

— Ainsi, reprit M. Segmuller, vous n'avez à offrir à la justice que votre seule affirmation?

— Attendez donc, dit le prévenu en étendant les bras en avant comme s'il eût pu saisir entre ses mains une inspiration encore vague, attendez donc... Lorsque je suis arrivé à Paris, j'avais une malle.

— Ensuite?...

— Elle est toute remplie de linge marqué de la première lettre de mon nom. J'ai dedans des paletots, des pantalons, deux costumes pour mon état...

— Passez.

— Alors donc, en descendant du chemin de fer, j'ai porté cette malle dans un hôtel tout près de la gare...

Il s'arrêta court, visiblement décontenancé.

— Le nom de cet hôtel? demanda le juge.

— Hélas !... monsieur, c'est précisément ce que je cherche, je l'ai oublié. Mais je n'ai pas oublié la maison, il me semble la voir encore, et si on me conduisait aux environs, je la reconnaîtrais certainement. Les gens de l'hôtel me remettraient, et d'ailleurs ma malle serait là pour faire preuve.

A part soi, Lecoq se promettait une petite enquête préparatoire dans les hôtels qui entourent la gare du Nord.

— Soit, prononça le juge, on fera peut-être ce que vous demandez. Maintenant deux questions : Comment, arrivé à Paris à quatre heures, vous trouviez-vous à minuit à la *Poivrière*, un repaire de malfaiteurs, situé au milieu des terrains vagues, impossible à trouver la nuit quand on ne le connaît pas?... En second lieu, comment, possédant tous les effets que vous dites, étiez-vous si misérablement vêtu?...

L'homme sourit à ces questions.

— Vous allez comprendre, monsieur le juge, répondit-il. Quand on voyage en troisième, on éreinte ses vêtements, voilà pourquoi, au départ, j'ai mis ce que j'avais de plus mauvais. En arrivant, quand j'ai senti sous mes pieds le pavé de Paris, je suis devenu comme fou ; j'avais de l'argent, c'était le dimanche gras, je n'ai pensé qu'à faire la noce, et pas du tout à me changer. M'étant amusé autrefois à la barrière d'Italie, j'y ai couru et je suis entré chez un marchand de vins. Pendant que je mangeais un morceau, deux individus près de moi parlaient de passer la nuit au bal de l'*Arc-en-ciel*. Je leur demande de m'y conduire, ils acceptent, je paye une tournée et nous partons. Mais voilà qu'à ce bal, les jeunes gens m'ayant quitté pour danser, je commence à m'ennuyer à cent sous par tête. Vexé, je sors, et ne voulant pas demander mon chemin, une bêtise, quoi ! je me perds dans une grande plaine sans maisons. J'allais revenir sur mes pas, quand j'aperçois pas loin une lumière ; je marche droit dessus... et j'arrive à ce cabaret maudit.

— Comment les choses se sont-elles passées ?

— Oh !... bien simplement. J'entre, j'appelle, on vient, je demande un verre de dur, on me sert, je m'asseois et j'allume un cigare. Alors, je regarde. L'endroit était affreux à donner la chair de poule. A une table, trois hommes avec deux femmes buvaient en causant tout bas. Il paraît que ma figure ne leur revient pas. L'un d'eux se lève, vient à moi et me dit : « Toi, tu es de la police, « tu es venu ici pour nous moucharder, ton affaire est « claire. » Moi, je réponds que je n'en suis pas, il me dit que si, je soutiens que non..., si... non... Bref, il jure qu'il en est sûr et que même j'ai une fausse barbe. Là-dessus, il m'empoigne la barbe et la tire. Il me fait mal, je me dresse, et v'lan, d'un coup de tampon je l'envoie à terre. Malheur !... Voilà les autres sur moi... J'avais mon revolver... vous savez le reste.

— Et les deux femmes, pendant ce temps, que faisaient-elles ?...

— Ah !... j'avais trop d'ouvrage pour m'en occuper !... Elles ont filé.

— Mais vous les avez vues en arrivant... Comment étaient-elles ?....

— C'étaient, ma foi !... deux laides mâtines, taillées comme des carabiniers et noires comme des taupes !...

Entre le mensonge plausible et la vérité improbable, la justice, institution humaine, c'est-à-dire sujette à l'erreur, doit opter pour la vraisemblance.

Depuis une heure, cependant, M. Segmuller faisait précisément le contraire. Aussi n'était-il pas sans inquiétudes.

Mais ses derniers doutes se dissipèrent comme un brouillard au soleil, quand le prévenu déclara que les deux femmes étaient grandes et « noires. »

Selon lui, cette audacieuse assertion démontrait la cordiale entente du meurtrier et de la Chupin. Elle trahissait un roman imaginé pour égarer l'enquête.

Il en concluait que, sous ces apparences si habilement accumulées, existaient des faits d'autant plus graves qu'on prenait plus de peine pour les dérober à toute appréciation.

Si l'homme eût dit : « Les femmes étaient blondes, » M. Segmuller n'eût plus su que croire.

Certes, sa satisfaction fut immense, mais son visage demeura impénétrable. Il importait de laisser le prévenu dans cette idée qu'il jouait la prévention.

— Vous comprenez, lui dit le juge d'un ton de bonhomie parfaite, combien il serait important de retrouver ces deux femmes. Si leur témoignage s'accordait avec vos allégations, votre position serait singulièrement améliorée.

— Oui, je comprends cela, mais comment mettre la main dessus ?...

— La police est là... ses agents sont au service des prévenus dès qu'il s'agit de les mettre à même d'établir leur innocence. Avez-vous fait quelques observations qui puissent préciser le signalement et faciliter les recherches ?

Lecoq, dont l'œil ne quittait pas le prévenu, crut surprendre un sourire montant à ses lèvres.

— Je n'ai rien remarqué, dit-il froidement.

Depuis un moment, M. Segmuller avait ouvert le tiroir de son bureau. Il en sortit la boucle d'oreille ramassée sur le théâtre du crime, et la présenta brusquement à l'homme, en disant :

— Ainsi, vous n'avez pas aperçu ceci aux oreilles d'une des femmes ?...

L'imperturbable insouciance du prévenu ne fut pas altérée.

Il prit la boucle d'oreille, l'examina attentivement, la fit miroiter au jour, admira ses feux, et dit :

— C'est une belle pierre, mais je ne l'avais pas remarquée.

— Cette pierre, insista le juge, est un diamant.

— Ah !...

— Oui, et qui vaut plusieurs milliers de francs.

— Tant que ça !...

Cette exclamation était bien dans l'esprit du rôle, mais le meurtrier n'y sut pas mettre la naïveté convenable, ou plutôt il l'exagéra.

Un nomade comme lui, qui avait couru toutes les capitales de l'Europe, ne devait pas s'ébahir tant que cela de la valeur d'un diamant.

Cependant M. Segmuller n'abusa pas de l'avantage remporté.

— Autre chose, dit-il. Quand vous avez jeté votre arme, en criant : Venez me prendre, quelles étaient vos intentions ?...

— Je comptais fuir...

— Par où ?...

— Dame !... monsieur, par la porte, par...

— Oui, par la porte de derrière, fit le juge avec une ironie glaciale. Reste à expliquer comment vous, qui entriez dans ce cabaret pour la première fois, vous aviez connaissance de cette issue.

Pour la première fois, l'œil du prévenu se troubla, son assurance disparut, mais ce ne fut qu'un éclair, et il éclata de rire, mais d'un rire faux, voilant mal son angoisse.

— Quelle farce !... répondit-il, je venais de voir les deux femmes filer par là...

— Pardon !... vous venez de déclarer que vous ne vous êtes pas aperçu du départ des femmes, que vous aviez trop d'ouvrage pour surveiller leurs mouvements.

— Ai-je dit cela ?....

— Mot pour mot; on va vous donner lecture du passage. Goguet... lisez.

Le greffier lut, mais alors l'homme entreprit de contester la signification de ses expressions... Il n'avait pas dit, prétendait-il, certainement il n'avait pas voulu dire... on l'avait mal compris...

Lecoq était aux anges.

— Toi, mon bonhomme, pensait-il, tu discutes, tu patauges, tu es perdu...

La réflexion était d'autant plus juste, que la situation d'un prévenu devant le magistrat instructeur peut être comparée à celle d'un homme qui, ne sachant pas nager, s'est avancé dans la mer jusqu'à avoir de l'eau au ras de la bouche. Tant qu'il garde son équilibre tout va bien. Chancèle-t-il?... Aussitôt il perd plante. S'il se débat et barbotte, c'en est fait; il avale une gorgée, la vague prochaine le roule; il veut crier, il boit..., il est noyé.

— Assez, dit le juge, dont les questions allaient se multiplier et porter sur tous les points, assez. Comment, sortant avec l'intention de vous amuser, aviez-vous dans une de vos poches le revolver que voici.

— Je l'avais sur moi pour la route, je n'ai pas plus songé à le déposer à l'hôtel qu'à changer de vêtements.

— Où l'avez-vous acheté?

— Il m'a été donné par M. Simpson, c'est un souvenir.

— Convenez, remarqua froidement le juge, que ce M. Simpson est un personnage commode. Enfin, continuons: Deux coups seulement de cette arme redoutable ont été déchargés et trois hommes sont morts. Vous ne m'avez pas dit la fin de la scène.

— Hélas !... fit l'homme d'un ton ému, à quoi bon !... Deux de mes ennemis renversés, la partie devenait égale. J'ai donc saisi le dernier, le soldat, à bras le corps, et je l'ai poussé... Il est tombé sur le coin d'une table et ne s'est plus relevé.

M. Segmuller avait déplié sur son bureau le plan du cabaret dessiné par Lecoq.

— Approchez, dit-il au prévenu, et précisez sur ce papier votre position et celle de vos adversaires.

L'homme obéit, et avec une sûreté un peu bien surprenante chez un homme de sa condition apparente, il expliqua le drame.

— Je suis entré, disait-il, par cette porte marquée C, je me suis assis à la table H, qui est à gauche en entrant ; les autres occupaient cette table qui est entre la cheminée F et la fenêtre B.

Lorsqu'il eut achevé :

— Je dois, dit le juge, rendre à la vérité cet hommage que vos déclarations s'accordent parfaitement avec les constatations des médecins, lesquels ont reconnu qu'un des coups avait été tiré à bout portant et l'autre de la distance de deux mètres environ.

Un prévenu vulgaire eût triomphé. L'homme, au contraire, eut un imperceptible haussement d'épaules.

— Cela prouve, murmura-t-il, que ces médecins savent leur métier.

Lecoq était content.

Juge, il n'eût pas mené autrement l'interrogatoire.

Il bénissait le ciel, qui lui avait donné M. Segmuller au lieu et place de M. d'Escorval.

— Ceci réglé, reprit le juge, il vous reste, prévenu, à

m'apprendre le sens d'une phrase prononcée par vous, quand l'agent que voici vous a renversé.

— Une phrase?...

— Oui!... vous avez dit : « C'est les Prussiens qui arrivent, je suis perdu! » Qu'est-ce que cela signifiait?

Une fugitive rougeur colora les pommettes du meurtrier. Il devint clair qu'il avait prévu toutes les autres questions et que celle-ci le prenait au dépourvu.

— C'est bien étonnant, fit-il avec un embarras mal déguisé, que j'aie dit cela!...

Evidemment il gagnait du temps, il cherchait une explication.

— Cinq personnes vous ont entendu, insista le juge.

— Après tout, reprit l'homme, la chose est possible. C'est une phrase qu'avait coutume de répéter un vieux de la garde de Napoléon, qui, après la bataille de Waterloo, était entré au service de M. Simpson...

L'explication, pour être tardive, n'en était pas moins ingénieuse. Aussi M. Segmuller parut-il s'en contenter.

— Cela peut être, dit-il; mais il est une circonstance qui passe ma compréhension. Etiez-vous débarrassé de vos adversaires avant l'entrée de la ronde de police?... Répondez oui ou non.

— Oui.

— Alors, comment, au lieu de vous échapper par l'issue dont vous deviniez l'existence, êtes-vous resté debout sur le seuil de la porte de communication, avec une table devant vous en guise de barricade, votre arme dirigée vers les agents, pour les tenir en échec?

L'homme baissa la tête, et sa réponse se fit attendre.

— J'étais comme fou, balbutia-t-il, je ne savais si c'étaient des agents de police qui arrivaient ou des amis de ceux que j'avais tués.

— Votre intérêt vous commandait de fuir les uns comme les autres.

Le meurtrier se tut.

— Eh bien!... reprit M. Segmuller, la prévention suppose que vous vous êtes sciemment et volontairement exposé à être arrêté, pour protéger la retraite des deux femmes qui se trouvaient dans ce cabaret.

— Je me serais donc risqué pour deux coquines que je ne connaissais pas?...

— Pardon!... La prévention a de fortes raisons de croire que vous les connaissez au contraire très-bien, ces deux femmes.

— Ça, par exemple!... si on me le prouve!...

Il ricanait, mais le rire fut glacé sur ses lèvres par le ton d'assurance avec lequel le juge dit, en scandant les syllabes :

— Je-vous-le-prou-ve-rai!...

XXI

Ces délicates et épineuses questions d'identité qui, à tout moment, se représentent, sont le désespoir de la justice.

Les chemins de fer, la photographie et le télégraphe électrique ont multiplié les moyens d'investigation; en vain. Tous les jours encore il arrive que des malfaiteurs habiles réussissent à dérober au juge leur véritable personnalité, et échappent ainsi aux conséquences de leurs antécédents.

C'est à ce point qu'un spirituel procureur-général disait une fois en riant, — et peut-être ne plaisantait-il qu'à demi :

« Les confusions de personnes ne cesseront que le jour
« où la loi prescrira d'imprimer, au fer rouge, un nu-
« méro d'ordre sur l'épaule de tout enfant déclaré à la
« mairie. »

Certes, M. Segmuller eût souhaité ce numéro d'ordre à l'énigmatique prévenu qui était là devant lui.

Et cependant, il ne désespérait pas, et sa confidence, si elle était exagérée, n'était pas feinte.

Il pensait que cette circonstance des deux femmes tait le côté faible du système du meurtrier, le point où il devait concentrer ses efforts.

Il l'abandonna, néanmoins, pénétré de cette juste théorie qu'à un premier interrogatoire, on ne doit traiter à fond aucune question.

Lorsqu'il estima que sa menace avait produit son effet, il reprit :

— Ainsi, prévenu, vous affirmez ne connaître aucune des personnes qui se trouvaient dans le cabaret?

— Je le jure.

— Vous n'avez jamais eu occasion de voir un individu dont le nom se trouve mêlé à cette déplorable affaire, un certain Lacheneur?

— J'entendais ce nom pour la première fois, quand le soldat mourant l'a prononcé, en ajoutant que ce Lacheneur était un ancien comédien...

Il eut un gros soupir, et ajouta :

— Pauvre troupier!... Je venais de lui donner le coup de mort, et ses dernières paroles ont été le témoignage de mon innocence.

Ce petit mouvement sentimental laissa le juge très-froid.

— Par conséquent, demanda-t-il, vous acceptez la déposition de ce militaire?

L'homme hésita, comme s'il eût flairé un piége et calculé la réponse.

— J'accepte!... dit-il enfin; bast!...

— Très-bien. Ce soldat, vous devez vous le rappeler, voulait se venger de Lacheneur, lequel, en lui promettant de l'argent, l'avait entraîné dans un complot. Contre qui ce complot?... Contre vous, évidemment. D'un autre côté, vous prétendez n'être arrivé à Paris que ce soir-là même, et n'avoir été conduit à la *Poivrière* que par le plus grand des hasards... Conciliez donc cela.

Le prévenu osa hausser les épaules.

— Moi, dit-il, je vois les choses autrement. Ces gens tramaient un mauvais coup contre je ne sais qui, et c'est parce que je les gênais qu'ils m'ont cherché querelle à propos de rien.

Le coup du juge était bon, mais la parade était meilleure ; si bien que le souriant greffier ne put dissimuler une grimace approbative. Lui, d'abord, il était toujours du parti du prévenu... platoniquement, bien entendu.

— Passons aux faits qui ont suivi votre arrestation, reprit M. Segmuller. Pourquoi avez-vous refusé de répondre à toutes les questions?...

Un éclair de rancune réelle ou de commande brilla dans l'œil du meurtrier.

— C'est bien assez d'un interrogatoire, grommela-t-il, pour faire un coupable d'un innocent!...

L'homme grossier reparaissait sous le pitre goguenard et bon enfant.

— Je vous engage, dans votre intérêt, dit sévèrement le juge, à rester convenable. Les agents qui vous ont arrêté ont observé que vous étiez au fait de toutes les formalités et que vous connaissiez les êtres de la prison.

— Eh! monsieur, ne vous ai-je pas dit que j'avais été pris et mis en prison plusieurs fois, toujours faute de papiers... Je dis la vérité, par conséquent vous ne me ferez pas me couper, allez!...

Il avait déposé son masque d'insouciance gouailleuse, et affectait maintenant un ton bourru et mécontent.

Cependant il n'était pas à bout de peines, l'attaque sérieuse allait seulement commencer. M. Segmuller déposa sur son bureau un petit sac de toile :

— Reconnaissez-vous ceci ? demanda-t-il.

— Parfaitement !... c'est le paquet qui a été cacheté au greffe par le directeur.

Le juge ouvrit le sac et vida sur une feuille de papier la poussière qu'il contenait.

— Vous n'ignorez pas, prévenu, dit-il, que cette poussière provient de la boue qui recouvrait vos pieds jusqu'à la cheville. L'agent de police qui l'a recueillie s'est transporté au poste où vous avez passé la nuit, et il a constaté, entre cette poussière et celle qui recouvre le sol du violon, une parfaite conformité.

L'homme écoutait, bouche béante.

— Donc, continua le juge, c'est au poste certainement, et à dessein que vous vous êtes sali. Quel était votre projet ?

— Je voulais...

— Laissez-moi achever. Résolu, pour garder le secret de votre identité, à endosser l'individualité d'un homme des dernières classes de la société, d'un saltimbanque, vous avez réfléchi que les recherches de votre personne vous trahiraient. Vous avez prévu ce qu'on penserait quand on vous ferait déshabiller au greffe, et qu'on verrait sortir de bottes malpropres, grossières, éculées, telles que celles que vous portiez, des pieds soignés comme les vôtres... car ils sont soignés à l'égal de vo mains, et les vôtres sont passés à la lime. Qu'avez-vous fait alors? Vous avez jeté sur le sol le contenu de la cruche du violon, et vous avez piétiné dans la boue...

Pendant ce réquisitoire, le visage de l'homme avait exprimé tour à tour l'inquiétude, l'étonnement le plus comique, l'ironie, et en dernier lieu une franche gaîté.

A la fin, il parut contraint de céder à un de ces accès de fou rire qui coupent la parole.

— Voilà ce que c'est, dit-il s'adressant non au juge, mais à Lecoq, voilà ce qu'il arrive, quand on cherche midi à quatorze heures. Ah!... monsieur l'agent, il faut être fin, mais pas tant que ça... La vérité est que lorsqu'on m'a mis au poste, il y avait quarante-huit heures, dont trente-six passées en chemin de fer, que je ne m'étais déchaussé. Mes pieds étaient rouges, enflés, et ils me cuisaient comme le feu. Qu'ai-je fait? J'ai versé de l'eau dessus... Pour le reste, si j'ai la peau douce et blanche, c'est que j'ai soin de moi... De plus, à l'exemple de tous les gens de ma profession, je ne porte jamais que des pantoufles... C'est si vrai que je n'avais pas seulement de bottes à moi quand j'ai quitté Leipzig, et que M. Simpson m'a donné cette vieille paire qu'il ne mettait plus...

Lecoq se frappait la poitrine.

— Niais que je suis, pensait-il, imbécile, étourdi, idiot... Il fallait attendre l'interrogatoire pour parler de cette circonstance. Quand cet homme qui est très-fort m'a vu recueillir cette poussière, il a deviné mes intentions, il a cherché une explication, et il l'a trouvée... et elle est plausible, un jury l'admettrait.

C'est là précisément ce que se disait M. Segmuller. Mais il n'était ni surpris ni ébranlé par tant de présence d'esprit.

— Résumons-nous, dit-il. Persistez-vous, prévenu, dans vos affirmations?

— Oui, monsieur.

— Eh bien!... je suis forcé de vous le dire, vous mentez.

Les lèvres de l'homme tremblèrent très-visiblement, et il balbutia :

— Que ma première bouchée de pain m'étrangle si j'ai dit un seul mensonge.

— Un seul!... attendez.

Le juge sortit de son tiroir les clichés coulés par Lecoq et les présenta au meurtrier.

— Vous m'avez déclaré, poursuivit-il, que les deux femmes avaient la taille d'un cuirassier... Or, voici les empreintes laissées par ces femmes si grandes. Elles étaient « noires comme des taupes, » prétendez-vous; un témoin vous dira que l'une d'elles, petite et mignonne, a la voix douce et est merveilleusement blonde.

Il chercha les yeux de l'homme, les trouva et lentement ajouta :

— Et ce témoin est le cocher dont les deux fugitives ont pris la voiture rue du Chevaleret...

Cette phrase fut pour le prévenu comme un coup d'assommoir; il pâlit, chancela et fut contraint, pour ne pas tomber, de s'appuyer au mur.

— Ah!... vous m'avez dit la vérité!... poursuivit le juge impitoyable, qu'est-ce alors que cet homme qui vous attendait pendant que vous étiez à la *Poivrière?*

Qu'est-ce que ce complice qui, après votre arrestation, a osé pénétrer dans le cabaret pour y reprendre quelque pièce compromettante, une lettre, sans doute, qu'il savait être dans la poche du tablier de la veuve Chupin? Qu'est-ce que cet ami si dévoué et si hardi, qui a su feindre l'ivresse, à ce point que les sergents de ville trompés l'ont enfermé avec vous? Soutiendrez-vous que vous n'avez pas concerté avec lui votre système de défense? Affirmez-vous qu'il ne s'est pas assuré ensuite le concours de la Chupin?...

Mais déjà, grâce à un effort surhumain, l'homme était redevenu maître de soi.

— Tout ça, fit-il d'une voix rauque, est une invention de la police!...

Si fidèle qu'on suppose le procès-verbal d'un interrogatoire, il n'en rend pas plus l'exacte physionomie que des cendres froides ne donnent la sensation d'un feu clair.

On peut noter les moindres paroles; on ne saurait traduire le mouvement de la passion, l'expression du visage, les réticences calculées, le geste, l'intonation, les regards qui se croisent, chargés de soupçons ou de haine, enfin l'angoisse émouvante et terrible d'une lutte mortelle.

Pendant que le prévenu se débattait sous sa parole vibrante, le juge d'instruction tressaillait de joie.

— Il faiblit, pensait-il, je le sens, il s'abandonne, il est à moi!...

Mais tout espoir de succès immédiat s'évanouit, dès qu'il vit ce surprenant adversaire dompter sa défaillance d'une minute, se roidir et se redresser avec une énergie nouvelle et plus vigoureuse.

Il comprit qu'il lui faudrait plus d'un assaut avant d'avoir raison d'un caractère si solidement trempé.

Aussi, est-ce d'une voix rendue plus rude par l'attente trompée, qu'il reprit :

— Décidément, vous niez l'évidence même.

Le meurtrier était redevenu de bronze. Il devait regretter amèrement sa faiblesse, car une audace infernale étincelait dans ses yeux.

— Quelle évidence?... dit-il en fronçant les sourcils. Le roman inventé par la police est vraisemblable, je ne dis pas le contraire; mais il me semble que la vérité est au moins aussi probable. Vous me parlez d'un cocher qui a chargé, rue du Chevaleret, deux femmes petites et blondes... qui prouve que ce sont bien celles qui se trouvaient dans ce cabaret de malheur?...

— La police a suivi leurs traces sur la neige.

— La nuit, à travers des terrains coupés de fondrières, le long d'une rue, quand il tombait une pluie fine et que le dégel commençait!... c'est bien fort.

Il étendit le bras vers Lecoq et d'un ton écrasant de mépris, il ajouta :

— Il faut à un agent de police une fière confiance en soi ou une rude envie d'avancement, pour demander qu'on coupe la tête d'un homme sur une preuve pareille!

Tout en faisant voler sa plume, le souriant greffier observait.

— Pan!... dans le noir!... se dit-il.

Terrible, en effet, était le reproche, et il remua le jeune policier jusqu'au plus profond des entrailles. Il était touché, et si juste, qu'il oublia en quel lieu il se trouvait, et se dressa furieux.

— Cette circonstance ne serait rien, dit-il vivement, si elle n'était l'anneau d'une longue chaîne...

— Silence, monsieur l'agent, interrompit le juge.

Et se retournant vers le prévenu :

— La justice, poursuivit-il, n'utilise les charges recueillies par la police qu'après les avoir contrôlées et évaluées.

— N'importe !.., murmura l'homme, je voudrais bien voir ce cocher.

— Soyez sans crainte, il répétera sa déposition en votre présence.

— Eh bien !... je serai content alors. Je lui demanderai comment il s'y prend pour dévisager les gens, quand il fait noir comme dans un four. Sans doute, ce beau donneur de signalements est de la race des chats, qui y voient mieux la nuit que le jour.

Il s'interrompit et se frappa le front, éclairé en apparence, par une inspiration soudaine.

— Suis-je assez bête !... s'écria-t-il, je me fais de la bile au sujet de ces femmes pendant que vous savez qui elles sont. Car vous le savez, n'est-ce pas, monsieur, puisque le cocher les a ramenées à leur domicile?

M. Segmuller se sentit deviné. Il vit que le prévenu s'efforçait d'épaissir les ténèbres précisément sur le point que la prévention avait tant d'intérêt à éclairer?

Comédien incomparable, l'homme avait prononcé cette phrase avec l'accent de la plus sincère candeur. Mais l'ironie était sensible, et s'il raillait, c'est qu'il savait n'avoir rien à redouter de ce côté.

— Si vous êtes conséquent, reprit le juge, vous nierez aussi l'assistance d'un complice, d'un... camarade.

— A quoi bon nier, monsieur, puisque vous ne croyez rien de ce que j'affirme? Vous traitiez tout à l'heure mon patron, M. Simpson, de personnage imaginaire, que dirai-je donc de ce prétendu complice? Ah!... les agents qui l'ont inventé en font un bon garçon. Mécontent sans doute de leur avoir échappé une première fois, il vient se remettre entre leurs griffes. Ces messieurs prétendent qu'il s'est concerté avec moi et ensuite avec la cabaretière. Comment s'y est-il pris?... Après cela, en le tirant du cabanon où j'étais, on l'a peut-être renfermé avec la vieille...

Goguet le greffier écrivait et admirait.

— Voilà, pensait-il, un gaillard qui a le fil, et qui n'aura pas besoin de la langue d'un avocat devant le jury.

— Enfin, continua l'homme, qu'y a-t-il contre moi?... Un nom, Lacheneur, balbutié par un mourant, des empreintes sur la neige fondante, la déclaration d'un cocher, un soupçon vague au sujet d'un ivrogne. C'est tout?... ce n'est guère.

— Assez! interrompit M. Segmuller. Votre assurance est grande, maintenant, mais votre trouble tout à l'heure, était plus grand encore. Quelle en était la cause?...

— La cause!... s'écria le meurtrier avec une sorte de rage, la cause? Vous ne voyez donc pas, monsieur, que vous me torturez effroyablement, sans pitié, moi, innocent, qui vous dispute ma vie. Depuis tant d'heures que vous me tournez et me retournez, je suis comme sur la bascule de la guillotine, et à chaque mot que je prononce, je me demande si c'est celui-là qui va faire partir le ressort. Mon trouble vous surprend, quand j'ai senti vingt fois le froid du couteau sur mon cou! Tenez... je n'oserais pas souhaiter un tel supplice à mon plus cruel ennemi.

Il devait en effet souffrir atrocement, et on le voyait parce qu'il est de ces phénomènes physiques qui échappent à la plus robuste volonté. Ainsi, ses cheveux étaient trempés de sueur, et de grosses gouttes qu'il essuyait avec sa manche, roulaient par moments le long de son visage pâli.

— Je ne suis pas votre ennemi, dit doucement M. Segmuller, qui avait pris le mot pour lui. Un juge d'instruction n'est ni l'ami ni l'ennemi d'un prévenu, il n'est que l'ami de la vérité et des lois. Je ne cherche ni un innocent ni un coupable, je veux trouver ce qui est. Il faut que je sache qui vous êtes... et je le saurai.

— Eh!... je me tue à le dire : je suis Mai!

— Non.

— Qui donc serais-je alors?... Un grand personnage déguisé?... Ah! je le voudrais bien. J'aurais de bons papiers, en ce cas, je vous les montrerais et vous me lâcheriez... car vous le savez bien, mon bon monsieur, je suis innocent comme vous...

Le juge avait quitté son bureau, et était venu s'adosser à la cheminée, à deux pas du prévenu.

— N'insistez pas, dit-il.

Et aussitôt, changeant de ton et de manières, il ajouta, avec l'urbanité parfaite d'un homme du monde s'adressant à un de ses pairs :

— Faites-moi l'honneur, monsieur, de me croire assez de perspicacité pour avoir su démêler, sous le rôle difficile que vous jouez avec une désolante perfection, un homme supérieur, un homme doué des plus rares facultés...

Lecoq vit bien que ce brusque changement déroutait le meurtrier.

Il essaya de rire : le rire expira dans sa gorge, lugubre comme un sanglot, et deux larmes jaillirent de ses yeux.

— Je ne vous torturerai pas davantage, monsieur, continua le juge. Avec vous, d'ailleurs, sur le terrain des questions subtiles, je serais battu, je l'avoue en toute modestie. Quand je reviendrai à la charge, c'est que j'aurai en mains assez de preuves pour vous en écraser...

Il se recueillit; puis, lentement et en appuyant sur chaque mot, il ajouta :

— Seulement, n'attendez plus alors de moi les égards que je vous accorderais si volontiers en ce moment. La justice est humaine, monsieur, c'est-à-dire indulgente pour certains crimes. Elle a mesuré la profondeur des abîmes où peut rouler l'honnête homme que la passion égare. Tous les ménagements qui ne seraient pas contre mes devoirs, je vous les promets... Parlez, monsieur... Dois-je faire sortir l'agent de police que voici ? Voulez-vous que je charge mon greffier de quelque commission ?...

Il se tut.

Il attendait l'effet de ce dernier, de ce suprême effort.

Le meurtrier dardait sur lui un de ces regards qui s'efforcent de pénétrer jusqu'au fond de l'âme. Ses lèvres remuèrent; on put croire qu'il allait parler... Mais non. Il croisa ses bras sur sa poitrine et murmura :

— Vous êtes bien honnête, monsieur; malheureusement, je ne suis que le pauvre diable que je vous ait dit : Maï, artiste, pour parler au public et « tourner le compliment... »

— Qu'il soit donc fait selon votre volonté, prononça tristement le juge. M. le greffier va vous donner lecture de votre interrogatoire... écoutez.

Goguet aussitôt se mit à lire. Le prévenu écouta sans observations, mais à la fin, il refusa de signer, redoutant, déclara-t-il, « quelque traîtrise du grimoire. »

L'instant d'après, les gardes de Paris qui l'avaient amené, l'entraînaient...

XXII

Le prévenu sorti, M. Segmuller se laissa tomber sur son fauteuil, épuisé, écrasé, anéanti, comme il arrive après d'exorbitants efforts dépensés en pure perte.

A l'éréthisme immodéré de toutes les facultés de son esprit et de son âme, une invincible prostration succédait.

C'est à peine s'il lui restait la force de tamponner avec son mouchoir trempé dans de l'eau fraîche, son front brûlant et ses yeux qui lui cuisaient.

Cette effroyable séance d'instruction n'avait pas duré moins de sept heures.

Le riant greffier qui, lui, pendant tout ce temps, était resté assis à sa table, écrivant, se leva, très-heureux de se dégourdir les jambes et de faire claquer ses doigts, las de tenir la plume.

Il ne s'était pourtant pas ennuyé. Les drames, que depuis tant d'années il voyait se dérouler, n'avaient jamais cessé de lui offrir un intérêt quasi théâtral, émoustillé par l'incertitude du dénoûment et la conscience d'une petite part de collaboration.

Quel gredin !... s'écria-t-il, après avoir attendu vainement un mot du juge ou de l'agent de la sûreté ; quel scélérat !...

D'ordinaire, M. Segmuller accordait une certaine confiance à la vieille expérience de Goguet. Il lui était même arrivé de le consulter, un peu sans doute comme Molière consultait sa servante.

Mais cette fois, il ne pouvait accepter son opinion.

— Non, dit-il, d'un ton pensif, non, cet homme n'est pas un coquin. Quand je lui ai parlé si doucement, il a été réellement ému, il a pleuré. Il a hésité, je le jurerais, à me tout confier...

— Ah !... il est fort, approuva Lecoq, prodigieusement fort !...

L'éloge du jeune policier était sincère. Loin d'en vouloir à ce prévenu qui avait trompé ses calculs et qui même l'avait injurié, il l'admirait pour son habileté et son audace.

Il s'apprêtait à le combattre à outrance, il espérait le vaincre... N'importe ! il éprouvait pour lui cette secrète sympathie qu'inspire l'adversaire qu'on sent digne de soi.

— Quelle organisation, poursuivait Lecoq, quel sang-froid, quelle hardiesse !... Ah !... il n'y a pas à dire non, son système de dénégation absolue est un chef-d'œuvre ; il est complet, tout s'y tient. Et comme il a soutenu ce personnage impossible de pitre !... Oui, il y a eu des instants où je me suis tenu à quatre pour ne pas applaudir. Que seraient près de lui les comédiens vantés ?... Les plus grands acteurs, pour donner l'illusion, ont besoin de l'optique de la scène... Lui, à deux pas de moi, surprenait ma raison.

Peu à peu, le juge d'instruction se remettait.

— Savez-vous, monsieur l'agent, dit-il, ce que prouvent vos justes réflexions?

— J'écoute, monsieur.

— Eh bien, voici ma conclusion : Ou cet homme est véritablement Mai, « pour tourner le compliment, » comme il dit, ou il appartient aux plus hautes sphères sociales. Pas de milieu. Ce n'est qu'aux derniers échelons, ou aux premiers de la société, qu'on rencontre la sombre énergie dont il a fait preuve, ce mépris de la vie, tant de présence d'esprit et de résolution. Un vulgaire bourgeois attiré à la *Poivrière* par quelque passion inavouable, eût tout avoué il y a longtemps, et réclamé la faveur de la pistole...

— Mais, monsieur, ce prévenu n'est pas le pitre Mai, dit le jeune policier.

— Non certes, répondit M. Segmuller; c'est donc à vous à voir en quel sens doivent être dirigées les investigations.

Il sourit amicalement, et de sa meilleure voix ajouta :

— Etait-il bien besoin de vous dire cela, monsieur Lecoq?... Non, car à vous revient l'honneur d'avoir pénétré la fraude. Pour moi, je le confesse, si je n'eusse été averti, je serais en ce moment la dupe de ce grand artiste.

Le jeune policier s'inclina, le vermillon de la modestie sur les joues; mais la vanité heureuse éclatait dans ses yeux plus brillants que des escarboucles.

Quelle différence entre ce juge expansif et bienveillant et l'autre, si taciturne et si hautain!

Celui-ci, au moins, le comprenait, l'appréciait, l'encourageait, et c'est avec des présomptions communes et une égale ardeur qu'ils allaient s'élancer à la découverte de la vérité.

S'il n'eût fallu que remuer le petit doigt, ce doigt qui tue les mandarins, pour guérir subitement la jambe cassée de M. d'Escorval, Lecoq eût peut-être hésité.

Ainsi pensait le jeune agent...

Mais il songea aussi que sa satisfaction était un peu bien prématurée, et que le succès était encore des plus problématiques.

Le souvenir de la peau de l'ours vendue trop tôt lui rendit tout son sang-froid.

— Monsieur, reprit-il d'un ton calme, il m'est venu une idée.

— Voyons ?...

— La veuve Chupin, vous vous le rappelez sans doute, nous a parlé de son fils, un certain Polyte...

— Oui, en effet.

— Ce garçon, un détestable garnement, a obtenu de rester au Dépôt jusqu'à son jugement. Pourquoi ne l'interrogerait-on pas ? Il doit connaître tous les habitués de la *Poivrière*, et nous donnerait peut-être sur Gustave, sur Lacheneur et sur le meurtrier lui-même des renseignements précieux. Comme il n'est pas au secret, il a probablement appris l'arrestation de sa mère, mais il me paraît impossible qu'il se doute des perplexités de la justice.

— Ah !... vous avez cent fois raison !... s'écria le juge. Comment n'ai-je pas songé à cela ! Demain, dès le matin, j'interrogerai cet individu, que sa situation d'inculpé rendra plus maniable qu'un autre. Je veux aussi questionner sa femme...

Il se retourna vers son greffier et ajouta :

— Vite, Goguet, préparez une citation au nom de la femme Hippolyte Chupin, et remplissez une ordonnance d'extraction.

Mais la nuit était venue, on n'y voyait plus assez pour écrire; le greffier sonna et demanda de la lumière.

L'huissier qui avait apporté les lampes se retirait, quand on frappa à la porte. Il ouvrit et le directeur du Dépôt fit son entrée, son chapeau à la main.

Depuis vingt-quatre heures, ce digne fonctionnaire était fort préoccupé de ce locataire mystérieux qu'il avait logé au numéro 3 des secrets, et il venait aux informations.

— Je viens vous demander, monsieur, dit-il au juge, si je dois continuer à maintenir séquestré le prévenu Mai?

— Oui, monsieur.

— C'est que je redoute sa fureur, et que d'un autre côté, il me répugne de lui remettre la camisole de force.

— Laissez-le libre dans sa cellule, dit M. Segmuller, recommandez qu'on le traite doucement, et contentez-vous de faire exercer sur lui une incessante surveillance.

Aux termes de l'article 613, quoique la police des prisons soit confiée à l'autorité administrative, le juge y peut faire exécuter tout ce qu'il croit utile à l'instruction.

Le directeur s'inclina donc, puis il ajouta :

— Vous avez sans doute, monsieur, réussi à constater l'identité du prévenu ?

— Non, malheureusement.

Le directeur secoua la tête d'un air sagace.

— En ce cas, fit-il, mes conjectures étaient justes. Il me paraît surabondamment démontré que cet homme est un malfaiteur de la pire catégorie, un récidiviste, très certainement, qui a le plus puissant intérêt à dissimuler son individualité. Vous verrez, monsieur, que nous avons affaire à quelque forçat à vie, revenu de Cayenne sans congé.

— Peut-être vous trompez-vous...

— Hum !... j'en serais surpris. Je dois avouer que mon sentiment est celui de M. Gévrol, le plus expérimenté et le plus habile des inspecteurs de sûreté. Après cela, il arrive parfois que des agents jeunes et trop zélés se montent la tête, et courent après les chimères de leur imagination.

Lecoq, tout rouge de colère, allait sans doute répliquer vertement lorsque M. Segmuller, d'un geste, lui imposa silence.

Ce fut le juge qui répondit en souriant :

— Ma foi !... cher monsieur, plus j'étudie cette affaire, plus je tiens pour le système de l'agent trop zélé. Après cela, je ne suis pas infaillible, et je compte bien sur vos services...

— Oh !... j'ai mes moyens de vérification, interrompit l'entêté directeur, et j'espère bien qu'avant vingt-quatre heures notre homme aura été positivement reconnu, soit par les agents du service de la sûreté, soit par les détenus à qui on le montrera.

Il se retira sur cette promesse, et Lecoq se dressa furieux.

— Voyez-vous, ce Gévrol, monsieur le juge, s'écria-t-il, déjà il dit du mal de moi, il est jaloux...

— Eh bien !... que vous importe ! Si vous réussissez, vous êtes vengé... Si vous échouez, je suis là.

Et aussitôt, comme l'heure avançait, M. Segmuller remit au jeune policier les pièces de conviction qu'il avait recueillies et qui devaient aider les investigations : la boucle d'oreille d'abord, dont il était indispensable de rechercher l'origine, puis la lettre signée Lacheneur, trouvée dans la poche de Gustave, le faux soldat.

Il lui donna divers ordres encore, et après lui avoir recommandé l'exactitude pour le lendemain, il le congédia par ces mots :

— Allez... et bonne chance.

XXIII

Longue, étroite, basse de plafond, percée de quantité de petites portes numérotées, comme le corridor d'un hôtel garni, meublée d'un bout à l'autre d'un grossier banc de chêne noirci par l'usage, telle est la galerie des juges d'instruction.

Dans le jour, peuplée de ses hôtes habituels, prévenus, témoins et gardes de Paris, elle est d'une tristesse navrante.

Elle est sinistre, quand elle est déserte, la nuit venue, à peine éclairée par la lampe fumeuse de l'huissier de semaine attendant quelque juge attardé.

Si peu impressionnable que fût Lecoq, il eut le cœur serré en suivant cet interminable couloir, et il se hâta de gagner l'escalier pour échapper à l'écho de ses pas, lugubres dans ce silence.

A l'étage inférieur, une fenêtre était restée ouverte, il s'y pencha pour reconnaître l'état du temps au dehors.

La température s'était singulièrement adoucie. Plus de neige, les pavés étaient presque secs. C'est à peine si un léger brouillard, illuminé des lueurs rouges du gaz, se balançait comme un velum de pourpre au-dessus de Paris.

En bas, la rue était à l'apogée de son animation : les voitures circulaient plus rapides, les trottoirs devenaient trop étroits pour la foule bruyante qui, la journée finie, courait à ses plaisirs.

Ce spectacle arracha un soupir au jeune policier.

— Et c'est dans cette ville immense, murmura-t-il, au milieu de tout ce monde, que je prétends retrouver les traces d'un inconnu !... Est-ce possible ?...

Mais cette défaillance ne dura pas.

— Oui, c'est possible, lui criait une voix au-dedans de lui-même ; d'ailleurs, il le faut, c'est l'avenir ! Ce qu'on veut, on le peut.

Dix secondes après, il était dans la rue, plus que jamais enflammé de courage et d'espoir.

L'homme, malheureusement, n'a pour servir des désirs sans limites, que des organes fort bornés. Le jeune policier n'eut pas fait vingt pas qu'il reconnut que ses forces physiques trahissaient sa volonté : ses jambes fléchissaient, la tête lui tournait. La nature reprenait ses droits : depuis deux jours et deux nuits, il n'avait pas reposé une minute, et il n'avait rien pris de la journée.

— Vais-je donc me trouver mal ? pensa-t-il, réduit à s'asseoir sur un banc.

Et il se désolait, en récapitulant tout ce qu'il avait à faire dans la soirée.

Ne devait-il pas, pour ne parler que du plus pressé, s'informer des résultats de la chasse du père Absinthe, rechercher si l'une des victimes avait été reconnue à la Morgue, vérifier dans les hôtels qui entourent la gare du Nord les assertions du prévenu, enfin se procurer l'adresse de la femme de Polyte Chupin pour lui remettre l'assignation ?...

Sous le fouet de l'impérieuse nécessité, il réussit à triompher de sa faiblesse, et il se dressa en murmurant :

— Je vais toujours passer rue de Jérusalem et à la Morgue, après je verrai.

Mais à la Préfecture il ne trouva pas le père Absinthe, et personne ne put lui en donner des nouvelles. Le bonhomme ne s'était pas montré.

Personne, non plus, ne put lui indiquer, même vaguement, la demeure de la bru de la veuve Chupin.

En revanche, il rencontra bon nombre de ses collègues, qui se moquèrent de lui outrageusement.

— Ah ! tu es un lapin !... lui disaient tous ceux qu'il abordait, il paraît que tu viens de faire une fameuse découverte !... on parle de toi pour la croix !...

L'influence de Gévrol se trahissait. L'ombrageux inspecteur, en effet, racontait à tout venant que ce pauvre Lecoq, fou d'ambition, s'obstinait à prendre pour un gros personnage déguisé un vulgaire repris de justice.

Bast !... ces quolibets ne touchaient guère le jeune policier. Rira bien qui rira le dernier, marmottait-il.

Si sa mine était inquiète pendant qu'il remontait le qui des Orfèvres, c'est qu'il ne s'expliquait pas l'absence prolongée du vieux Absinthe. Il se demandait encore si Gévrol, dans le délire de sa jalousie, ne serait pas bien capable d'essayer d'embrouiller sous main **tous les fils de l'affaire.**

A la Morgue, il n'eut pas meilleure aventure. Après qu'il eut sonné trois ou quatre fois, le gardien qui vint lui ouvrir lui déclara que les cadavres restaient toujours inconnus et qu'on n'avait pas revu le vieil agent envoyé le matin.

— Décidément, pensa le jeune policier, je débute mal... Allons dîner, cela rompra la chance, et j'ai bien gagné la bouteille de bon vin que je veux m'offrir.

Ce fut une heureuse inspiration. Ce que c'est que de nous!... Un potage et deux verres de vin de bordeaux versèrent dans son sang une audace et une énergie nouvelles. S'il sentait encore sa lassitude, elle était tolérable, quand il sortit du restaurant, un cigare aux lèvres.

C'est à ce moment qu'il regretta la voiture et le bon cheval du père Papillon!... Un fiacre passait, par fortune, il le prit, et huit heures sonnaient quand il mit pied à terre sur la place de la gare du chemin de fer **du Nord.** Il s'arrêta d'abord, puis les investigations commencèrent.

Bien entendu, il ne se présentait pas dans les maisons sous son titre d'agent de la sûreté. C'eût été le moyen de ne rien savoir.

Rien qu'en se coiffant en arrière et en haussant son faux-col, il s'était donné un certain air exotique, et c'est avec un accent anglais assez prononcé qu'il demandait des nouvelles d'un ouvrier étranger.

Mais vainement il employait toute son adresse à questionner, partout ou lui répondait la même chose :

— Nous ne connaissons pas, nous n'avons pas vu !...

Le contraire eût étonné Lecoq, persuadé que le meurtrier n'avait imaginé cette histoire de malle déposée dans un hôtel, que pour donner à son récit un cachet plus net de vraisemblance.

S'il s'obstinait, s'il notait sur son calepin les hôtels visités, c'est qu'il voulait être bien sûr de la déconvenue du prévenu quand on l'amènerait sur le terrain pour le convaincre de mensonge.

Rue de Saint-Quentin, c'est par l'hôtel de Mariembourg qu'il débuta.

La maison était d'apparence modeste, mais propre et bien tenue. Le jeune policier poussa le portillon à claire-voie muni d'une sonnette qui défendait l'accès du vestibule, et pénétra dans le bureau de l'hôtel, une jolie pièce éclairée par un bec de gaz à globe de verre dépoli.

Il y avait une femme dans ce bureau.

Elle était hissée sur une chaise, le visage à hauteur d'une cage couverte d'un grand morceau de lustrine noire, et elle répétait avec acharnement trois ou quatre mots allemands.

Elle s'appliquait si fort à cet exercice, que Lecoq fut obligé de tousser et de faire du bruit pour attirer son attention.

Enfin, elle se retourna.

— Aôh !... bien le bonsoir, madame, dit le jeune policier, vous êtes en train, à ce que je vois, d'apprendre à parler à votre perroquet.

— Ce n'est pas un perroquet que j'ai là, monsieur, répondit la femme du haut de sa chaise, c'est un sansonnet. Je voudrais qu'il sût dire en allemand : « As-tu déjeuné. »

— Tiens !... les sansonnets parlent donc ?

— Comme des personnes, oui, monsieur, dit la femme en sautant à terre.

Et en effet, l'oiseau, comme s'il eût compris qu'il était question de lui, se mit à crier très-distinctement :

— Camille !... Où est Camille ?...

Mais Lecoq était bien trop tourmenté pour s'occuper de cet oiseau et du nom qu'il prononçait.

— Madame, commença-t-il, je désirerais parler à la propriétaire de l'hôtel...

— C'est moi, monsieur.

— Oh !... très-bien ; alors voici : J'ai donné rendez-vous à Paris à un ouvrier de Leipzig, je suis surpris qu'il ne soit pas arrivé encore, et je viens savoir s'il ne serait pas descendu chez vous. Il se nomme Mai.

— Mai, répéta l'hôtelière qui eut l'air de chercher, Mai !...

— Il aurait dû arriver dimanche soir... C'est un pauvre diable !...

La physionomie de la femme s'éclaira.

— Attendez-donc ! fit-elle. Votre ouvrier serait-il par hasard un homme d'un certain âge, de taille moyenne, très-brun, portant toute sa barbe, ayant des yeux très-brillants ?

Lecoq tressaillit. C'était le signalement du meurtrier.

— Voilà bien, balbutia-t-il, le portrait de mon homme !

— Eh bien !... monsieur, il est descendu chez moi dans l'après-midi du dimanche gras. Il a demandé un cabinet très-bon marché, et je lui en ai montré un au cinquième. Le garçon étant absent en ce moment, il a voulu à toute force porter sa malle lui-même. Je lui ai offert de prendre quelque chose, il a refusé sous prétexte qu'il était très-pressé, et il est parti après m'avoir remis dix francs d'arrhes.

— Et où est-il? demanda vivement le jeune policier.

— Mon Dieu!... monsieur, répondit la femme, vous m'y faites penser!... Cet homme n'a pas reparu, et je ne suis pas sans inquiétudes. Paris est si dangereux pour les étrangers! Il est vrai que lui il parle le français comme vous et moi. N'importe!... j'ai dès hier soir donné l'ordre d'aller prévenir le commissaire de police.

— Hier!... le commissaire!...

— Oui... Seulement je ne sais pas si on a fait la commission... J'avais oublié! Permettez que je sonne le garçon pour lui demander...

Un seau d'eau glacée, tombant de dix mètres sur la tête du jeune policier, l'eût moins étourdi que la déclaration de la propriétaire de l'hôtel de Mariembourg.

Le meurtrier avait-il donc dit vrai?... Était-ce possible!... Gévrol et le directeur du Dépôt auraient raison alors!... En ce cas, M. Segmuller et lui, Lecoq, ne seraient que des insensés, des coureurs de chimères!

La trame ingénieuse des savantes déductions était rompue!... Le bel échafaudage de la prévention s'écroulait dans le ridicule de la plate réalité!...

Tout cela traversa comme un éclair le cerveau du jeune agent.

Mais il n'eut pas le temps de réfléchir.

Le garçon appelé parut, un bon gros garçon candide et joufflu.

— Fritz, lui demanda sa patronne, êtes vous allé chez le commissaire ?

— Oui, madame.

— Que vous a-t-il dit?

— Je ne l'ai pas trouvé, mais j'ai parlé à son secrétaire, M. Casimir, qui m'a dit de ne pas vous tourmenter, qu'il viendrait.

— Il n'est pas venu.

Le garçon leva les deux bras avec ce mouvement d'épaules qui est la plus éloquente traduction de cette réponse : « Que voulez-vous que j'y fasse!... »

— Vous voyez, monsieur... fit l'hôtelière, semblant croire que l'importun questionneur allait se retirer.

Telle n'était pas l'intention de Lecoq, et il ne bougea, encore qu'il eût besoin de tout son sang-froid pour garder, en dépit de l'émotion, son accent anglais.

— C'est bien désagréable, prononça-t-il, oh !... beaucoup ! Me voilà moins avancé que tout à l'heure et plus indécis, puisque je crois bien que cet homme est celui que je cherche, et que cependant je n'en suis pas assuré du tout.

— Dame !... monsieur, que voulez-vous que je vous dise !...

Lecoq se recueillit, fronçant les sourcils et pinçant les lèvres, comme s'il eût poursuivi quelque inspiration pour le sortir d'incertitude.

La vérité est qu'il cherchait par quel détour adroit se faire proposer par cette femme le livre de police où les hôteliers sont tenus de consigner les prénoms, noms, profession et domicile de tous les gens qui viennent loger chez eux. Il tremblait d'éveiller ses soupçons.

— Comme cela, madame, insista-t-il, vous ne vous souvenez aucunement du nom que vous a donné cet homme?... Voyons, est-ce Mai?... Faites un effort, rappelez-vous... Mai, Mai!...

— Ah!... j'ai tant de choses dans la tête...

— On pourrait bien, murmura le jeune policier, qui sembla se disposer à sortir, on devrait bien inscrire le nom des voyageurs, comme en Angleterre.

— Mais on les inscrit, monsieur, riposta la femme se rebiffant, et au jour le jour, sur un registre exprès, imprimé, avec des colonnes pour chaque mention... Et au fait, j'y songe, je puis, pour vous obliger, vous montrer mon livre, il est là, dans le tiroir de mon secrétaire... Allons, bon! voici que je ne trouve plus ma clef...

Pendant que cette hôtelière, d'aussi peu de cervelle, évidemment, que ses oiseaux parleurs, bouleversait tout dans le bureau de son hôtel, Lecoq l'observait en dessous.

C'était une femme de quarante ans environ, très-blonde, conservée comme les blondes qui se conservent, c'est-à-dire fraîche, blanche, dodue, ayant de la santé à plein corset, appétissante à la manière de ces beaux fruits murs dont l'eau savoureuse coule le long des lèvres quand on mord dedans.

Son regard était d'ailleurs droit et franc, elle avait la voix bien timbrée, ses façons étaient simples et parfaitement naturelles.

— Ah! s'écria-t-elle, triomphante, j'ai cette maudite clef.

Elle ouvrit aussitôt son secrétaire, en sortit le livre de police qu'elle posa sur la tablette, et commença à feuilleter.

Elle s'y prenait assez maladroitement, de telle sorte que le jeune policier avec ses yeux de lynx put constater que le registre était bien tenu.

Enfin, elle arriva au feuillet important.

— Dimanche, 20 février, dit-elle, regardez, monsieur, ici, à la septième ligne : MAI, — *sans prénom,* — *artiste forain,* — *venant de Leipzig,* — *sans papiers...*

Pendant que Lecoq examinait cette mention d'un air absolument hébété, la femme eut encore un souvenir.

— Je m'explique, s'écria-t-elle, comment je n'avais dans la mémoire ni ce nom de Mai, ni cette drôle de profession : artiste forain. Ce n'est pas moi qui ai écrit cela...

— Qui donc est-ce ?...

— L'individu lui-même, monsieur, pendant que je cherchais dix francs pour les lui rendre sur un louis qu'il venait de me remettre. Vous devez bien voir que l'écriture n'est plus du tout celle des autres inscriptions qui sont au-dessus et au-dessous...

Oui, Lecoq voyait cela, et c'était un argument irréfutable, précis et terrible comme un coup de bâton.

— Êtes-vous bien sûre, au moins, insista-t-il vivement, que cette mention est de la main de l'homme ?... Le jureriez-vous ?...

Il était si fort troublé, qu'il oublia sa prononciation exotique. La femme s'en aperçut, car elle recula, enveloppant d'un regard soupçonneux ce faux étranger.

Puis, à la défiance, la colère d'avoir été prise pour dupe, parut succéder.

— Je sais ce que je dis! déclara-t-elle un peu plus que sèchement. Et ensuite, en voilà assez, n'est-ce pas?

Reconnaissant qu'il s'était trahi, et honteux de son peu de sang-froid, Lecoq renonça à son accent d'outre-Manche.

— Pardon, dit-il, une question encore. Avez-vous toujours la malle de cet individu?

— Naturellement.

— Ah!... vous me rendriez un immense service en me la montrant.

— Vous la montrer! s'écria la blonde hôtesse indignée. Ah ça, pour qui me prenez-vous?... Que voulez-vous, qui êtes-vous?...

— Dans une demi-heure vous le saurez, répondit le jeune policier qui comprit l'inutilité de toute espèce d'insistance.

Il sortit brusquement, courut jusqu'à la place de Roubaix, sauta dans une voiture, et donna l'adresse du commissaire du quartier, promettant cent sous, outre la course, au cocher, s'il menait bon train. A ce prix, les maigres rosses volèrent sous le fouet.

Lecoq eut encore du bonheur, le commissaire était chez lui. Lecoq déclina sa qualité, et fut aussitôt conduit devant le magistrat du quartier.

— Ah!... monsieur, s'écria-t-il, venez à mon secours.

Et tout d'une haleine, il se mit à conter juste ce qu'il fallait de l'histoire pour être tiré d'embarras.

Dès qu'il eut fini :

— C'est pourtant vrai! exclama le commissaire, on

est venu me chercher pour cet homme disparu, Casimir me l'a dit ce matin...

— On est venu... vous... pré-ve-nir... balbutia Lecoq.

— Hier... oui... mais j'ai eu tant d'occupations!... Enfin, mon garçon, que puis-je pour vous être utile?

— Venir avec moi, monsieur, exiger qu'on nous représente la malle, requérir un serrurier pour l'ouvrir. Voici des pouvoirs, un mandat de perquisition que le juge d'instruction m'a remis en tout cas. Ne perdons pas une minute, j'ai une voiture à votre porte.

— Partons! dit simplement le commissaire.

Quand ils furent dans le fiacre qui repartit au galop :

— Maintenant, monsieur, demanda le jeune policier, permettez-moi de vous demander si vous connaissez la femme qui tient l'hôtel de Mariembourg?...

— Très-bien!... Lorsque j'ai été nommé à cet arrondissement, il y a six ans, je n'étais pas marié, et j'ai pris mes repas assez longtemps à la table d'hôte de cette dame... Casimir, mon secrétaire, y mange encore.

— Et quelle espèce de femme est-ce?...

— Mais, ma foi!... mon jeune camarade, Mme Milner, — tel est son nom, — est une très-respectable veuve, aimée et estimée dans le quartier, dont les affaires prospèrent, et qui reste veuve uniquement parce que cela lui plaît, car elle est fort agréable encore et excessivement à l'aise...

— Alors, vous ne la croiriez pas capable, moyennant une bonne somme, de... comment dirai-je?... de servir quelque prévenu très-riche...

— Devenez-vous fou!... interrompit le commissaire. Madame Milner consentir à un faux témoignage pour de l'argent!... Ne viens-je donc pas de vous dire qu'elle est honnête, et qu'elle a de la fortune?... D'ailleurs elle m'avait fait prévenir, dès hier, ainsi...

Lecoq se tut, on arrivait.

En voyant apparaître derrière « son » commissaire le questionneur obstiné, Mme Milner parut tout comprendre.

— Jésus!... s'écria-t-elle, un agent! J'aurais dû m'en douter. Il y a un crime. Voilà mon hôtel perdu de réputation.

Il fallut du temps pour la rassurer et la consoler; tout le temps employé à chercher un serrurier aux environs.

Enfin, on monta à la chambre de l'homme disparu, et Lecoq se précipita sur la malle.

Ah!... il n'y avait pas à dire non, elle venait de Leipzig, les petits carrés de papier collés par les diverses administrations de chemins de fer le prouvaient.

On l'ouvrit : tout ce que l'homme avait annoncé s'y trouvait.

Lecoq était pétrifié. Il regarda, d'un air stupide, le commissaire serrer le tout dans une armoire dont il prit la clef, puis il sortit.

Il sortit, se tenant aux murs, la tête perdue, et on l'entendit trébucher comme un ivrogne dans les escaliers.

XXIV

Le mardi gras, cette année-là, fut très-gai, ce qui veut dire que le Mont-de-Piété et les bals publics firent des affaires.

Quand, vers minuit, Lecoq quitta l'hôtel de Mariembourg, les rues étaient bruyantes et peuplées comme en plein midi, et les cafés regorgeaient de consommateurs.

Mais le jeune policier n'avait pas le cœur à la joie. Il se mêlait à la foule sans la voir et fendait les groupes sans entendre les imprécations que soulevait sa brusquerie.

Où il allait?... il l'ignorait. Il marchait droit devant lui, sans but, au hasard, plus éperdu que le joueur dont le dernier louis perdu a emporté la dernière espérance.

— Il faut se rendre, murmurait-il, l'évidence éclate, mes présomptions n'étaient que chimères, mes déductions, jeux de hasard! Il ne me reste plus qu'à me tirer avec le moins de dommage et de ridicule possibles de ce mauvais pas.

Il venait d'atteindre le boulevard, quand une idée

jaillit de sa cervelle, si éblouissante, qu'il ne put retenir un cri.

— Je ne suis qu'un sot !

Et il se frappait le front à le briser.

— Est-il possible, poursuivait-il, que moi, si fort en théorie, je devienne d'une si pitoyable faiblesse dès que je passe à la pratique ! Ah ! je ne suis qu'un enfant encore, un conscrit, qu'un rien surprend et jette hors du bon chemin. Je me trouble, la tête me tourne et je perds jusqu'à la faculté de raisonner.

Or, réfléchissons froidement :

Comment avais-je tout d'abord jugé ce prévenu, dont le système nous tient en échec ?

Je m'étais dit : celui-là est un homme d'un génie supérieur, d'une expérience et d'une pénétration consommées, audacieux, d'un sang-froid à toute épreuve et qui tentera l'impossible pour assurer le succès de sa comédie.

Oui, voilà ce que je disais, et à la première circonstance que je ne m'explique pas, là, sur-le-champ, je jette le manche après la cognée.

Il tombe sous le sens, pourtant, qu'un homme d'une prodigieuse habileté ne saurait avoir recours à des manœuvres vulgaires. Devais-je espérer qu'il coudrait ses malices de fil blanc !

Allons donc !... plus les apparences sont contre mes présomptions et en faveur de la version du détenu, plus il est sûr que j'ai raison !... ou la logique n'est plus la logique.

Le jeune policier éclata de rire et ajouta :

— Seulement, exposer cette théorie à la Préfecture

devant mons Gévrol serait peut-être prématuré, et me vaudrait un certificat pour Charenton.

Il s'interrompit, il était devant sa maison. Il sonna, on lui ouvrit.

Il avait lestement grimpé ses quatre étages, et il arrivait à son palier, quand une voix dans l'obscurité appela :

— Est-ce vous, monsieur Lecoq?

— Moi-même, répondit le jeune agent un peu surpris, mais vous?...

— Je suis le père Absinthe.

— Ma foi!... soyez le bienvenu, je ne reconnaissais pas votre voix... donnez-vous la peine d'entrer chez moi.

Ils entrèrent et Lecoq alluma une bougie.

Alors le jeune policier put voir son vieux collègue, et en quel état, bon Dieu!...

Plus sale il était et plus crotté qu'un barbet qui a été perdu pendant trois jours de pluie, sa redingote portait les traces de vingt murailles essuyées, son chapeau n'avait plus aucune forme.

Ses yeux étaient troubles et sa moustache pendait pitoyablement. Il mâchonnait à vide, comme s'il eût eu du sable plein la bouche. Par moments, il essayait de cracher; il faisait le geste, l'effort... mais rien ne sortait.

— Vous m'apportez de mauvaises nouvelles?... demanda Lecoq, après un court examen.

— Mauvaises.

— Les gens que vous filiez vous ont glissé entre les doigts.

Le vieux eut un mouvement de tête affirmatif de haut en bas.

— C'est un malheur, prononça le jeune policier, flairant quelque mésaventure, c'est un très-grand malheur! Cependant, il ne faut pas vous désoler outre mesure. Voyons, papa, relevez la tête, morbleu! A nous deux, cemain, nous réparerons cela.

Cet amical encouragement redoubla le très-visible embarras du bonhomme. Il rougit, ce vieil homme de la police, comme une pensionnaire, et montrant le poing au plafond, il s'écria :

— Ah!... gredin, je te l'avais bien dit!

— Hein!... fit Lecoq, à qui en avez-vous?

Le père Absinthe ne répondit pas, il se plaça bien en face de la glace et se mit à accabler son reflet des plus cruelles injures.

— Vieux propre à rien!... disait-il, vilain soldat! n'as-tu pas honte! Tu avais une consigne, n'est-ce pas? Qu'en as-tu fait? Tu l'as bue, malpropre, comme un vieil ivrogne que tu es. Va, cela ne se passera pas ainsi, et quand même M. Lecoq te pardonnerait, tu seras privé de goutte huit jours. Tu bisqueras, ce sera bien fait.

Voilà, justement, ce qu'avait pressenti le jeune policier.

— Allons, dit-il au bonhomme, vous vous sermonnerez plus tard. Contez-moi vite votre histoire.

— Ah!... je n'en suis pas fier, je vous prie de le croire, mais n'importe. Donc on vous a sans doute remis une lettre où je vous disais que j'allais filer les jeunes gens qui avaient reconnu Gustave?...

— Oui, oui, passez!

— Pour lors, une fois dans le café, où je les avais suivis, voilà mes garçons qui se mettent à boire du vermouth à pleins verres, sans doute afin de chasser l'émotion. Après avoir bu, la faim les prend, et ils demandent à déjeuner. Moi, dans mon coin, je fais comme eux. Le repas, le café, le pousse-café, la bière, tout cela exige du temps. A deux heures, cependant, ils se décident à payer et à sortir. Bon!... je pensais qu'ils rentraient chez eux. Pas du tout. Ils gagnent la rue Dauphine, et je les vois ouvrir la porte d'un estaminet. Je m'y glisse cinq minutes après eux ; ils étaient déjà en train de jouer au billard.

Il toussait ; c'est que le difficile à dire arrivait.

— Je me mets à une petite table, poursuivit-il, et je demande un journal. Je ne le lisais que d'un œil, quand tout à coup entre un bon bourgeois qui se place près de moi. Sitôt assis, il me demande le journal quand j'aurai fini, je le lui passe, et nous voilà à parler de la pluie et du beau temps. Bref, de fil en aiguille, ce bourgeois finit par me proposer une partie de bezigue en quinze cents. Je refuse le bezigue, mais j'accepte un cent de piquet. Les jeunes gens, vous m'entendez, choquaient toujours l'ivoire. On nous apporte un tapis et nous voilà à jouer des petits verres de fine. Je gagne. Le bourgeois me demande sa revanche et nous jouons deux bocs. Je regagne. Il s'entête, nous nous mettons à jouer des petits verres... Et toujours je gagnais, et toujours je buvais, et plus je buvais...

— Allez, allez!... et ensuite?...

— Eh!... voilà le *hic* ! Ensuite je ne me souviens plus de rien, ni du bourgeois, ni des jeunes gens. Il me semble cependant me rappeler que je m'étais endormi dans le café, et que le garçon est venu me réveiller et me prier de me retirer... Alors, j'ai dû vaguer sur les quais, jusqu'au moment où, les idées m'étant revenues, je me suis décidé à venir vous attendre dans votre escalier.

A la grande surprise du père Absinthe, Lecoq semblait encore plus préoccupé que mécontent.

— Que pensez-vous de ce bourgeois, papa? interrogea-t-il.

— Je pense qu'il me suivait, pendant que je filais les autres; et qu'il n'est entré au café que pour me griser.

— Donnez-moi son signalement?

— C'est un grand bonhomme assez gros, avec une large figure rouge et un nez très-camard, l'air bonasse...

— C'est lui!... s'écria Lecoq.

— Lui!... Qui?

— Le complice, l'homme dont nous avons relevé les empreintes, le faux ivrogne, un diable incarné qui nous mettra tous dedans, si nous n'ouvrons pas l'œil... Ne l'oubliez pas, papa, et si jamais vous le rencontrez!...

Mais la confession du père Absinthe n'était pas finie, et comme les dévotes il avait gardé le plus gros péché pour la fin.

— C'est que ce n'est pas tout, reprit-il, et je veux ne vous rien cacher. Il me semble bien que ce traître m'a parlé du meurtre de la *Poivrière*, et que je lui ai raconté tout ce que nous avons découvert et tout ce que vous comptez taire...

Lecoq eut un si terrible geste que le vieux recula épouvanté.

— Malheureux!... s'écria-t-il, livrer notre plan à l'ennemi!...

Mais il reprit vite son calme. D'abord le mal était sans remède, puis il avait encore un bon côté : il levait tous les doutes qu'eût pu laisser l'affaire de l'hôtel de Mariembourg.

— Mais ce n'est pas le moment de réfléchir, reprit le jeune policier, je suis écrasé de fatigue ; prenez un matelas au lit, pour vous, l'ancien, et couchons-nous...

XXV

Lecoq était un garçon prévoyant.

Il avait eu soin, avant de se mettre au lit, de monter un réveil, qu'il possédait, et d'en placer les aiguilles sur six heures.

— Comme cela, dit-il au père Absinthe, en soufflant la bougie, nous ne manquerons pas le coche.

Mais il comptait sans son extrême lassitude, à lui; sans les fumées de l'alcool qui emplissaient encore la cervelle de son vieux collègue.

Quand six heures sonnèrent à Saint-Eustache, le réveil fonctionna fidèlement, mais le bruit strident de l'ingénieuse mécanique ne suffit pas pour interrompre le lourd sommeil des deux policiers.

Ils auraient vraisemblablement dormi longtemps encore, si vers les sept heures et demie deux vigoureux coups de poing n'eussent ébranlé la porte de la chambre.

D'un bond Lecoq fut debout, stupéfait de voir le jour levé, furieux de l'inanité de ses précautions.

— Entrez!... cria-t-il au visiteur matinal.

Le jeune policier n'avait pas encore d'ennemis, à cette époque, il pouvait sans imprudence dormir la clé sur sa serrure.

La porte aussitôt s'entre-bâilla, et la figure futée du père Papillon se montra.

— Eh!... c'est mon brave cocher!... s'écria Lecoq. Il y a donc du nouveau?

— Faites excuse, bourgeois, c'est au contraire toujours la même cause qui m'amène, vous savez, les trente francs des coquines... Je ne dormirai pas tranquille, tant que je ne vous aurai pas conduit gratis pour pareille somme. Vous vous êtes servi hier de ma voiture pour cent sous, c'est vingt-cinq francs que je vous redois.

— Mais c'est de la folie, mon ami!

— Possible!... c'est la mienne. Je me suis juré, si vous ne me prenez pas, de stationner onze heures d'horloge devant votre porte. A deux francs vingt-cinq centimes l'heure, nous serons quitte. Décidez-vous.

Son œil suppliait; il était clair qu'un refus l'eût sérieusement désobligé.

— Soit, dit Lecoq, je vous prends pour la matinée; seulement, je dois vous prévenir que nous allons débuter par un véritable voyage.

— Cocotte a de bonnes jambes.

— Nous avons affaire, mon collègue et moi, dans votre quartier. Il faut absolument que nous dénichions la bru de la veuve Chupin, et j'ai tout lieu d'espérer que nous trouverons son adresse chez le commissaire de l'arrondissement.

— Ah! nous irons où vous voudrez; je suis à vos ordres.

Ils partirent quelques instants plus tard.

Papillon, fier sur son siége, faisait claquer son fouet, et la voiture filait comme s'il y eût eu cent sous de pourboire.

Seul le père Absinthe était triste. Lecoq l'avait pardonné et même lui avait juré le secret, mais il ne se pardonnait pas, lui! Il ne pouvait se consoler d'avoir été, lui, un vieux policier, joué comme un provincial naïf. Si encore il n'eût pas livré le secret de l'instruction! Mais, il ne le comprenait que trop, il avait, par cela seul, doublé les difficultés de la tâche.

Du moins, la longue course ne fut pas inutile. Le secrétaire du commissaire de police du treizième arrondissement apprit à Lecoq que la femme Polyte Chupin demeurait avec son enfant aux environs, dans la ruelle de la Butte-aux-Cailles.

Il ne put indiquer le numéro précis, mais il donna des détails.

La bru de la mère Chupin était Auvergnate, et elle était cruellement punie d'avoir préféré un Parisien à un compatriote.

Arrivée à Paris à douze ans, elle était entrée comme servante dans une grosse fabrique de Montrouge et y était toujours restée. Après dix ans de privations et d'un travail acharné, elle avait amassé, sou à sou, trois mille francs, quand son mauvais génie jeta Polyte Chupin sur sa route.

Elle s'éprit de ce pâle et cynique gredin, et lui l'épousa pour ses économies.

Tant que dura l'argent, c'est-à-dire pendant trois ou quatre mois, le ménage alla cahin-caha. Mais avec le dernier écu, Polyte s'envola et reprit avec délices sa vie de paresse, de maraude et de débauche.

Dès lors il ne reparut plus chez sa femme que pour la voler, quand il lui soupçonnait quelques petites épargnes. Et périodiquement elle se laissait dépouiller de tout.

Il eût voulu la pousser plus bas, alléché par l'espoir d'ignobles profits; elle résista.

De cette résistance même était venue la haine de la vieille Chupin contre sa belle-fille, haine qui se traduisait par tant de mauvais traitements, que la pauvre femme dut fuir un soir avec les seules guenilles qui la couvraient.

La mère et le fils comptaient peut-être que la faim ferait ce que n'avaient pu faire leurs menaces et leurs conseils.

Leurs honteux calculs devaient être trompés.

Le secrétaire ajoutait que ces faits étaient de notoriété publique, et que tout le monde rendait justice à la vaillante Auvergnate.

— Même, disait-il, un sobriquet qu'on lui avait donné : Toinon-la-Vertu, était un grossier mais sincère hommage.

C'est muni de ces renseignements que Lecoq remonta en voiture.

La ruelle de la Butte-aux-Cailles, où le conduisit rapidement Papillon, ressemble peu au boulevard Malesherbes. Y demeure-t-il des millionnaires? on ne le devine pas. Ce qui est sûr, c'est que tous les habitants s'y connaissent comme dans un village. La première personne à qui le jeune policier demanda madame Polyte Chupin le tira d'embarras.

— Toinon-la-Vertu demeure dans cette maison, à droite, lui fut-il répondu; tout en haut de l'escalier, la porte en face.

L'indication était si précise, que du premier coup Lecoq et le père Absinthe arrivèrent au logis qu'ils cherchaient.

C'était une triste et froide mansarde carrelée, assez spacieuse, éclairée par une fenêtre à tabatière.

Un lit de noyer disloqué, une table boiteuse, deux chaises et de misérables ustensiles de ménage constituaient le mobilier.

Mais la propreté, en dépit de la pauvreté, étincelait, et on eût mangé par terre, selon l'énergique expression du père Absinthe.

Quand les deux policiers se présentèrent, ils trouvèrent une femme qui cousait des sacs de grosse toile, assise au milieu de la pièce, sous la fenêtre, pour que le jour tombât bien d'aplomb sur son ouvrage.

A la vue de deux étrangers, elle se leva à demi, surprise, un peu effrayée même; et quand ils lui eurent expliqué qu'ils avaient à lui parler assez longuement, elle quitta sa chaise pour l'offrir.

Mais le vieil homme de police la contraignit de demeurer assise, et il resta debout pendant que Lecoq s'établissait sur l'autre chaise.

D'un coup d'œil, le jeune policier avait inventorié le logis et évalué la femme.

Elle était petite, courte, grosse, affreusement commune. Une forêt de rudes cheveux noirs plantés très-bas sur le front et de gros yeux à fleur de tête donnaient à sa physionomie quelque chose de la navrante résignation de la bête maltraitée.

Peut-être avait-elle eu autrefois ce qu'on est convenu d'appeler la beauté du diable, maintenant elle semblait presque aussi vieille que sa belle-mère.

Le chagrin et les privations, les travaux excessifs, les nuits passées sous la lampe, les larmes dévorées et les coups reçus avaient plombé son teint, rougi ses yeux et creusé à ses tempes des rides profondes.

Mais de toute sa personne s'exhalait un parfum d'honnêteté native que n'avait pu corrompre le milieu où elle avait vécu.

Son enfant ne lui ressemblait en rien. Il était pâle et chétif, avec des yeux qui brillaient d'un éclat phosphorescent et des cheveux de ce jaune sale qu'on appelle le blond de Paris.

Un détail émut les deux agents.

La mère n'avait sur elle qu'une méchante robe d'indienne, mais le petit était chaudement vêtu de gros drap.

— Madame, commença doucement Lecoq, vous avez sans doute entendu parler du grand crime commis dans l'établissement de votre belle-mère.

— Hélas !... oui, monsieur.

Et vivement elle ajouta :

— Mais mon homme ne peut y être mêlé, puisqu'il est en prison.

Cette objection, qui courait au devant du soupçon, ne trahissait-elle pas des appréhensions horribles ?

— Oui, je le sais, dit le jeune policier, Polyte a été arrêté il y a une quinzaine...

— Oh!... bien injustement, monsieur, je vous le jure. Il a été, comme toujours, entraîné par ses amis, des mauvais sujets. Il est si faible; quand il a un verre de vin en tête, on en fait alors tout ce qu'on veut. De lui-même, il ne ferait pas de mal à un enfant, il n'y a qu'à le regarder...

Tout en parlant, elle attachait des regards enflammés à une mauvaise photographie suspendue au mur et qui représentait un affreux garnement à l'œil louche, à la bouche grimaçante à peine ombragée d'une légère moustache, portant des mèches de cheveux bien collées aux tempes. C'était là Polyte.

Et il n'y avait pas à s'y méprendre, cette malheureuse l'aimait toujours; c'était son mari, d'ailleurs.

Une minute de silence suivit cette scène muette où éclatait la passion, et c'est pendant ce silence que la porte de la mansarde s'entr'ouvrit doucement.

Un homme avança la tête et la retira aussitôt avec une sourde exclamation. Puis, la porte se referma, la clé grinça dans la serrure, et on entendit des pas rapides dans l'escalier.

Assis dans la mansarde, le dos tourné à la porte, Lecoq n'avait pu apercevoir le visage de l'étrange visiteur.

Et, si promptement qu'il se fût retourné au bruit, il avait deviné le mouvement bien plutôt qu'il ne l'avait surpris.

Pourtant il n'eut pas l'ombre d'un doute.

— C'est lui, s'écria-t-il, le complice !

Grâce à sa position, le père Absinthe avait vu.

— Oui, dit-il, oui, j'ai reconnu l'homme qui m'a grisé hier.

D'un bond, les deux agents s'étaient jetés sur la porte, et ils s'épuisaient pour l'ouvrir en stériles efforts. Elle résistait, elle tenait bon, car elle était de chêne plein, ayant été achetée aux démolitions par le propriétaire, et ajustée là, par hasard, avec sa vieille et solide serrure.

— Mais aidez-nous donc, disait le père Absinthe à la femme de Polyte, pétrifiée de surprise, donnez-nous donc une barre, un morceau de fer, un clou, n'importe quoi !...

Le jeune policier, lui, s'ensanglantait les mains à essayer de renfoncer le pêne ou d'arracher la garde. Il trépignait de rage...

Enfin, la porte fut forcée, et les deux agents, animés d'une ardeur pareille, s'élancèrent à la poursuite de leur mystérieux adversaire.

Arrivés dans la ruelle, ils s'informèrent. Ils pouvaient donner le signalement de l'homme ; c'était quelque chose. Deux personnes l'avaient vu entrer dans la maison de Toinon-la-Vertu, une troisième l'avait remarqué lorsqu'il en était sorti précipitamment. Des enfants qui jouaient sur la chaussée assurèrent que cet individu s'était enfui à toutes jambes dans la direction de la rue du Moulin-des-Prés.

C'était dans cette rue, près de l'endroit où s'y amorce la ruelle de la Butte-aux-Cailles, que Lecoq avait fait arrêter sa voiture.

— Courons-y ! proposa le père Absinthe, le cocher

pourra peut-être nous donner quelque renseignement.

Mais l'autre hocha la tête d'un air découragé et ne bougea point.

— A quoi bon!... prononça-t-il. La présence d'esprit qu'a eue cet homme de donner un tour de clé l'a sauvé. Il a maintenant dix minutes d'avance sur nous, il est loin, nous ne le rattraperons pas.

Le vieil agent était blême de colère.

Il considérait maintenant comme son ennemi personnel ce rusé complice qui l'avait si cruellement mystifié; il eût donné un mois de sa paye pour lui mettre la main au collet.

— Ah! ce n'est pas le toupet qui lui manque, à ce brigand, dit-il, ni la chance!... Penser qu'il se moque de nous, comme une souris qui jouerait avec les griffes du chat, et que voici trois fois qu'il nous échappe... Trois fois!...

Le jeune policier était aussi irrité au moins que son collègue, et bien autrement blessé dans sa vanité. Mais il sentait la nécessité du sang-froid.

— Oui, répondit-il, d'un ton pensif, le mâtin est hardi et intelligent, et il ne reste pas les jambes croisées. Si nous travaillons, il se remue ferme. Ce démon-là est partout. De quelque côté que je pousse l'attaque, je l'y trouve sur la défensive. C'est lui, l'ancien, qui vous a fait perdre la piste de Gustave, c'est lui qui a organisé cette belle comédie de l'hôtel de Mariembourg...

— Et maintenant, objecta le bonhomme, d'un air capable, que le Général vienne donc nous chanter que c'est des fantômes que vous prétendez conduire au poste!...

Si délicate que fût la flatterie, elle ne put tirer Lecoq de ses réflexions.

— Jusqu'à présent, reprit-il au bout d'un moment, cet habile metteur en scène m'a devancé partout; de là mes échecs. Ici, du moins, nous arrivons avant lui. Or, s'il y venait, c'est qu'il flaire un danger... Donc nous pouvons espérer. Remontons près de la femme de ce garnement de Polyte.

Hélas! la pauvre Toinon-la-Vertu ne comprenait rien à cette aventure. Elle était restée sur son palier, tenant son enfant par la main, penchée sur la rampe de l'escalier, palpitante, l'œil et l'oreille au guet.

Dès qu'elle aperçut les deux agents qui remontaient aussi lentement qu'ils étaient descendus vite, elle s'avança :

— Au nom du ciel, demandait-elle, que se passe-t-il, qu'est-ce que cela signifie?...

Mais Lecoq n'était pas homme à conter ses affaires dans un corridor tapissé d'oreilles, et c'est seulement quand il eut repoussé la jeune femme dans sa mansarde, la porte refermée, qu'il lui répondit.

— Il y a que nous venons de donner la chasse à un complice des meurtres de la *Poivrière*. Il arrivait espérant vous trouver seule, notre présence l'a effarouché.

— Un assassin!... balbutia Toinon, en joignant les mains. Que pouvait-il me vouloir?

— Qui sait? Il est à supposer qu'il est des amis de votre mari.

— Oh!... monsieur...

— Quoi!... Ne venez-vous pas de nous dire que Polyte a les plus détestables connaissances! Rassurez-vous, cela ne le compromet en rien. Vous avez d'ailleurs un moyen simple d'écarter de lui les soupçons.

— Un moyen ! Lequel ? Oh ! dites vite...

— C'est de me répondre franchement, et de me mettre à même, vous qui êtes une honnête femme, d'arrêter le coupable. Parmi tous les amis de votre mari, n'en connaissez-vous pas de capables d'avoir fait le coup ?... Nommez-les moi.

L'hésitation de la malheureuse fut visible. Souvent, sans doute, elle avait assisté à d'ignobles conciliabules, et on avait dû la menacer de vengeances terribles si elle parlait.

— Vous n'avez rien à craindre, insista le jeune policier, et jamais, je vous le promets, on ne saura que vous m'avez dit un mot. Puis, quoi que vous disiez, vous ne m'apprendrez peut-être rien. On nous a conté déjà bien des choses de votre vie, sans parler des brutalités dont vous ont rendue victime Polyte et sa mère.

— Mon mari, monsieur, ne m'a jamais brutalisée, dit fièrement la jeune femme... Cela, d'ailleurs, ne regarde que moi.

— Et votre belle-mère ?

— Elle est peut-être un peu vive ; au fond, elle a bon cœur.

— Alors, pourquoi diable vous êtes-vous enfuie du cabaret de la veuve Chupin, puisque vous y étiez si heureuse ?

Toinon-la-Vertu était devenue cramoisie jusqu'à la racine des cheveux.

— Je me suis sauvée, répondit-elle, pour d'autres raisons. Il venait beaucoup d'hommes ivres là-bas, et des fois, quand j'étais seule, d'aucuns voulaient pousser la plaisanterie un peu loin... Vous me direz que j'ai le poignet solide, et c'est vrai; aussi j'aurais peut-être patienté.... Mais quand je m'absentais il y en avait qui étaient assez bêtes pour faire boire de l'eau-de-vie au petit, au point qu'une fois en rentrant je l'ai trouvé comme mort, roide déjà et tout froid, et il a fallu courir chercher le médecin.

Elle s'arrêta court, la pupille dilatée. De rouge elle était devenue livide, et c'est d'une voix étranglée qu'elle cria à son fils :

— Toto!... Malheureux!...

Lecoq regarda autour de lui, et frissonna; il avait compris. Cet enfant, qui n'avait pas cinq ans, s'était glissé à quatre pattes près de lui, et lui fouillait dans les poches de son paletot, il le volait, il le dévalisait... et adroitement.

— Eh bien!... oui, s'écria l'infortunée en fondant en larmes, oui, il y avait encore cela! Dès que je perdais le petit de vue, des gens l'attiraient dehors. Ils l'emmenaient dans des endroits où il y a du monde, et ils lui apprenaient à chercher dans les poches et à leur apporter ce qu'il y trouvait. Si on s'apercevait de quelque chose, ils se fâchaient très-haut contre l'enfant et le battaient... Si personne ne voyait rien, ils lui donnaient un sou pour du sucre d'orge et gardaient ce qu'il avait pris.

Elle cacha son visage entre ses mains, et, d'une voix inintelligible, ajouta :

— Et moi, je ne veux pas que mon petit soit un voleur.

Ce qu'elle ne disait pas, la pauvre créature, c'est que

celui qui emmenait ainsi l'enfant et le dressait au vol, c'était le père, son mari à elle, Polyte Chupin. Mais les deux agents le comprenaient bien, et si abominable était le crime de l'homme, et si déchirante la douleur de la femme, qu'ils se sentirent remués jusqu'au plus profond d'eux-mêmes. De ce moment, Lecoq ne songea plus qu'à abréger une scène affreusement pénible. D'ailleurs, l'émotion de cette pauvre mère lui garantissait sa sincérité.

— Tenez, lui dit-il avec une brusquerie affectée, deux questions seulement, et je vous tiens quitte. Parmi les habitants de votre cabaret, ne s'en trouvait-il pas un du nom de Gustave?...

— Non, monsieur, bien sûr.

— Soit!... Mais Lacheneur, vous devez connaître Lacheneur?

— Celui-là, oui.

Le jeune policier ne put retenir une exclamation de joie. Enfin il tenait, pensait-il, le bout du fil qui allait le conduire à la lumière, à la vérité.

— Quel homme est-ce? demanda-t-il vivement.

— Oh! il ne ressemble pas aux gens qui boivent chez ma belle-mère. Je ne l'ai vu qu'une fois, mais sa figure m'est restée dans la tête. C'était un dimanche. Il était dans une voiture arrêtée près des terrains vagues et parlait à Polyte. Quand il a été parti, mon mari m'a dit : « Tu vois ce vieux-là, il fera notre fortune. » Je lui ai trouvé l'air d'un monsieur bien respectable...

— C'est assez, interrompit Lecoq; maintenant il s'agit, ma bonne, de venir déposer devant le juge. J'ai une voiture en bas. Prenez votre enfant si vous voulez, mais hâtez-vous, venez vite, venez...

XXVI

M. Segmuller était de ces magistrats qui chérissent leur profession d'un amour sans partage, qui s'y donnent corps et âme et mettent à l'exercer tout ce qu'ils ont d'énergie, d'intelligence et de sagacité.

Juge d'instruction, il apportait à la recherche de la vérité la passion tenace du médecin luttant contre une maladie inconnue, l'enthousiasme de l'artiste s'épuisant à la poursuite du beau.

C'est dire combien impérieusement s'était emparée de son esprit cette affaire ténébreuse du cabaret de la Chupin qui lui était confiée.

Il y découvrait tout ce qui doit irriter l'intérêt : grandeur du crime, obscurité des circonstances, mystère impénétrable enveloppant les victimes et le meurtrier, attitude étrange d'un prévenu énigmatique.

L'élément romanesque ne manquait pas, représenté par ces deux femmes dont on avait perdu les traces, et par cet insaisissable complice.

Enfin l'anxiété du résultat était une attraction de plus. L'amour-propre ne perd jamais ses droits, et M. Segmuller songeait que le succès serait d'autant plus honorable que les difficultés auraient été plus grandes. Et il espérait vaincre, surtout ayant un auxiliaire comme Lecoq, ce débutant en qui il avait reconnu des facultés extraordinaires et le génie de son état.

Aussi, l'idée ne lui vint-elle pas, après une journée écrasante, de se soustraire à la tyrannie de ses préoccupations ni de remettre les soucis au lendemain.

Il se hâta de dîner, avalant la bouchée double, et, son café pris, il se remit à la besogne avec une nouvelle ardeur.

Il avait emporté l'interrogatoire du soi-disant artiste forain, et il l'étudiait à la façon de l'ingénieur qui rôde autour de la place qu'il assiége, pour en reconnaître les endroits faibles où doivent converger les efforts de l'attaque.

Toutes les réponses, il les analysait, il en pesait les expressions une à une. Il cherchait le joint où il pourrait glisser quelque victorieuse question qui, semblable à une mine, disloquerait le système de défense.

Une bonne partie de sa nuit fut employée à ce travail, ce qui ne l'empêcha pas d'être debout de meilleure heure qu'à l'ordinaire.

Dès huit heures, il était habillé et rasé, il avait arrangé ses papiers, pris son chocolat, et il se mettait en route.

Il oubliait que l'impatience qui le dévorait ne bouillonnait pas dans les veines des autres. Il s'en aperçut bientôt.

C'est à peine si le Palais de Justice s'éveillait lorsqu'il y arriva. Toutes les portes même n'étaient pas encore ouvertes. Dans les couloirs, des huissiers et des garçons de bureaux mal éveillés, se détiraient en échangeant leurs vêtements de ville contre leur costume officiel.

D'autres, en bras de chemise, balayaient et époussetaient, avec mille précautions toutefois, et de façon à ne pas mettre en mouvement des dunes de poussière dont le niveau monte tous les jours.

Par la fenêtre des vestiaires, les loueuses de costumes secouaient les robes des avocats, tristes loques noires en ce moment, toges magiques à l'audience, lorsqu'il s'en échappe des flots d'éloquence et des essaims d'arguments. Dans les cours, quelques petits clercs d'avoué polissonnaient en attendant l'ouverture du greffe ou des bureaux d'enregistrement.

M. Segmuller, qui avait à consulter le procureur impérial, se rendit tout d'abord au parquet. Personne n'était arrivé.

De dépit, il alla s'enfermer dans son cabinet, l'œil sur sa pendule, bien près de s'étonner de la lenteur des aiguilles à se mouvoir.

A neuf heures dix minutes, Goguet, le souriant greffier, parut et fut accueilli par un : « Ah ! vous voici enfin ! » qui dut ne lui laisser aucun doute sur l'humeur du bon juge d'instruction.

Goguet, cependant, était en avance. Goguet, pressé par la curiosité, s'était hâté d'arriver.

Il voulut s'excuser, se disculper, mais M. Segmuller lui ferma la bouche assez vertement pour lui ôter toute envie de répliquer.

— Allons, pensa-t-il, le vent souffle du mauvais côté, ce matin.

Et ployant l'échine sous la bourrasque, il passa philosophiquement ses manches de lustrine noire, gagna sa petite table et parut s'absorber dans la taille de ses plumes et la préparation de son papier.

Au fond, il était vexé. La veille au soir, tout en causant, avec madame Goguet, de l'énigmatique prévenu, il lui était venu différentes idées qu'il n'eût pas été fâché de soumettre au juge.

L'occasion eût été mal choisie. M. Segmuller, le flegme personnifié d'ordinaire, l'homme par excellence grave, méthodique et tout en dedans, était devenu méconnaissable. Il se promenait de long en long dans son cabinet, se levait, s'asseyait, gesticulait, enfin paraissait ne pouvoir tenir en place.

— Décidément, se disait le greffier, l'écheveau ne se débrouille pas, les affaires de Mai vont très-bien !

En ce moment il en était ravi ; il se rangeait du côté du prévenu, tant sa rancune était grande.

De neuf heures et demie à dix heures, M. Segmuller ne sonna pas son huissier moins de cinq fois, et cinq fois, il lui adressa les mêmes questions :

— Êtes-vous sûr que M. Lecoq, l'agent du service de la sûreté, ne se soit pas présenté ?... Informez-vous... Il est impossible qu'il ne m'ait pas envoyé quelqu'un ; il doit m'avoir écrit.

Chaque fois, l'huissier surpris dut répondre :

— Personne n'est venu, il n'y a pas de lettre.

La colère gagnait le juge.

— Conçoit-on cela, murmurait-il, je suis sur des charbons ardents et cet agent se permet de se faire attendre,... Où peut-il être allé ?...

En dernier lieu, il ordonna à l'huissier de voir si on ne trouverait pas Lecoq aux environs, dans quelque estaminet; de le chercher et de le lui amener vite, bien vite.

L'huissier parti, M. Segmuller sembla reprendre son calme.

— Nous sommes là que nous perdons un temps précieux, dit-il à Goguet, je me décide à interroger le fils de la veuve Chupin... ce sera toujours cela de fait. Allez dire qu'on me l'amène, Lecoq a dû remettre l'ordre d'extraction...

Moins d'un quart d'heure après, Polyte faisait son entrée dans le cabinet du juge d'instruction.

C'était bien, de la tête aux pieds, de la casquette de toile cirée aux pantoufles de tapisserie à dessins voyants, c'était bien l'homme du portrait que la pauvre Toinon-la-Verte enveloppait de ses regards passionnés.

Seulement, le portrait était flatté.

La photographie n'avait pu fixer l'expression de basse astuce de ce visage de coquin, l'impudence du sourire, la lâche férocité de l'œil fuyant. Elle n'avait pu rendre ni le teint flétri et plombé, ni le clignotement inquiétant des paupières, ni les lèvres minces, pincées sur des dents courtes et aiguës.

Du moins devait-il lui être difficile de surprendre son monde.

Le voir, c'était le juger à sa valeur.

Lorsqu'il eut répondu aux questions préliminaires, déclaré qu'il avait trente ans et qu'il était né à Paris, il prit une pose prétentieuse et attendit.

Mais avant d'aborder l'objet sérieux de l'interrogatoire,

M. Segmuller voulait essayer de démonter un peu cette assurance de coquin.

Il rappela donc durement à Polyte sa position, lui donnant à entendre que, de son attitude et de ses réponses dépendrait beaucoup le jugement à intervenir dans l'affaire où il se trouvait impliqué.

Polyte écoutait d'un air nonchalant et quelque peu ironique.

Dans le fait, il se souciait infiniment peu de la menace. Il avait consulté et se croyait sûr de son compte. On lui avait dit qu'il ne pouvait pas être condamné à plus de six mois de prison. Que lui importait un mois de plus ou de moins !

Le juge, qui surprit ce sentiment dans l'œil du gredin, abrégea.

— La justice, dit-il, attend de vous des renseignements sur quelques habitués du cabaret de votre mère.

— C'est qu'il y en a beaucoup, m'sieu, répondit le garnement d'une voix enrouée, traînarde, ignoble.

— En connaissez-vous un du nom de Gustave?

— Non, m'sieu.

Insister, c'était risquer de donner l'éveil à Polyte; si par hasard il était de bonne foi ; M. Segmuller poursuivit donc :

— Vous devez, du moins, vous rappeler Lacheneur?

— Lacheneur?... C'est la première fois que j'entends ce nom.

— Prenez garde !.... la police sait beaucoup de choses.

Le garnement ne broncha pas.

— Je dis la vérité, m'sieu, insista-t-il, quel intérêt aurais-je à mentir?...

La porte, qui s'ouvrit brusquement, lui coupa la parole. Toinon-la-Vertu parut, son enfant sur les bras.

A la vue de son mari, la malheureuse jeta un cri de joie et s'avança vivement... Mais Polyte, reculant, la cloua sur place d'un regard terrible.

— Il faudrait être mon ennemi, prononça-t-il d'un ton farouche, pour prétendre que je connais un nommé Lacheneur !... J'en voudrais à la mort à qui dirait ce mensonge ; oui, à la mort... et je ne pardonnerais jamais !

XXVII

Ayant reçu l'ordre de chercher partout Lecoq, et de le ramener s'il le rencontrait, l'huissier de M. Segmuller s'était mis en campagne.

La commission ne lui déplaisait pas; c'était une occasion de quitter son poste, un prétexte de légitime flânerie aux environs.

C'est à la Préfecture qu'il se rendit tout d'abord, par le plus long, bien entendu, par le quai. Mais à la Permanence, où il s'adressa, personne n'avait aperçu le jeune policier.

Il se rabattit alors sur les estaminets et les débits de boissons qui entourent le Palais de Justice et vivent de sa clientèle.

Commissionnaire consciencieux, il entra partout, et même ayant rencontré des connaissances, il se crut obligé à une politesse à 50 centimes la canette... Mais pas de Lecoq!

Il rentrait en hâte, un peu inquiet de la durée de son absence, quand une voiture qui arrivait à fond de train s'arrêta court devant la grille du Palais.

Machinalement, il regarda. O bonheur ! De cette voiture, il vit descendre Lecoq, suivi du père Absinthe et de la belle-fille de la veuve Chupin.

Du coup, il retrouva son aplomb, et c'est du ton le plus important qu'il transmit au jeune policier l'ordre de le suivre sans perdre une minute.

— Monsieur le juge vous a déjà demandé nombre de fois, disait-il, son impatience est extrême, il est d'une humeur massacrante, et vous pouvez vous attendre à avoir la tête lavée de la belle façon.

Lecoq souriait, tout en montant l'escalier. N'avait-il pas à présenter la plus victorieuse des justifications ? Même il se faisait une fête de l'agréable surprise du juge, et il lui semblait voir son visage irrité s'épanouir soudain.

Et cependant les embarras de l'huissier et son insistance devaient avoir le plus désastreux résultat.

Pressé comme il l'était, le jeune policier ne vit nul inconvénient à ouvrir sans frapper la porte du cabinet de M. Segmuller, et il eut l'inspiration fatale de pousser en avant la malheureuse dont le témoignage pouvait être si décisif.

La stupeur le cloua net sur place, quand il vit que le juge n'était pas seul, quand il reconnut en ce témoin qu'on interrogeait, l'homme du portrait, Polyte Chupin.

A l'instant, il comprit l'étendue de la faute, ses conséquences, et combien il importait d'empêcher toute communication, tout échange de pensées entre le mari et la femme.

Il bondit jusqu'à Toinon-la-Vertu, et la secouant rudement par le bras, il lui commanda de sortir à l'instant.

— Vous ne pouvez rester ici, lui criait-il, allons, venez !...

Mais la pauvre créature était tout éperdue, défaillante d'émotion, plus tremblante que la feuille. Hors son mari, elle était incapable de rien voir, de rien entendre. Retrouver ce misérable qu'elle adorait, quel ravissement ! Mais pourquoi reculait-il, pourquoi lui lançait-il des regards farouches ?

Elle voulait parler, s'expliquer... Elle se débattit donc un peu, oh ! bien peu, assez cependant pour recueillir la phrase de Polyte, qui entra dans son cerveau comme une balle.

Ce que voyant, le jeune policier la saisit par la taille, la souleva comme une plume, et l'emporta dans la galerie.

Cette scène n'avait pas duré une minute en tout, et M. Segmuller en était encore à formuler une observation, que déjà la porte était refermée et qu'il se retrouvait seul avec Polyte.

— Eh ! eh !... pensait Goguet, frétillant d'aise, voici du nouveau !...

Mais comme ses à-parte ne lui faisaient jamais négliger sa besogne de greffier, il se pencha à l'oreille du juge, pour demander :

— Dois-je inscrire ce qu'a dit en dernier lieu le témoin ?

— Certes ! répondit M. Segmuller, et mot pour mot, s'il vous plaît !

Il s'arrêta ; la porte s'ouvrait une fois encore et livrait

passage à l'huissier qui, timidement et d'un air fort penaud, remit un billet et sortit.

Ce billet, écrit au crayon par Lecoq, sur une feuille arrachée à son calepin, disait au juge le nom de la femme, et lui donnait brièvement, mais clairement, les renseignements recueillis.

— Ce garçon-là pense à tout... murmura M. Segmuller.

Le sens de la scène qu'il n'avait fait qu'entrevoir éclatait maintenant à ses yeux.

Tout lui était expliqué !

Il n'en regrettait que plus amèrement cette rencontre fatale qui venait d'avoir lieu dans son cabinet. Mais à qui devait-il s'en prendre ? A lui, à lui seul, à son impatience, à son défaut de prévoyance quand, son huissier parti, il avait envoyé chercher Polyte Chupin.

Cependant, comme il ne pouvait se douter de l'influence énorme de cette circonstance sur l'instruction, il ne s'en alarma pas et ne songea qu'à tirer parti des documents précieux qui lui arrivaient.

— Poursuivons, dit-il à Polyte.

Le gredin eut un geste d'insouciant assentiment. Sa femme sortie, il n'avait plus bougé, indifférent en apparence à tout ce qui se passait.

— C'est votre femme que nous venons de voir? demanda M. Segmuller.

— Oui.

— Elle voulait se jeter à votre cou, vous l'avez repoussée.

— Je ne l'ai pas repoussée, m'sieu.

— Vous l'avez tenue à distance, si vous aimez mieux,

vous n'avez pas eu un regard pour votre enfant qu'elle vous tendait... pourquoi?

— Ce n'était pas le moment de penser au sentiment.

— Vous mentez. Vous vouliez simplement la bien fixer pendant que vous lui dictiez sa déposition.

— Moi !... je lui ai dicté sa déposition ?...

— Sans cette supposition, les paroles que vous avez prononcées seraient inintelligibles.

— Quelles paroles ?...

Le juge se retourna vers son greffier.

— Goguet, dit-il, relisez au témoin sa dernière phrase.

Le greffier, de sa voix monotone, lut :

« J'en voudrais à la mort à qui dirait que je connais Lacheneur. »

— Eh bien !... insista M. Segmuller, qu'est-ce que cela signifie ?

— C'est bien facile à comprendre, m'sieu.

M. Segmuller s'était levé, enveloppant Polyte d'un de ces regards de juge, qui, selon l'expression d'un prévenu, « font grouiller la vérité dans les entrailles. »

— Assez de mensonges, interrompit-il. Vous commandiez le silence à votre femme, voilà le fait. A quoi bon? et que peut-elle nous apprendre ? Pensez-vous donc que la police ne sait pas vos relations avec Lacheneur, vos entretiens, quand il vous attendait en voiture près des terrains vagues, les espérances de fortune que vous fondiez sur lui ?... Croyez-moi, décidez-vous à des aveux, pendant qu'il en est temps encore, ne vous engagez pas dans une voie au bout de laquelle est un péril sérieux. On est complice de plus d'une façon !

Il est certain que l'impudence de Polyte reçut un rude

choc. Il parut confondu, et baissa la tête en balbutiant une réponse inintelligible.

Cependant il s'obstina à garder le silence, et le juge, qui venait d'employer inutilement son arme la plus forte, désespéra. Il sonna et donna l'ordre de reconduire le témoin en prison, après avoir pris des précautions, toutefois, pour qu'il ne pût revoir sa femme.

Polyte sorti, Lecoq parut. Il était désespéré, il s'arrachait les cheveux.

— Et dire, répétait-il, que je n'ai pas tiré de cette femme tout ce qu'elle savait, quand c'était si facile ! Mais je savais que vous m'attendiez, monsieur, je me dépêchais, j'ai cru bien faire...

— Rassurez-vous, ce malheur peut se réparer.

— Non, monsieur, non, nous ne saurons plus rien de cette malheureuse. Impossible de lui arracher un mot depuis qu'elle a vu son mari. Elle l'aime de la passion la plus folle, il a sur elle une influence toute-puissante. Il lui a commandé de se taire, elle se taira.

Le jeune policier n'avait que trop raison. M. Segmuller dut se l'avouer dès les premiers pas que Toinon-la-Vertu fit dans son cabinet.

La pauvre créature était écrasée de douleur. Il était aisé de reconnaître qu'elle eût donné sa vie pour reprendre les paroles qui lui étaient échappées dans sa mansarde. Le regard de Polyte l'avait glacée et remuait en son cœur les plus sinistres appréhensions. Ne concevant rien dont il ne pût être coupable, elle se demandait si son témoignage ne serait pas un arrêt de mort.

Aussi refusa-t-elle de répondre autre chose que : « Non ! » ou : « Je ne sais pas ! » à toutes les questions, et tout ce qu'elle avait dit, elle le rétracta. Elle jurait qu'elle s'était trompée, qu'on avait mal compris, qu'on abusait de ses paroles. Elle affirmait avec les plus horribles serments que jamais elle n'avait entendu parler de Lacheneur.

Enfin, quand on la pressait trop, elle éclatait en sanglots, et serrait convulsivement sur sa poitrine son enfant qui poussait des cris perçants.

En présence de cette obstination idiote, aveugle comme celle de la brute, que faire? M. Segmuller hésitait. Il se sentait pris de pitié pour cette malheureuse. Enfin, après un moment de réflexion :

— Vous pouvez vous retirer, ma brave femme, dit-il doucement, mais souvenez-vous bien que votre silence nuit plus à votre mari que tout ce que vous pourriez dire.

Elle se retira... elle s'enfuit plutôt, pendant que le juge et l'agent de la sûreté échangeaient des regards consternés.

— Je le disais bien!... pensait Goguet. Les actions du prévenu sont en hausse. Je parie cent sous pour le prévenu.

XXVIII

D'un seul mot, Delamorte-Felines a défini l'instruction : « Une lutte. » Lutte terrible, entre la justice qui veut arriver à la vérité et le crime qui prétend garder son secret.

Mandataire de la société, investi de pouvoirs discrétionnaires, ne relevant que de sa conscience et de la loi, le juge d'instruction dispose du plus formidable appareil.

Rien ne le gêne, personne ne lui commande. Administration, police, force armée, il a tout à ses ordres. Sur un mot de lui, vingt agents, cent s'il le faut, vont remuer Paris, fouiller la France, explorer l'Europe.

Pense-t-il qu'un homme peut éclairer un point obscur, il cite cet homme à comparaître dans son cabinet, et il arrive, fût-il à cent lieues. Voilà pour le juge.

Seul, sous les verrous, au secret le plus souvent, l'homme accusé d'un crime se trouve comme retranché du nombre des vivants. Nul bruit de l'intérieur n'arrive jusqu'au cabanon où il vit sous l'œil des gardiens. Ce qu'on dit, ce qui se passe... il l'ignore. Quels témoins ont été interrogés et ce qu'ils ont répondu, il ne sait. Et il en est réduit à se demander, dans l'effroi de son âme, jusqu'à quel point il est compromis, quels indices ont été recueillis, quelles charges accablantes sont près de l'écraser.

Voilà pour le prévenu.

Eh bien!... en dépit de cette terrible disproportion d'armes des deux adversaires, parfois l'homme au secret l'emporte.

S'il est bien sûr de n'avoir laissé derrière lui aucune preuve du crime, s'il n'a pas d'antécédents qui se lèvent contre lui, il peut, inexpugnable dans un système de négation absolue, braver tous les efforts de la justice.

Telle était, en ce moment, la situation de Mai, le mystérieux meurtrier.

M. Segmuller et Lecoq se l'avouaient avec une douleur mêlée de dépit.

Ils avaient pu, ils avaient dû espérer que Polyte Chupin ou sa femme donneraient le mot de l'irritant problème... cette espérance s'envolait.

Le système du soi-disant artiste « bonisseur » sortait intact de cette épreuve si périlleuse, et plus que jamais son identité demeurait problématique.

— Et cependant, s'écria le juge avec un geste désolé, et cependant ces gens-là savent quelque chose, et s'ils voulaient...

— Ils ne voudront pas.

— Pourquoi? Quel intérêt les guide? Ah! c'est là, ce qu'il faudrait découvrir. Qui nous dira par quelles éblouissantes promesses on a pu s'assurer du silence d'un misérable tel que Polyte Chupin? Sur quelle récompense compte-t-il donc, qu'il brave, en se taisant, un véritable danger?...

Lecoq ne répondit pas. La contraction de ses sourcils trahissait le prodigieux effort de sa réflexion.

— Il est une question, monsieur, dit-il enfin, qui m'embarrasse plus que toutes celles-là ensemble, et qui, si elle était résolue, nous ferait faire un grand pas.

— Laquelle?

— Vous vous demandez, monsieur, ce qu'on a promis à Chupin?... Moi je me demande qui lui a promis quelque chose?

— Qui?... Le complice, évidemment, cet artisan insaisissable des intrigues qui nous enveloppent.

A cet hommage rendu à une audace et à une habileté trop réelles, le jeune policier serra les poings. Ah! il lui en voulait terriblement, à ce complice, qui, ruelle de la Butte-aux-Cailles, avait fait la police prisonnière. Il ne lui pardonnait pas d'avoir osé, lui gibier, prendre le rôle de chasseur.

— Certes, répondit-il, je reconnais sa main. Mais quel artifice a-t-il imaginé cette fois? Qu'il se soit entendu au poste avec la veuve Chupin, rien de mieux, nous savons le moyen. Mais comment s'y est-il pris pour arriver jusqu'à Polyte, prisonnier, et étroitement surveillé?

Il ne disait pas toute sa pensée, il l'atténuait, et cependant M. Segmuller eut un soubresaut, en homme que surprend une proposition un peu forte.

— Que me dites-vous là!... fit-il. Quoi! vous pensez qu'un des employés de la prison s'est laissé corrompre?

Lecoq hocha la tête d'un air passablement équivoque.

— Je ne crois rien, répondit-il, je ne soupçonne personne, surtout ; je cherche. Chupin a-t-il, oui ou non, été prévenu ?

— Oui, à coup sûr.

— C'est donc un fait acquis ! Eh bien ! pour l'expliquer, il faut supposer des intelligences dans la prison ou une visite au parloir.

Il était difficile, en effet, d'imaginer une troisième alternative.

M. Segmuller était très-visiblement troublé. Il parut balancer entre plusieurs partis, puis se décidant tout à coup, il se leva et prit son chapeau en disant :

— Je veux en avoir le cœur net, venez, monsieur Lecoq.

Ils sortirent, et, grâce à cette étroite et sombre galerie qui met en communication « la souricière » et le Palais de Justice, ils arrivèrent en deux minutes au Dépôt.

On venait de distribuer la pitance aux prévenus, et le directeur, tout en surveillant le service, se promenait dans la première cour avec Gévrol.

— Dès qu'il aperçut le juge, il s'avança vers lui avec un empressement marqué.

— Sans doute, monsieur, commença-t-il, vous venez pour le prévenu Mai ?

— En effet.

Du moment où il était question d'un prévenu, Gévrol crut pouvoir s'approcher sans indiscrétion.

— J'en causais justement avec monsieur l'inspecteur de la sûreté, poursuivit le directeur, et je lui disais combien j'ai lieu d'être satisfait de la conduite de cet homme. Non-seulement il n'y a pas eu besoin de lui remettre la camisole de force, mais son humeur est changée du tout au tout. Il mange de bon appétit, il est gai comme un pinson, il plaisante avec les gardiens...

— Bast! fit le Général, en se voyant pincé, le désespoir l'avait pris... Puis il a réfléchi qu'il sauverait probablement sa tête, que la vie au bagne est encore la vie, et que d'ailleurs on sort du bagne.

Le juge et le jeune policier avaient échangé un regard inquiet. Cette gaieté du soi-disant saltimbanque pouvait n'être que la suite de son rôle; mais elle pouvait aussi venir de la certitude acquise de déjouer les investigations, et qui sait?... de quelque nouvelle favorable reçue du dehors.

Cette dernière supposition s'offrit si vivement à l'esprit de M. Segmuller, qu'il tressaillit.

— Êtes-vous sûr, monsieur le directeur, demanda-t-il, que nulle communication du dehors ne peut parvenir aux prévenus qui sont au secret?

Ce doute parut blesser vraiment le digne fonctionnaire. Suspecter ses cachots!... Autant le suspecter lui-même! Il ne put s'empêcher de lever les bras au ciel comme pour le prendre à témoin de ce blasphème insensé.

— Si j'en suis sûr!... s'écria-t-il. Mais vous n'avez donc jamais visité les secrets! Vous n'avez donc jamais vu le luxe de précautions qui les entoure, les triples barreaux, les hottes qui interceptent le jour... Et je ne compte pas le factionnaire qui nuit et jour se promène sous les fenêtres. C'est-à-dire qu'une hirondelle, une hirondelle même n'arriverait pas jusqu'aux prisonniers.

Cette seule description devait rassurer.

— Me voici donc tranquille, dit le juge. Maintenant, monsieur le directeur, je désirerais quelques renseignements sur un autre prévenu, un certain Chupin.

— Ah!... je sais, un détestable garnement.

— C'est cela. Je voudrais savoir s'il n'a pas reçu quelque visite hier.

— Diable!... c'est qu'il va falloir que j'aille au greffe, monsieur, si je veux vous répondre avec quelque certitude. C'est-à-dire, attendez donc, voici un gardien, ce petit là-bas, sous le porche, qui peut nous renseigner. Hé! Ferrau!... cria-t-il.

Le surveillant appelé accourut.

— Sais-tu, lui demanda-t-il, si le nommé Chupin a été au parloir hier?

— Oui, monsieur, c'est même moi qui l'y ai conduit.

M. Segmuller eut un sourire de satisfaction, cette réponse dissipait tous les soupçons.

— Et qui le visitait, interrogea vivement Lecoq, un gros homme, n'est-ce pas? très-rouge de figure, ayant le nez camard...

— Faites excuse, monsieur, c'était une femme, sa tante, à ce qu'il m'a dit.

Une même exclamation de surprise échappa au juge et au jeune policier, et ensemble ils demandèrent:

— Comment était-elle?

— Petite, répondit le surveillant, boulotte, très-blonde, l'air d'une bien brave femme, pas cossue, par exemple...

— Serait-ce une de nos fugitives de là-bas?... fit tout haut Lecoq.

Gévrol partit d'un grand éclat de rire.

— Encore une princesse russe, dit-il.

Mais le juge parut goûter médiocrement la plaisanterie.

— Vous vous oubliez, monsieur l'agent!... dit-il sévèrement. Vous oubliez que les plaisanteries que vous adressez à votre camarade arrivent jusqu'à moi!

Le Général comprit qu'il avait été trop loin, et tout en lançant à Lecoq son plus venimeux regard, il se confondit en excuses.

M. Segmuller ne parut pas l'entendre. Il salua le directeur, et faisant signe au jeune policier de le suivre :

— Courez à la Préfecture, lui dit-il, et sachez comment et sous quel prétexte cette femme a obtenu la carte qui lui a permis de voir Polyte Chupin.

XXIX

Resté seul, M. Segmuller reprit le chemin de son cabinet, guidé bien plus par l'instinct machinal de l'habitude que par une volonté délibérée.

Toutes les facultés de son intelligence étaient à « l'affaire, » et telle était sa préoccupation, que lui, la politesse même, il oubliait de rendre les saluts qu'il recueillait sur son passage.

Comment avait-il procédé, jusqu'ici? Au hasard; selon le caprice des événements, il avait couru au plus pressé, ou du moins à ce qu'il jugeait tel. Pareil à l'homme égaré dans les ténèbres, il avait erré à l'aventure, sans direction, marchant vers tout ce qui, dans le lointain, lui semblait être une lumière.

A courir ainsi on s'épuise vainement, il se l'avouait en reconnaissant l'impérieuse et pressante nécessité d'un plan.

Il n'avait pu enlever la place d'un coup de main, force lui était de se résigner aux méthodiques lenteurs d'un siége en règle.

Et il se hâtait, car il sentait les heures lui échapper.

Il savait que le temps est une obscurité de plus, et que la recherche d'un crime devient plus difficile à mesure qu'on s'éloigne de l'instant où il a été commis.

Que de choses à faire encore cependant.

Ne devait-il pas confronter avec les cadavres des victimes le meurtrier, la veuve Chupin et Polyte?

Ces tristes confrontations sont fécondes en résultats inespérés.

Leverd, l'assassin, allait être relâché faute de preuves, quand mis brusquement en présence de sa victime, il changea de visage et perdit son assurance. Une question à brûle-pourpoint lui arracha alors un aveu.

M. Segmuller avait aussi les témoins à interroger: Papillon le cocher, la concierge de la maison de la rue de Bourgogne, où les deux femmes s'étaient un instant réfugiées, enfin Mᵐᵉ Milner, la maîtresse de l'hôtel de Mariembourg.

N'était-il pas de même indispensable d'entendre dans le plus bref délai un certain nombre de gens du quartier de la *Poivrière*, quelques camarades de Polyte et les propriétaires du bal de l'*Arc-en-Ciel* où les victimes et le meurtrier avaient passé une partie de la soirée?

Certes, on ne pouvait pas espérer de grands éclaircissements de chacun de ces témoins en particulier. Les uns ignoraient les faits, les autres avaient à les dénaturer un intérêt qui demeurait un problème.

Mais chacun d'eux devait apporter sa part de conjectures, dire quelque chose, émettre une opinion, proposer une fable.

Et là éclate le génie du juge d'instruction, habitué à éprouver les unes par les autres les réponses les plus contradictoires, exercé à tirer d'une certaine quantité de mensonges une moyenne qui est à peu près la vérité.

Goguet, le souriant greffier, achevait de remplir, sur les indications du juge, une douzaine de citations, quand Lecoq reparut.

— Eh bien?... lui cria le juge.

Réellement la question était superflue. Le résultat de la démarche était visiblement écrit sur la figure du jeune policier.

— Rien, répondit-il, toujours rien.

— Comment!... On ne sait pas à qui on a donné une carte pour visiter Polyte Chupin au Dépôt?

— Pardon, monsieur, on ne le sait que trop. Nous retrouvons là une preuve nouvelle de l'infernale habileté du complice à profiter de toutes les circonstances. La carte dont on s'est servi hier est au nom d'une sœur de la veuve Chupin, Rose-Adélaïde Pitard, marchande des quatre-saisons à Montmartre. Cette carte a été délivrée il y a huit jours, sur une demande apostillée du commissaire de police. Il est dit, dans cette demande, que la femme Rose Pitard a besoin de voir sa sœur pour le règlement d'une affaire de famille.

Si grande était la surprise du juge, qu'elle arrivait à une expression presque comique.

— Cette tante serait-elle donc du complot!.. murmura-t-il.

Le jeune policier hocha la tête.

— Je ne le pense pas, répondit-il. Ce n'est pas elle, en tout cas, qui était hier au parloir du Dépôt. Les employés de la Préfecture se rappellent très-bien la sœur de la Chupin, et d'ailleurs nous avons trouvé son signalement... C'est une femme de cinq pieds passés, très-brune, très-ridée, hâlée et comme tannée par la pluie, le vent et le soleil, enfin âgée d'une soixantaine d'années. Or, la visiteuse d'hier était petite, blonde, blanche et ne paraissait pas plus de quarante-cinq ans...

— Mais s'il en est ainsi, interrompit M. Segmuller, cette visiteuse doit être une de nos fugitives.

— Je ne le pense pas.

— Qui donc serait-elle, à votre avis?

— Eh!... la propriétaire de l'hôtel de Mariembourg, cette fine mouche qui s'est si bien moquée de moi. Mais qu'elle y prenne garde!... Il est des moyens de vérifier mes soupçons...

Le juge écoutait à peine, tout ému qu'il était de l'inconcevable audace et du merveilleux dévouement de ces gens qui risquaient tout pour assurer l'incognito du meurtrier.

— Reste à savoir, prononça-t-il, comment le complice a pu apprendre l'existence de ce laisser-passer.

— Oh! rien de si simple, monsieur. Après s'être entendus au poste de la barrière d'Italie, la veuve Chupin et le complice ont compris combien il était urgent de prévenir Polyte. Ils ont cherché comment arriver jusqu'à lui, la vieille s'est souvenue de la carte de sa sœur, et l'homme est allé l'emprunter sous le premier prétexte venu...

— C'est cela, approuva M. Segmuller, oui, c'est bien cela, le doute n'est pas possible... Il faudra vous informer cependant...

Lecoq eut ce geste résolu de l'homme dont le zèle impatient n'a pas besoin d'être stimulé.

— Et je m'informerai!... répondit-il, que monsieur le juge s'en remette à moi. Rien de ce qui peut préparer le succès ne sera négligé. Avant ce soir, j'aurai deux observateurs sous les armes, l'un ruelle de la Butte-aux-Cailles, l'autre à la porte de l'hôtel de Mariembourg. Si le complice du meurtrier a l'idée de visiter Toinon-la-Vertu ou Mme Milner, il est pris. Il faudra bien que notre tour vienne, à la fin!...

Mais ce n'était pas le moment de se dépenser en paroles, en vanteries surtout. Il s'interrompit, et alla prendre son chapeau déposé en entrant.

— Maintenant, dit-il, je demanderai à monsieur le juge ma liberté; s'il avait des ordres à donner, je laisse en faction dans la galerie un de mes collègues, le père Absinthe. J'ai, moi, à utiliser nos deux plus importantes pièces de conviction : la lettre de Lacheneur et la boucle d'oreille...

— Allez donc, dit M. Segmuller, et bonne chance!...

Bonne chance!... Le jeune policier l'espérait bien. Si même, jusqu'à ce moment, il avait si facilement pris son parti de ses échecs successifs, c'est qu'il se croyait bien assuré d'avoir en poche un talisman qui lui donnerait la victoire.

— Je serais plus que simple, pensait-il, si je n'étais pas capable de découvrir la propriétaire d'un objet de cette valeur. Or, cette propriétaire trouvée, nous constatons du coup l'identité de notre homme-énigme.

Avant tout, il s'agissait de savoir de quel magasin sortait la boucle d'oreille. Aller de bijoutier en bijoutier, demandant : « Est-ce votre ouvrage ? » eût été un peu long.

Heureusement Lecoq avait sous la main un homme qui s'estimerait très-heureux de mettre son savoir à son service.

C'était un vieil Hollandais, nommé Van-Nunen, sans rival à Paris, dès qu'il s'agissait de joaillerie ou de bijouterie.

La Préfecture l'utilisait en qualité d'expert. Il passait pour riche et l'était bien plus qu'on ne le supposait. Si sa mise était toujours sordide, c'est qu'il avait une passion : il adorait les diamants. Il en avait toujours quelques-uns sur lui, dans une petite boîte qu'il tirait dix fois par heure, comme un priseur sort sa tabatière.

Le bonhomme reçut bien le jeune policier. Il chaussa ses besicles, examina le bijou avec une grimace de satisfaction, et d'un ton d'oracle dit :

— La pierre vaut huit mille francs, et la monture vient de chez Doisty, rue de la Paix.

Vingt minutes plus tard, Lecoq se présentait chez le célèbre bijoutier.

Van-Nunen ne s'était pas trompé. Doisty reconnut la boucle d'oreille, elle sortait bien de chez lui. Mais à qui l'avait-il vendue ? Il ne put se le rappeler, car il y avait bien trois ou quatre ans de cela.

— Seulement, attendez, ajouta-t-il, je vais appeler ma femme qui a une mémoire incomparable.

Mme Doisty méritait cet éloge. Il ne lui fallut qu'un coup d'œil pour affirmer qu'elle connaissait cette boucle et que la paire avait été vendue vingt mille francs à Mme la marquise d'Arlange.

— Même, ajouta-t-elle, en regardant son mari, tu devrais te rappeler que la marquise ne nous avait donné que neuf mille francs comptant, et que nous avons eu toutes les peines du monde à obtenir le solde.

Le mari se souvint en effet de ce détail.

— Maintenant, dit le jeune policier, je voudrais bien avoir l'adresse de cette marquise.

— Elle demeure au faubourg Saint-Germain, répondit Mme Doisty, près de l'esplanade des Invalides...

XXX

Tant qu'il avait été sous l'œil du bijoutier, Lecoq avait eu la force de garder le secret de ses impressions.

Mais une fois hors du magasin, et quand il eut fait quelques pas sur le trottoir, il s'abandonna si bien au délire de sa joie, que les passants surpris durent se demander si ce beau garçon n'était pas fou. Il ne marchait pas, il dansait, et tout en gesticulant de la façon la plus comique, il jetait au vent un monologue victorieux.

— Enfin!... disait-il, cette affaire sort donc des bas-fonds où elle s'agitait jusqu'ici. J'arrive aux véritables acteurs du drame, à ces personnages haut placés que j'avais devinés. Ah! mons Gévrol, illustre Général, vous vouliez une princesse russe! il faudra vous contenter d'une simple marquise... On fait ce qu'on peut!

Mais ce vertige peu à peu se dissipa, le bon sens reprenait ses droits.

Le jeune policier sentait bien qu'il n'aurait pas trop de la plénitude de son sang-froid, de tous ses moyens et de toute sa sagacité pour mener à bonne fin cette expédition.

Comment s'y prendrait-il, quand il serait en présence de cette marquise, pour obtenir des aveux sans réticences, pour lui arracher avec tous les détails de la scène du meurtre, le nom du meurtrier ?

— Il faut, pensait-il, se présenter la menace à la bouche, et lui faire peur, tout est là !... si je lui laisse le temps de se reconnaître, je ne saurai rien.

Il s'interrompit, il arrivait devant l'hôtel de la marquise d'Arlange, charmante habitation bâtie entre cour et jardin, et avant de pénétrer dans la place, il jugeait indispensable d'en reconnaître l'intérieur.

— C'est donc là, murmurait-il, que je trouverai le mot de l'énigme. Là, derrière ces riches rideaux de mousseline, agonise d'effroi notre fugitive de l'autre nuit. Quelles ne doivent pas être ses angoisses, depuis qu'elle s'est aperçue de la perte de sa boucle d'oreille...

Durant près d'une heure, établi sous une porte cochère, il resta en observation. Il eût voulu entrevoir un des hôtes de cette belle demeure. Faction perdue ! Pas un visage ne se montra aux glaces des fenêtres, pas un valet ne traversa la cour.

Impatienté, il résolut de commencer une enquête aux environs.

Il ne pouvait tenter sa démarche décisive sans avoir une idée des gens qu'il allait trouver.

Quel pouvait être le mari de cette audacieuse, qui s'encanaillait comme dans les romans régence, et courait la pretentaine, la nuit, au cabaret de la Chupin ?

Lecoq se demandait à qui et où s'adresser, quand de

l'autre côté de la rue, il avisa un marchand de vins qui fumait sur le seuil de sa boutique.

Il alla droit à lui, jouant bien l'embarras d'un homme qui a oublié une adresse, et poliment lui demanda l'hôtel d'Arlange.

Sans un mot, sans daigner retirer sa pipe de sa bouche, le marchand étendit le bras.

Mais il était un moyen de le rendre communicatif, c'était d'entrer dans son établissement, de se faire servir quelque chose et de lui proposer de trinquer.

Ainsi fit le jeune policier, et la vue de deux verres pleins délia comme par miracle la langue du digne négociant.

On ne pouvait mieux tomber pour obtenir des renseignements, car il était établi dans le quartier depuis dix ans et honoré de la clientèle de messieurs les gens de maison.

— Même, dit-il à Lecoq, je vous plains si vous allez chez la marquise pour toucher une facture. Vous aurez le temps d'apprendre le chemin de sa maison avant de voir la couleur de son argent. En voilà une dont les créanciers ne laisseront jamais geler la sonnette.

— Diable!... elle est donc pauvre?

— Elle!... On lui connaît bien une vingtaine de mille livres de rentes, sans compter cet hôtel. Mais vous savez, quand on dépense tous les ans le double de son revenu...

Il s'arrêta court, pour montrer au jeune policier deux femmes qui passaient, l'une âgée de plus de quarante ans et vêtue de noir, l'autre toute jeune, mise comme une pensionnaire.

— Et tenez, ajouta-t-il, voici justement la petite-fille de la marquise, Mlle Claire, qui passe avec sa gouvernante, Mlle Schmidt.

Lecoq eut un éblouissement.

— Sa petite fille?... balbutia-t-il.

— Mais oui... la fille de défunt son fils, si vous aimez mieux.

— Quel âge a-t-elle donc?...

— Une soixantaine d'années, au moins. Mais on ne les lui donnerait pas, non. C'est une de ces vieilles bâties à chaux et à sable, qui vivent cent ans, comme les arbres. Et méchante, qu'elle est!... Je ne voudrais pas lui dire ce que je pense d'elle à deux pouces du nez. Elle aurait plus tôt fait de m'envoyer une taloche que moi d'avaler ce verre d'eau-de-vie...

— Pardon, interrompit le jeune policier, elle n'occupe pas seule cet hôtel...

— Mon Dieu!... si, toute seule avec sa petite-fille, la gouvernante et deux domestiques... Mais qu'est-ce qui vous prend donc?...

Le fait est que ce pauvre Lecoq était plus blanc que sa chemise. C'était le magique édifice de ses espérances qui s'écroulait aux paroles de cet homme comme le fragile château de cartes d'un enfant.

— Je n'ai rien, répondit-il d'une voix mal assurée, oh!... rien du tout.

Mais il n'eût pas supporté un quart d'heure de plus l'horrible supplice de l'incertitude. Il paya et alla sonner à la grille de l'hôtel.

Un domestique vint lui ouvrir, l'examina d'un œil défiant et lui répondit que madame la marquise était à la campagne.

Évidemment on lui faisait cet honneur de le prendre pour un créancier.

Mais il sut insister si adroitement, il fit si bien comprendre qu'il ne venait pas réclamer d'argent, il parlait si fortement d'affaires urgentes, que le domestique finit par le planter seul au milieu du vestibule en lui disant qu'il allait s'assurer de nouveau si madame était bien réellement sortie.

Elle n'était pas sortie. L'instant d'après le valet revint dire à Lecoq de le suivre, et après l'avoir guidé à travers un grand salon d'une magnificence fort délabrée, il l'introduisit dans un boudoir tendu d'étoffe rose.

Là, sur une chaise longue, au coin du feu, une vieille dame d'aspect terrible, grande, osseuse, très-parée et plus fardée, tricotait une bande de laine verte.

Elle toisa le jeune policier jusqu'à lui faire monter le rouge au front, et comme il lui parut intimidé, ce qui la flatta, elle lui parla presque doucement.

— Eh bien! mon garçon, demanda-t-elle, qu'est-ce qui vous amène?

Lecoq n'était pas intimidé, mais il reconnaissait avec douleur que Mme d'Arlange ne pouvait être une des femmes du cabaret de la Chupin.

En elle, rien ne répondait assurément au signalement donné par Papillon.

Puis, le jeune policier se rappelait combien étaient petites les empreintes laissées sur la neige par les deux fugitives, et le pied de la marquise, qui dépassait sa robe, était d'une héroïque grandeur.

— Ah çà! êtes-vous muet? insista la vieille dame en enflant la voix.

Sans répondre directement, le jeune policier tira de sa poche la précieuse boucle d'oreille, et la déposa sur la chiffonnière en disant :

— Je vous rapporte ceci, madame, que j'ai trouvé, et qui vous appartient, m'a-t-on dit.

Madame d'Arlange posa son tricot pour examiner le bijou.

— C'est pourtant vrai, dit-elle, après un moment, que ce bouton d'oreille m'a appartenu. C'est une fantaisie que j'eus, il y a quatre ans, et qui me coûta bel et bien vingt mille livres. Ah!... le sieur Doisty, qui me vendit ces diamants, dut gagner un joli denier. Mais j'ai une petite-fille à élever!... Des besoins d'argent pressants me contraignirent peu après à me défaire de cette parure, que je regrettai, et je la cédai.

— A qui?... interrogea vivement Lecoq.

— Eh!... fit la marquise choquée ; qu'est-ce que cette curiosité !

— Excusez-moi, madame, c'est que je voudrais tant retrouver le propriétaire de cette jolie chose...

Madame d'Arlange regarda son jeune visiteur d'un air curieux et surpris :

— De la probité!... fit-elle. Oh! oh!... Et pas le sou, peut-être...

— Madame!...

— Bon! bon!... ce n'est pas une raison pour devenir rouge comme un coquelicot, mon garçon. J'ai cédé ces boucles à une grande dame allemande, — car la noblesse a encore quelque fortune en Autriche, — à la baronne de Watchau...

— Et où demeure cette dame, madame la marquise?...

— Au Père-Lachaise, depuis l'an dernier qu'elle s'est laissée mourir... Les femmes d'à-présent, un tour de valse et un courant d'air, et c'est fait d'elles !... de mon temps, après chaque galop, les jeunes filles vidaient un grand verre de vin sucré et se mettaient entre deux portes .. Et nous nous portions comme vous voyez.

— Mais, madame, insista le jeune policier, la baronne de Watchau a dû laisser des héritiers, un mari, des enfants?...

— Personne qu'un frère qui a une charge à la cour de Vienne, et qui n'a pas pu se déplacer. Il a envoyé l'ordre de vendre à l'encan tout le bien de sa sœur, sans excepter sa garde-robe, et on lui a expédié l'argent là-bas.

Lecoq ne put triompher d'un mouvement de désespoir.

— Quel malheur! murmura-t-il.

— Hein!... Pourquoi?... fit la vieille dame. De cette affaire, mon garçon, le diamant vous reste, et je m'en réjouis, ce sera une juste récompense de votre probité.

Si le hasard, à ses rigueurs, joint encore l'ironie, la mesure est comble. Ainsi la marquise d'Arlange ajoutait au supplice de Lecoq des raffinements inconnus, pendant qu'elle lui souhaitait, avec toutes les apparences de la bonne foi, de ne jamais retrouver la femme qui avait perdu ce riche bijou.

S'emporter, crier, donner cours à sa colère, reprocher à cette vieille son ineptie, lui eût été un ineffable soulagement. Mais, alors, que devenait son rôle de bon jeune homme probe ?...

Il sut contraindre ses lèvres à grimacer un sourire, il balbutia même un remercîment de tant de bonté. Puis, comme il n'avait plus rien à attendre, il salua bien bas et sortit à reculons, étourdi de ce nouveau coup.

Fatalité, maladresse de sa part, habileté miraculeuse de ses adversaires, il avait vu se rompre successivement entre ses mains tous les fils sur lesquels il avait compté pour guider l'instruction hors de l'inextricable labyrinthe où elle s'égarait de plus en plus.

Etait-il encore dupe d'une nouvelle comédie ? Ce n'était pas admissible.

Si le complice du meurtrier eût pris pour confident le bijoutier Doisty, il lui eût demandé purement et simplement de répondre qu'il ne savait pas à qui ces brillants avaient été vendus, ou même qu'ils ne sortaient pas de chez lui.

La complication même des circonstances en décelait la sincérité.

Puis le jeune policier avait d'autres raisons de ne douter point des allégations de la marquise. Certain regard qu'il avait surpris entre le bijoutier et sa femme éclairait les faits d'un jour éblouissant.

Ce regard signifiait que, dans leur opinion, la marquise en prenant ces diamants avait hasardé une petite spéculation plus commune qu'on ne croit, et dont quantité de femmes du vrai monde sont coutumières. Elle avait acheté à crédit pour céder à perte, mais au comptant, et profiter momentanément de la différence entre la somme donnée en à-compte et le prix de cession.

Lecoq n'en décida pas moins qu'il irait jusqu'au fond de cet incident.

Il voulait, à défaut d'autre satisfaction, s'épargner des remords comme ceux qui le poursuivaient depuis qu'il s'était si naïvement laissé prendre aux apparences à l'hôtel de Mariembourg.

Il retourna donc chez Doisty, et sous un prétexte assez plausible pour écarter tout soupçon de sa profession, il obtint la communication de ses livres de commerce.

A l'année indiquée, au mois fixé, la vente était inscrite, non-seulement sur la main-courante, mais encore sur le grand-livre. Les neuf mille francs étaient passés en compte et successivement, à des intervalles éloignés, les divers versements de la marquise étaient portés à l'avoir.

Que Mme Milner eût réussi à glisser sur son registre de police une fausse mention, on le comprenait. Il était impossible que le bijoutier eût falsifié toute sa comptabilité de quatre ans.

La réalité est indiscutable, et cependant le jeune policier ne se tint pas pour satisfait.

Il se transporta rue du Faubourg-Saint-Honoré, à la maison qu'habitait en son vivant la baronne de Watchau, et là, il apprit d'un concierge complaisant que lors du décès de cette pauvre dame, ses meubles et ses effets avaient été portés à l'hôtel de la rue Drouot.

— Même, ajouta le concierge, la vente a été faite par M. Petit.

Sans perdre une minute, le jeune policier courut chez ce commissaire-priseur qui avait la spécialité des « riches mobiliers. »

Mᵉ Petit se rappelait très-bien la « vente Watchau, » qui avait fait un certain bruit à l'époque, et il en eut bientôt retrouvé le volumineux procès-verbal dans ses cartons.

Beaucoup de bijoux y étaient décrits, avec le chiffre de l'adjudication et le nom des adjudicataires en regard, mais aucun ne se rapportait, même vaguement, aux maudits boutons d'oreilles.

Lecoq montra le diamant qu'il avait en poche; le commissaire-priseur ne se rappelait pas l'avoir vu. Mais cela ne signifiait rien, il lui en avait tant passé, il lui en passait tant entre les mains !...

Ce qu'il affirmait, c'est que le frère de la baronne, son héritier, ne s'était rien réservé de la succession, pas une bague, pas un bibelot, pas une épingle, et qu'il avait paru pressé de recevoir le montant des vacations, lequel s'élevait à l'agréable chiffre de cent soixante-sept mille cinq cent trente francs, frais déduits.

— Ainsi, fit Lecoq pensif, tout ce que possédait la baronne a bien été vendu ?...

— Tout.

— Et comment se nomme son frère ?

— Watchau, lui aussi... La baronne avait sans doute épousé un de ses parents. Ce frère, jusqu'à l'an dernier, a occupé un poste éminent dans la diplomatie; il résidait à Berlin, je crois...

Certes, ces renseignements n'avaient nul trait à la prévention, qui occupait despotiquement l'esprit du jeune policier, et cependant ils se figèrent dans sa mémoire.

— C'est bizarre, pensait-il, en regagnant son logis, de tous côtés, dans cette affaire, je me heurte à l'Allemagne. Le meurtrier prétend venir de Leipzig, Mᵐᵉ Milner doit être bavaroise, voici maintenant une baronne autrichienne.

Il était trop tard, ce soir-là, pour rien entreprendre ; le jeune policier se coucha, mais le lendemain, à la première heure, il reprenait avec une ardeur nouvelle ses investigations.

Une seule chance de succès semblait lui rester désormais : la lettre signée Lacheneur, trouvée dans la poche du faux soldat.

Cette lettre, l'entête à demi effacé le prouvait, avait été écrite dans un café du boulevard Beaumarchais.

Découvrir dans lequel était un jeu d'enfant.

Le quatrième limonadier à qui Lecoq exhiba cette lettre reconnut parfaitement son papier et son encre.

Mais ni lui, ni sa femme, ni la demoiselle de comptoir, ni les garçons, ni aucun des habitués questionnés habilement l'un après l'autre, n'avaient entendu, de leur vie, articuler les trois syllabes de ce nom : Lacheneur.

Que faire, que tenter ?... Tout était-il donc absolument désespéré ? Pas encore.

Le soldat mourant n'avait-il pas déclaré que ce brigand de Lacheneur était un ancien comédien ?...

Se raccrochant à cette faible indication comme l'homme qui se noie à la plus mince planche, le jeune policier reprit sa course, et de théâtre en théâtre, il s'en alla demandant à tout le monde, aux portiers, aux secrétaires, aux artistes :

— Ne connaîtriez-vous pas un acteur nommé Lacheneur?

Partout il recueillit des non unanimes, enjolivés de plaisanteries de coulisses. Assez souvent on ajoutait :

— Comment est-il votre artiste?...

Voilà justement ce qu'il ne pouvait dire. Tous ses renseignements se bornaient à la phrase de Toinon-la-Vertu : « Je lui ai trouvé l'air d'un monsieur bien respectable! » Ce n'est pas un signalement, cela. Et d'ailleurs restait à savoir ce que la femme de Polyte Chupin entendait par ce qualificatif : « respectable » L'appliquait-elle à l'âge ou aux dehors de la fortune?

D'autres fois, on demandait :

— Quels rôles joue-t-il, votre comédien?

Et le jeune policier se taisait, car il l'ignorait. Ce qu'il ne pouvait dire, ce qui était vrai, c'est que Lacheneur, en ce moment, jouait un rôle à le faire mourir de chagrin, lui, Lecoq.

En désespoir de cause, il eut recours à un moyen d'investigation qui est le grand cheval de bataille de la police quand elle est en peine de quelque personnage problématique, moyen banal qui réussit toujours parce qu'il est excellent.

Il résolut de dépouiller tous les livres de police des hôteliers et des logeurs.

Levé avant l'aube, couché bien après, il épuisait ses journées à visiter toutes les maisons meublées, tous les hôtels, tous les garnis de Paris.

Courses vaines. Pas une seule fois il ne rencontra ce nom de Lacheneur qui hantait obstinément son cerveau. Existait-il, ce nom? N'était-ce pas un pseudonyme composé à plaisir? Il ne l'avait pas trouvé dans l'*Almanach Bottin*, où on trouve cependant tous les noms de France, les plus impossibles, les plus invraisemblables, ceux qui sont formés de l'assemblage le plus fantastique de syllabes...

Mais rien n'était capable de le décourager, ni de le détourner de cette tâche presque impossible qu'il s'était donnée. Son opiniâtreté touchait à la monomanie.

Il n'avait plus, comme aux premiers moments, de simples accès de colère aussitôt réprimés, il vivait dans une sorte d'exaspération continuelle, qui altérait sa lucidité.

Plus de théories, d'inventions subtiles, d'ingénieuses déductions!... Il cherchait à l'aventure, sans ordre, sans méthode, comme l'eût pu faire le père Absinthe sous l'influence de l'alcool.

Peut-être en était-il arrivé à compter moins sur son habileté que sur le hasard, pour dégager des ténèbres le drame qu'il devinait, qu'il sentait, qu'il respirait...

XXXI

Si l'on jette au milieu d'un lac une lourde pierre, elle produit un jaillissement considérable, et la masse de l'eau est agitée jusque sur les bords... Mais le grand mouvement ne dure qu'une minute; le remous diminue à mesure que ses cercles s'élargissent, la surface reprend son immobilité, et bientôt nulle trace ne reste de la pierre, enfouie désormais dans les vases du fond.

Ainsi il en est des événements qui tombent dans la vie de chaque jour, si énormes qu'ils puissent paraître. Il semble que leur impression durera des années; folie ! Le temps se referme au-dessus plus vite que l'eau du lac, et, plus rapidement que la pierre, ils glissent dans les abimes du passé.

C'est dire qu'au bout de quinze jours le crime affreux du cabaret de la Chupin, ce triple meurtre qui avait fait frémir Paris, dont tous les journaux s'étaient émus, était plus oublié qu'un vulgaire assassinat du règne de Charlemagne.

Au Palais, seulement, à la Préfecture et au Dépôt, on se souvenait.

C'est que les efforts de M. Segmuller, et Dieu sait s'il s'était épargné, n'avaient pas eu un succès meilleur que ceux de Lecoq.

Interrogatoires multipliés, confrontations habilement ménagées, questions captieuses, insinuations, menaces, promesses, tout s'était brisé contre cette force invincible, la plus puissante dont l'homme dispose, la force d'inertie.

Un même esprit semblait animer la veuve Chupin et Polyte, Toinon-la-Vertu et Mme Milner, la maîtresse de l'hôtel de Mariembourg.

Il ressortait clairement des dépositions que tous ces témoins avaient reçu les confidences du complice et qu'ils obéissaient à la même politique savante : mais que servait cette certitude !

L'attitude de tous ces gens conjurés pour jouer la justice ne variait pas. Il arrivait parfois que leurs regards démentaient leurs dénégations, on ne cessait de lire dans leurs yeux l'inébranlable résolution de taire la vérité.

Il y avait des moments où ce juge, le meilleur des hommes cependant, écrasé par le sentiment de l'insuffisance d'armes purement morales, se prenait à regretter l'arsenal de l'inquisition.

Oui, en présence de ces allégations dont l'impudence arrivait à l'insulte, il comprenait les barbaries des juges du moyen âge, les coins qui brisaient les muscles des patients, les tenailles rougies, la question de l'eau, toutes ces épouvantables tortures qui arrachaient la vérité avec la chair.

Le meurtrier, lui aussi, s'était tenu, et même chaque

jour il ajoutait à son rôle une perfection nouvelle, pareil à l'homme qui s'habitue à un vêtement étranger où d'abord il s'était trouvé gêné.

Son assurance, en présence du juge, grandissait, comme s'il eût été plus sûr de soi, comme s'il eût pu, en dépit de sa séquestration et des rigueurs du secret, acquérir cette certitude que l'instruction n'avait point avancé d'un pas.

A un de ses derniers interrogatoires, il avait osé dire, non sans une nuance très-saisissable d'ironie :

— Me garderez-vous donc encore longtemps au secret, monsieur le juge ?... Ne serai-je pas remis en liberté ou envoyé devant la cour d'assises ? Dois-je souffrir longtemps de cette idée qui vous est venue, je me demande comment, que je suis un gros personnage !...

— Je vous garderai, avait répondu M. Segmuller, tant que vous n'aurez pas avoué.

— Avoué quoi ?...

— Oh ! vous le savez bien...

Cet homme indéchiffrable avait alors haussé les épaules, et de ce ton moitié triste, moitié goguenard qui lui était habituel, il avait répondu :

— En ce cas, je ne me vois pas près de sortir de ce cabanon maudit !...

C'est en raison de cette conviction, sans doute, qu'il parut prendre ses dispositions pour une détention indéfinie.

Il avait obtenu qu'on lui remît une partie des effets contenus dans sa malle, et il avait témoigné une joie d'enfant en rentrant en possession de ses « affaires ».

Grâce à l'argent trouvé sur lui et déposé au greffe, il s'accordait de ces petites douceurs qu'on ne refuse jamais à des prévenus, lesquels, en définitive, quelles que soient les charges qui pèsent sur eux, peuvent être considérés comme innocents tant que le jury n'a pas prononcé.

Pour se distraire, il avait demandé et on lui avait donné un volume de chansons de Béranger, et il passait ses journées à en apprendre par cœur; il les chantait à pleine voix et avec assez de goût.

C'était, prétendait-il, un talent qu'il se donnait là, et qui ne manquerait pas de lui servir quand on lui rendrait la clef des champs.

Car il ne doutait pas, affirmait-il, de son acquittement.

Il s'inquiétait de l'époque du jugement, du résultat, non.

S'il était pris de tristesses, c'était quand il parlait de sa profession. Il avait la nostalgie du tréteau. Il pleurait presque en songeant à son costume bariolé de pitre, à son public, à ses boniments accompagnés par les musiques enragées de la foire.

Jamais d'ailleurs, on ne vit détenu plus ouvert, plus communicatif, plus soumis, meilleur enfant.

C'est avec un empressement marqué qu'il recherchait toutes les occasions de babiller. Il aimait à raconter sa vie, ses aventures, ses courses vagabondes à travers l'Europe, à la suite de M. Simpson, le montreur de phénomènes.

Ayant beaucoup vu, il avait beaucoup retenu, et il possédait un inépuisable fonds de bons contes et de saillies triviales qui faisaient se pâmer de rire les surveillants.

Et toutes les paroles de ce grand bavard, de même que ses actions les plus indifférentes, étaient marquées d'un tel cachet de naturel, que les gens du Dépôt ne doutaient plus de la vérité de ses assertions.

Plus difficile à convaincre était le directeur.

Il avait affirmé que ce soi-disant « bonisseur » ne pouvait être qu'un dangereux repris de justice, dissimulant des antécédents accablants; il ne négligea rien pour le prouver.

Quinze jours durant, Mai fut soumis tous les matins à l'examen du ban et de l'arrière-ban des agents de la sûreté, réguliers et irréguliers.

On le présenta ensuite à une trentaine de forçats renommés pour leur connaissance parfaite de la population des prisons, et qui avaient été transférés au Dépôt pour cette épreuve.

Personne ne le reconnut.

Sa photographie avait été envoyée à tous les bagnes, à toutes les maisons centrales; personne ne se rappela ses traits.

A ces circonstances, d'autres vinrent se joindre, qui avaient bien leur importance, et qui plaidaient en faveur du prévenu.

Le 2ᵉ bureau de la Préfecture, qui était celui des sommiers judiciaires, trouva des traces positives de l'existence d'un nommé Tringlot, « artiste forain, » lequel pouvait fort bien être l'homme de la version de Mai. Ce Tringlot était mort depuis plusieurs années.

En outre, de renseignements pris en Allemagne et en

Angleterre, il résultait qu'on y connaissait très-bien un sieur Simpson, en grande réputation sur tous les champs de foire.

Devant de telles preuves le directeur se rendit, et avoua hautement qu'il s'était trompé.

« Le prévenu May, écrivit-il au juge d'instruction, est « bien réellement et véritablement ce qu'il prétend être; « les doutes à cet égard ne sont plus possibles. »

Ce fut en dernier lieu l'avis de Gévrol.

Ainsi M. Segmuller et Lecoq restaient seuls de leur opinion.

Il est vrai que seuls ils étaient bons juges, puisque seuls ils connaissaient tous les détails d'une instruction demeurée strictement secrète.

Mais peu importe! Lutter contre tout le monde est toujours pénible, sinon dangereux, eût-on d'ailleurs mille et mille fois raison.

« L'affaire May, » on lui donnait ce nom, avait transpiré; et si le jeune policier était accablé de quolibets grossiers dès qu'il paraissait à la Préfecture, le juge d'instruction n'était pas à l'abri d'amicales ironies.

Plus d'un juge, en le rencontrant dans la galerie, lui demandait, le sourire aux lèvres, ce qu'il faisait de son Gaspard Hauser, de son homme au masque de fer, de son mystérieux saltimbanque...

De là chez M. Segmuller et chez Lecoq, cette exaspération de l'homme qui, ayant la certitude absolue d'une chose, ne peut cependant en démontrer l'exactitude.

Ils en perdaient l'appétit l'un et l'autre, ils en maigrissaient, ils en verdissaient.

— Mon Dieu!... disait parfois le juge, pourquoi d'Escorval est-il tombé!... Sans cette chute maudite, il aurait tous mes soucis, et, à cette heure, je rirais comme les autres !

— Et moi qui me croyais fort! murmurait le jeune policier.

Mais l'idée ne leur venait point de se rendre. Bien que de tempéraments essentiellement opposés, chacun d'eux, à part soi, s'était juré d'avoir le mot de cette agaçante énigme.

C'est alors que Lecoq résolut de renoncer à ses courses au dehors pour se consacrer uniquement à l'étude du prévenu.

— Désormais, dit-il à M. Segmuller, je me constitue prisonnier comme lui, et sans qu'il me voie, je ne le perds plus de vue !...

XXXII

Au-dessus de l'étroite cellule occupée par le prévenu Mai, se trouvait une sorte de soupente, ménagée par les architectes pour le service des toitures.

Elle était carrelée, mais si basse, qu'un homme de taille moyenne ne pouvait s'y tenir debout. Quelques minces rayons filtrant entre les interstices des ardoises l'éclairaient à peine d'un jour douteux.

C'est là qu'un beau matin Lecoq vint s'établir.

C'était l'heure où le détenu faisait, sous la surveillance de deux gardiens, sa promenade quotidienne; le jeune policier put donc, sans retard, procéder à ses travaux d'installation.

Armé d'un pic dont il s'était muni, il descella deux ou trois carreaux et se mit à percer l'intervalle des planchers.

Le trou qu'il pratiquait affectait la forme d'un entonnoir. Très-large au ras du sol du grenier, il allait se rétrécissant jusqu'à n'avoir plus que deux centimètres de diamètre à l'endroit où il entamait le plafond de la cellule.

La place où débouchait ce trou avait d'ailleurs été choisie à l'avance, si habilement, qu'il se confondait avec les lézardes et les taches du crépi, et qu'il était impossible que le prisonnier le distinguât d'en bas.

Pendant que travaillait Lecoq, le directeur du Dépôt et Gévrol, qui avaient tenu à l'accompagner, se tenaient sur le seuil de la soupente et ricanaient.

— Ainsi, monsieur Lecoq, disait le directeur, voici désormais votre observatoire.

— Mon Dieu, oui, monsieur.

— Vous n'y serez pas à l'aise.

— J'y serai moins mal que vous ne le croyez. J'ai apporté une grosse couverture, je l'étendrai à terre et je me coucherai dessus.

— Si bien que, nuit et jour, vous aurez l'œil à cette ouverture ?

— Nuit et jour, oui, monsieur.

— Sans boire ni manger ?... demanda Gévrol.

— Pardon ! le père Absinthe, que j'ai relevé de son inutile faction à la ruelle de la Butte-aux-Cailles, m'apportera mes repas, il fera mes commissions et au besoin me remplacera.

L'envieux Général éclata de rire, mais d'un rire évidemment forcé.

— Tiens, dit-il, tu me fais pitié.

— Possible.

— Sais-tu à qui tu vas ressembler, l'œil collé à ce trou, épiant le prévenu ?...

— Dites !... Ne vous gênez pas.

— Eh bien !... tu me fais l'effet d'un de ces vieux nigauds de naturalistes qui mettent toutes sortes de petites bêtes sous verre, et qui passent leur vie à les regarder grouiller à travers une grosse loupe.

Lecoq avait parachevé son œuvre, il se releva.

— Jamais comparaison ne fut plus juste, Général prononça-t-il. Vous l'avez deviné, je dois au souvenir des travaux de ces naturalistes que vous traitez si mal, l'idée que je vais mettre à exécution. A force d'étudier une petite bête, comme vous dites, au microscope, ces savants ingénieux et patients, finissent par surprendre ses mœurs, ses habitudes, ses instincts... Eh bien! ce qu'ils font pour un insecte, je le ferai, moi, pour un homme.

— Oh! oh! fit le directeur un peu étonné.

— C'est ainsi, oui, monsieur. Je veux le secret de ce prévenu... je l'aurai, je l'ai juré. Oui, je l'aurai, parce que, si solidement trempée que soit son énergie, il est impossible qu'il n'ait pas un moment de défaillance, et qu'à cette heure je serai là... Je serai là, si sa volonté le trahit, si se croyant seul il laisse tomber son masque, s'il s'oublie une seconde, si son sommeil laisse échapper une parole indiscrète, s'il n'a pas tout son sang-froid à son réveil, si le désespoir lui arrache une plainte, un geste, un regard... je serai là, toujours là!...

L'implacable résolution du jeune policier communiquait à sa voix des vibrations si puissantes, que le directeur du Dépôt en fut remué.

Il admit, pour un instant, les présomptions de Lecoq, et son esprit fut saisi de l'étrangeté de cette lutte entre un prévenu s'efforçant de garder le secret de sa personnalité, et l'instruction qui s'acharnait à découvrir la vérité.

— Par ma foi !... mon garçon, dit-il, vous avez un fier courage.

— Et bien inutile, grogna Gévrol.

Il disait cela d'un ton délibéré, l'ombrageux inspecteur, mais au fond, il n'était pas parfaitement rassuré. La foi est contagieuse, et il se sentait troublé par l'imperturbable assurance de Lecoq.

Si pourtant ce conscrit allait avoir raison contre lui, Gévrol, un des oracles de la Préfecture, quelle honte et quel ridicule !...

Une fois de plus, il se jura que ce garçon si remuant ne vieillirait pas dans les cadres du service de la sûreté, et c'est en songeant aux moyens de l'évincer, qu'il ajouta :

— Il faut que la police ait de l'argent de trop pour payer deux hommes à faire une besogne de fou !...

Le jeune policier ne voulut pas relever cette observation blessante. Depuis quinze jours le Général l'agaçait si bien, qu'il redoutait, s'il entamait une discussion, de ne pas rester maître de soi.

Mieux valait se taire et poursuivre le succès... Réussir ! voilà la vengeance qui consterne les envieux.

Il lui tardait, d'ailleurs, de voir partir ces importuns. Peut-être croyait-il Gévrol capable d'éveiller, par quelque bruit insolite, l'attention du prisonnier.

Enfin ils partirent. Lecoq se hâta d'étendre sa couverture, et se coucha dessus tout de son long, de telle sorte qu'il pouvait appliquer alternativement au trou son œil et son oreille.

Dans cette position, il découvrait admirablement la cellule. Il apercevait la porte, le lit, la table, la chaise.

Un seul petit espace près de la fenêtre, et la fenêtre elle-même, échappaient à ses regards.

Il terminait à peine sa reconnaissance, quand les verroux grincèrent. Le prévenu revenait de sa promenade.

Il était très-gai, et terminait une histoire fort intéressante sans doute, puisque le gardien resta un moment pour en attendre la fin.

Le jeune policier fut ravi de l'épreuve. Il entendait aussi bien qu'il voyait. Les sons arrivaient à son oreille aussi distinctement que s'il y eussent été apportés par un cornet acoustique. Il ne perdit pas un mot du récit, qui était légèrement graveleux.

Le surveillant parti, Mai fit quelques pas de ci et de là dans sa cellule; puis il s'assit, ouvrit son volume de Béranger, et pendant une heure parut absorbé par l'étude d'une chanson. Finalement il se jeta sur son lit.

Au moment du repas du soir, seulement, il se leva pour manger de bon appétit. Il se remit ensuite à son chansonnier et ne se coucha qu'à l'extinction des feux.

Lecoq savait bien que la nuit ses yeux ne lui serviraient de rien; mais c'est alors qu'il espérait surprendre quelques exclamations révélatrices.

Son attente fut trompée, Mai se tourna et se retourna douloureusement sur ses matelas, il geignit par moments; on eût dit qu'il sanglotait, mais il n'articula pas une syllabe.

Le prévenu resta couché fort tard le lendemain. Mais en entendant sonner l'heure de la pitance du matin, onze heures, il se leva d'un bond, et après quelques entrechats dans sa cellule, il entonna à pleine voix une vieille chanson :

> Diogène,
>> Sous ton manteau,
>>> Libre et content, je ris, je bois sans gêne...

C'est seulement lorsque les gardiens entrèrent qu'il cessa de chanter...

Telle s'était écoulée la journée de la veille, telle s'écoula celle-ci; celle du lendemain fut pareille, les suivantes furent toutes semblables...

Chanter, manger, dormir, soigner ses mains et ses ongles, telle était la vie de ce soi-disant saltimbanque. Son attitude, toujours la même, était celle d'un homme d'un heureux naturel profondément ennuyé.

Telle était la perfection de la comédie soutenue par cet énigmatique personnage, que Lecoq, après six nuits et six jours passés à plat ventre dans son grenier, n'avait rien surpris de décisif.

Pourtant il était loin de désespérer. Il avait observé que tous les matins, à l'heure où la distribution des vivres met en mouvement les employés de la prison, le prévenu ne manquait pas de répéter sa chanson de *Diogène*.

— Evidemment, se disait le jeune policier, cette chanson est un signal. Que se passe-t-il alors, du côté de cette fenêtre que je ne vois pas ?... Je le saurai demain.

Le lendemain, en effet, il obtint que Mai serait conduit à la promenade à dix heures et demie, et il entraîna le directeur à la cellule du prisonnier.

Le digne fonctionnaire n'était pas content du dérangement.

— Que prétendez-vous me montrer? répétait-il, qu'y a-t-il de si curieux ?...

— Peut-être rien, répondait Lecoq, peut-être quelque chose de bien grave...

Et onze heures sonnant peu après, il entonna la chanson du prévenu :

> Diogène,
> Sous ton manteau...

Il venait d'entamer le second couplet, quand une boulette de mie de pain de la grosseur d'une balle, adroitement lancée par dessus la hotte de la fenêtre, vint rouler à ses pieds.

La foudre tombant dans la cellule de Mai n'eût pas terrifié le directeur autant que cet inoffensif projectile.

Il demeura stupide d'étonnement, la bouche béante, les yeux écarquillés, comme s'il eût douté du témoignage de ses sens.

Quelle disgrâce ! L'instant d'avant il eût répondu sur sa tête chauve de l'inviolabilité des secrets. Il vit sa prison déshonorée, bafouée, ridiculisée...

— Un billet, répétait-il d'un air consterné, un billet !...

Prompt comme l'éclair, Lecoq avait ramassé ce message et il le retournait triomphalement entre ses doigts.

— J'avais bien dit, murmurait-il, que nos gens s'entendaient !

Cette joie du jeune policier devait changer en furie la stupeur du directeur.

— Ah !... mes détenus s'écrivent !... s'écria-t-il bégayant de colère. Ah ! mes surveillants font l'office de facteurs ! Par le saint nom de Dieu !... cela ne se passera pas ainsi !

Il se dirigeait vers la porte; Lecoq l'arrêta.

— Qu'allez-vous faire, monsieur ! dit-il.

— Moi ! je vais rassembler tous les employés de ma maison, et leur déclarer qu'il y a un traître parmi eux, et qu'il faut qu'on me le livre. Je veux faire un exemple. Et si d'ici vingt-quatre heures le coupable n'est pas découvert, tout le personnel du Dépôt sera renouvelé.

De nouveau, il voulut sortir, et le jeune policier, cette fois, dut presque employer la violence pour le retenir.

— Du calme, monsieur, lui disait-il, du calme, modérez-vous...

— Je veux punir !

— Je comprends cela, mais attendez d'avoir tout votre sang-froid. Il se peut que le coupable soit, non un de vos gardiens, mais un de ces détenus dont vous utilisez la bonne volonté, et qui aident tous les matins à la distribution...

— Eh ! qu'importe...

— Pardon !... Il importe beaucoup. Si vous faites du bruit, si vous dites un seul mot de ceci, jamais nous ne découvrirons la vérité. Le traître ne sera pas si fou que de se livrer, mais il sera assez sage pour ne plus recommencer. Sachons nous taire, dissimuler et attendre. Nous organiserons une surveillance sévère et nous prendrons le coquin sur le fait.

Si justes étaient ces objections que le directeur se rendit.

— Soit, soupira-t-il, je patienterai... Mais voyons toujours ce que renferme cette mie de pain.

C'est à quoi le jeune policier ne voulut pas consentir.

— J'ai prévenu M. Segmuller, déclara-t-il, qu'il y aurait sans doute du nouveau ce matin, et il doit m'attendre à son cabinet. C'est bien le moins que je lui réserve le plaisir de briser cette enveloppe.

Le directeur du Dépôt eut un geste désolé. Ah! il eût donné bonne chose pour tenir cet incident secret; mais il n'y fallait seulement pas penser.

— Allons donc trouver le juge d'instruction, dit-il, allons...

Ils partirent, et tout le long du chemin Lecoq s'efforça de démontrer à ce digne fonctionnaire qu'il avait bien tort de s'affecter d'une circonstance qui était pour l'instruction un vrai coup de partie. S'était-il donc, jusqu'à ce moment, supposé plus habile que ses détenus? Quelle illusion! Est-ce que l'ingéniosité du prisonnier n'a pas toujours défié et ne défiera pas toujours la finesse du surveillant?...

Mais ils arrivaient, et à leur vue M. Segmuller et son greffier se levèrent d'un bond. Ils avaient lu, sur le visage du jeune policier, une grande nouvelle.

— Qu'est-ce? demanda le juge d'un ton ému.

Lecoq, pour toute réponse, déposa sur le bureau la précieuse mie de pain, et un regard le paya de l'attention qu'il avait eue de ne la pas ouvrir.

Elle contenait une petite boulette de ce mince papier qu'on appelle du papier pelure d'oignon.

M. Segmuller le déplia et le lissa sur la paume de sa main. Mais dès qu'il y jeta les yeux, ses sourcils se froncèrent.

— Ah!... ce billet est écrit en chiffres, fit-il, en ébranlant son bureau d'un violent coup de poing.

— Il fallait s'y attendre, dit tranquillement le jeune policier.

Il prit alors le billet des mains du juge, et à haute et intelligible voix il énonça les nombres qui s'y trouvaient, tels qu'ils s'y trouvaient, séparés par des virgules :

« 235, 15, 3, 8, 25, 2, 16, 208, 5, 360, 4, 36, 19, 7, 14, 118, 84, 23, 9, 40, 11, 99... »

— Et voilà !... murmura le directeur, notre trouvaille ne nous apprendra rien.

— Pourquoi donc !... fit le souriant greffier, il n'est pas d'écriture de convention qu'on ne déchiffre avec un peu d'habitude et de patience. Il y a des gens dont c'est le métier...

— Parfaitement exact ! approuva Lecoq. Et moi-même, autrefois, j'étais d'une assez jolie force à cet exercice.

— Quoi ! demanda le juge, vous espérez trouver la clé de ce billet !

— Avec du temps, oui, monsieur.

Il allait glisser le papier dans son gousset, mais M. Segmuller le pria de l'examiner et d'essayer au moins de se rendre compte de la difficulté du travail.

— Oh !... ce n'est guère la peine, dit-il. Ce n'est pas en ce moment qu'on peut juger...

Il fit ce qu'on lui demandait, cependant, et fit bien, car son visage s'éclaira presque aussitôt, et il se frappa le front en criant :

— J'ai trouvé !

Une même exclamation de surprise, peut-être aussi d'incrédulité, échappa au juge, au directeur et à Goguet.

— Je le parierais, du moins... ajouta prudemment

Lecoq. Le prévenu et son complice ont, si je ne m'abuse, employé le système du double livre. Ce système est simple :

Les correspondants conviennent tout d'abord de se servir d'un livre quelconque, et ils s'en procurent chacun un exemplaire de la même édition.

Que fait alors celui qui veut donner de ses nouvelles ?

Il ouvre le livre au hasard et commence par écrire le numéro de la page.

Il n'a plus ensuite qu'à chercher dans cette page des mots qui traduisent sa pensée. Si le premier mot qu'il utilise est le vingtième de la page, il écrit le chiffre 20, et il recommence à compter un, deux, trois, jusqu'à ce qu'il trouve un mot qui lui convienne. Si ce mot arrive le sixième, il écrit le chiffre 6, et il continue jusqu'à ce qu'il ait ainsi traduit tout ce qu'il avait à dire.

Vous voyez maintenant ce qu'a à faire le correspondant qui reçoit un tel billet. Il cherche la page indiquée, et pour chaque chiffre il a un mot...

— Impossible d'être plus clair, approuva le juge.

— Si ce billet que je tiens là, poursuivit Lecoq, avait été échangé entre deux personnes libres, essayer de le traduire serait folie. Ce système si simple est le seul qui déjoue les efforts de la curiosité, parce qu'il n'est pas de pénétration capable de deviner le livre convenu.

Mais ici tel n'est pas le cas. Mai est prisonnier, et il n'a qu'un volume en sa possession : les chansons de Béranger. Allons chercher ce livre...

Positivement, le directeur était enthousiasmé.

— Je cours le quérir moi-même, interrompit-il.

Mais le jeune policier le retint d'un geste.

— Et surtout, lui recommanda-t-il, prenez bien vos précautions, monsieur, pour que Mai ne s'aperçoive pas qu'on a touché à ses chansons. S'il est rentré de la promenade, faites-le ressortir sous un prétexte quelconque... Et, de plus, qu'il reste dehors tant que nous nous servirons de son chansonnier...

— Oh !... fiez-vous à moi, répondit le directeur.

Il sortit, et telle fut sa hâte, que, moins d'un quart d'heure plus tard, il reparaissait agitant triomphalement un petit volume in-32.

D'une main tremblante, le jeune policier l'ouvrit à la page 235, et commença à compter.

Le 15ᵉ mot de la page était : JE; le 3ᵉ après était le mot : LUI; le 8ᵉ ensuite : AI; le 25 : DIT; le 2ᵉ : VOTRE; le 16ᵉ : VOLONTÉ...

Ainsi, avec ces six chiffres seulement, on trouvait un sens :

« *Je lui ai dit votre volonté...* »

Les trois personnes qui assistaient à cette émouvante expérience ne purent s'empêcher d'applaudir.

— Bravo Lecoq !... dit le juge.

— Je ne parierais plus cent sous pour Mai, pensa le greffier.

Mais Lecoq comptait toujours, et bientôt, d'une voix que faisait trembler la vanité heureuse, il put donner la traduction du billet entier. Voici ce qu'on écrivait au prévenu :

« *Je lui ai dit votre volonté, elle se résigne. Notre sécu-
« rité est assurée, nous attendons vos ordres pour agir. Es-
« poir ! Courage !...* »

XXXIII

Quelle déception, que ce laconique et obscur billet, après cette grande fièvre d'anxiété qui avait tenu oppressés et haletants les témoins de cette scène.

Chiffrée ou traduite, cette lettre n'était-elle pas une arme inutile aux mains de la prévention !

L'œil de M. Segmuller, que l'espoir avait fait étinceler, s'éteignit, et Goguet en revint à son opinion, que le prévenu s'en tirerait peut-être.

— Quel malheur ! prononça le directeur avec une nuance d'ironie, quel dommage que tant de peines et une si surprenante pénétration soient perdues !

Lecoq dont la confiance semblait inaltérable, le regarda d'un air goguenard.

— Vraiment !... dit-il, M. le directeur trouve que j'ai perdu mon temps !... Tel n'est pas mon avis. Ce petit papier me semble établir assez victorieusement que si quelqu'un s'est abusé quant à l'identité du prévenu, ce n'est pas moi.

— Soit !... M. Gévrol et moi avons été trompés par la

vraisemblance. Nul n'est infaillible. En êtes-vous plus avancés?...

— Mais oui, monsieur. Comme à cette heure on sait bien qui n'est pas le prévenu, au lieu de me plaisanter et de me gêner, on m'aidera peut-être à découvrir qui il est.

Le ton du jeune policier, son allusion à la mauvaise volonté qu'il avait rencontrée, blessèrent le directeur. Mais précisément parce qu'il sentait le sang lui monter aux oreilles, il résolut de briser cette discussion avec un inférieur.

— Vous avez raison, dit-il durement. Ce Mai doit être quelque grand et illustre personnage. Seulement, cher monsieur Lecoq, car il y a un seulement, faites-moi le plaisir de m'expliquer comment ce personnage si important a pu disparaître sans que la police en ait été avisée?... Un homme considérable, tel que vous le supposez, a d'ordinaire une famille, des parents, des amis, des protégés, des relations très-étendues; et de tout ce monde, personne n'aurait élevé la voix depuis plus de trois semaines que Mai est sous mes verroux!... Allons, avouez-le, monsieur l'agent, vous n'aviez pas réfléchi à cela.

Le directeur venait de rencontrer la seule objection sérieuse qu'on pût opposer au système de la prévention.

Mais Lecoq l'avait aperçue bien avant lui, et elle ne cessait de le préoccuper, et il s'était mis l'esprit à la torture sans y trouver une réponse satisfaisante.

Sans doute il allait s'emporter, comme toujours quand on se sent touché à un défaut de cuirasse, mais M. Segmuller intervint.

— Toutes ses récriminations, dit-il de sa voix calme, ne nous ferons point faire un pas. Il serait plus sage de concerter le moyen de tirer parti de la situation.

Rappelé ainsi à la situation présente, le jeune policier sourit; toutes ses rancunes s'évanouirent.

— Le moyen est tout trouvé, fit-il.

— Oh!...

— Et je le crois infaillible, monsieur, en raison de sa simplicité. Il consiste tout uniment à substituer une prose à celle de l'auteur de ce billet. Quoi de moins difficile, maintenant que j'ai la clef de la correspondance!... J'en serai quitte pour acheter un exemplaire des chansons de Béranger. Mai croyant s'adresser à son complice répondra en toute sincérité...

— Pardon!... interrompit le directeur, comment vous répondra-t-il?

— Ah!... vous m'en demandez trop, monsieur. Je sais de quelle façon on lui fait tenir ses lettres, c'est déjà bien joli... Pour le reste, j'observerai, je chercherai, je verrai...

Goguet ne dissimula pas une grimace approbative. S'il eût eu dix francs à exposer, il les eût pariés dans le jeu de Lecoq.

— Pour commencer, poursuivit le jeune policier, je vais remplacer ce message par un autre de ma façon... Demain, à l'heure de la soupe, si le prévenu fait entendre son signal en musique, le père Absinthe lui lancera la chose par la fenêtre, pendant que moi, de mon observatoire, je guetterai l'effet.

Il était si ravi de sa conception, qu'il se permit de sonner, et quand l'huissier se présenta, il lui remit une pièce de dix sous en le priant de courir lui chercher un cahier de papier pelure d'oignon.

— Avec des pèlerins si rusés et si défiants, on ne doit négliger aucune précaution.

Quand il fut en possession du papier, lequel était, en vérité, tout semblable à celui du billet — il s'assit à la table du greffier, et s'armant du volume de Béranger il se mit à composer sa fausse missive, en copiant autant que possible la forme des chiffres du mystérieux correspondant.

Cette besogne ne lui prit pas dix minutes. Craignant de commettre quelque bévue, il avait reproduit les termes de la lettre véritable, se bornant à en altérer absolument le sens.

Voici ce qu'il écrivait :

« Je lui ai dit votre volonté; elle ne se résigne pas.
« Notre sécurité est menacée. Nous attendons vos ordres.
« Je tremble. »

Cela fait, il roula le papier comme l'autre, et le remit dans la mie de pain, en disant :

— Demain nous saurons quelque chose !

Demain !... Les vingt-quatre heures qui séparaient le jeune policier de l'instant décisif, lui apparaissaient comme un siècle à traverser. A quels expédients se vouer, pour hâter le vol tardif du temps !...

Il expliqua clairement et minutieusement au père Absinthe ce qu'il aurait à faire, et sûr d'avoir été compris, certain qu'il serait obéi, il regagna sa soupente.

La soirée lui parut bien longue, et plus interminable la nuit, car il lui fut impossible de clore la paupière...

Quand le jour se leva, il constata que son prisonnier était éveillé et assis sur le pied de son lit. Bientôt il sauta à terre et arpenta sa cellule d'un pas saccadé. Il était fort agité, contre son ordinaire, il gesticulait et par intervalles laissait échapper quelques paroles, toujours les mêmes.

— Quelle croix, mon Dieu!... répétait-il, quelle croix!

— Bon! pensait Lecoq, tu es inquiet, mon garçon, de ton billet quotidien que tu n'as pas reçu... Patience, patience. Il va t'en arriver un de ma façon...

Enfin, le jeune policier distingua au dehors le mouvement qui précède la distribution des victuailles. On allait, on venait, les sabots claquaient sur les dalles, les surveillants criaient...

Onze heures sonnèrent à la vieille horloge fêlée, le prévenu commença sa chanson :

> Diogène,
> Sous ton manteau,
> Libre et content...

Il n'acheva pas ce troisième vers; le bruit léger de la boulette de mie de pain tombant sur la dalle l'avait arrêté court.

Lecoq, la tête dans son trou, retenait son souffle et regardait de toutes les forces de son âme.

Il ne perdit pas un mouvement de l'homme, pas un tressaillement, pas un battement de paupière.

Mai s'était mis à regarder en l'air, du côté de la fenêtre, d'abord, puis tout autour de lui, comme s'il lui eût été impossible de s'expliquer l'arrivée de ce projectile.

Ce n'est qu'après un petit bout de temps, qu'il se décida à le ramasser. Il le garda, dans le creux de la main, l'examina curieusement. Ses traits exprimaient une profonde surprise. On eût juré qu'il était intrigué au possible.

Bientôt, cependant, un sourire monta à ses lèvres. Il eut un mouvement d'épaules qui pouvait s'interpréter ainsi : « Suis-je simple ! » et d'un geste rapide, il brisa la mie de pain. La vue du papier roulé menu le rendit soucieux...

— Ah ça !... se disait Lecoq tout désorienté, qu'est-ce que ces manières ?...

Le prévenu avait ouvert le billet, et regardait, les sourcils froncés, ces chiffres alignés qui semblaient ne rien lui dire...

Mais voilà que tout à coup il se précipita contre la porte de sa cellule, l'ébranlant de coups de poing et criant :

— A moi !... gardien !... à moi !...

Un surveillant accourut, Lecoq entendit ses pas dans le corridor.

— Que voulez-vous ? demanda-t-il à travers le guichet de la porte.

— Je veux parler au juge.

— C'est bon !... On le fera prévenir.

— Tout de suite, n'est-ce pas, je veux faire des révélations.

— On y va !...

Lecoq n'en écouta pas davantage.

Il dégringola le roide escalier de la soupente, et d'un pied fiévreux il courut au Palais raconter à M. Segmuller ce qui se passait.

— Qu'est-ce que cela signifie? pensait-il. Touchons-nous donc au dénoûment?... Ce qui est sûr, c'est que mon billet n'est pour rien dans la détermination du prévenu. Il ne pouvait le déchiffrer qu'avec le secours de son volume, il n'y a pas touché, donc il ne l'a pas lu.

Non moins que le jeune policier, M. Segmuller fut stupéfait. Ils revinrent ensemble à la prison, en toute hâte, très-inquiets, suivis du greffier, cette ombre inévitable du juge d'instruction.

Ils atteignaient l'extrémité de la galerie, quand ils rencontrèrent le directeur qui arrivait tout émoustillé par ce gros mot : révélation.

Le digne fonctionnaire voulait sans doute ouvrir un avis, le juge lui coupa la parole.

— Je sais tout, lui dit-il, et j'accours...

Arrivé à l'étroit corridor des « secrets, » Lecoq pressa le pas pour devancer le juge d'instruction, le directeur et le greffier.

Il se disait qu'en s'avançant sur la pointe du pied, il surprendrait peut-être le prévenu en train de déchiffrer le billet, et qu'en tout cas, il aurait le temps de jeter un coup d'œil sur l'intérieur de la cellule.

Mai était assis devant sa table, la tête entre ses mains.

Au grincement des verroux tirés de la propre main du directeur, il se leva en sursaut, arracha sa coiffure, et se tint debout respectueusement, attendant qu'on lui adressât la parole.

— Vous m'avez fait appeler? lui demanda le juge.

— Oui, monsieur.

— Vous avez, prétendez-vous, des révélations à faire?

— J'ai des choses importantes à vous dire.

— C'est bien! ces messieurs vont se retirer...

M. Segmuller se retournait déjà vers Lecoq et le directeur, pour les prier de le laisser à ses fonctions, mais le prévenu, d'un mouvement de prostration, l'arrêta.

— Ce n'est pas la peine, prononça-t-il; je me trouverai très-content, au contraire, de parler devant tout le monde.

— Parlez, alors.

Mai ne se fit pas répéter l'ordre. Il se mit en position, de trois quarts, la poitrine gonflée, la tête en arrière, comme toujours, depuis le début de l'instruction, quand il se disposait à faire parade de son éloquence.

— C'est pour vous dire, messieurs, commença-t-il, que je suis un très-honnête homme. Le métier n'y fait rien, n'est-ce pas? On peut être chez un montreur de curiosités pour le boniment, et avoir du cœur et de l'honneur...

— Oh!... faites-nous grâce de vos réflexions.

— Vous le voulez, monsieur... je veux bien. Alors, en deux mots, voici un petit papier qu'on m'a jeté tout à l'heure. Il y a des numéros dessus qui doivent signifier quelque chose, mais j'ai eu beau chercher, je n'y ai vu que du feu.

Il tendit au juge, qui le prit, le billet chiffré par Lecoq, et ajouta:

— Il était roulé dans une boulette de mie de pain.

La violence de ce coup inattendu, inouï, abasourdit

manifestement tous les assistants. Mais le détenu, sans paraitre remarquer l'effet produit poursuivait :

— Je calcule que celui qui m'a envoyé ça s'est trompé de fenêtre. Je sais bien que c'est très-mal de dénoncer un camarade de prison, c'est lâche, et on risque de lui faire arriver de la peine, mais on est bien forcé d'être prudent, quand on est, comme moi, accusé d'être un assassin et qu'on est sous le coup d'un grand désagrément.

Un geste horriblement significatif du tranchant de sa main sur son cou ne laissa pas de doutes sur ce qu'il entendait par « un désagrément. »

— Et pourtant je suis innocent, murmura-t-il.

Le juge, le premier, avait ressaisi la libre disposition de toutes ses facultés. Il concentra en un regard toute la puissance de sa volonté, et fixant le prévenu :

— Vous mentez!... dit-il lentement, c'est à vous que ce billet était destiné.

— A moi!... Je suis donc le plus grand des imbéciles, puisque je vous fais appeler pour vous le remettre. A moi!... pourquoi en ce cas ne l'ai-je pas gardé? Qui savait, qui pouvait savoir que je l'avais reçu?...

Tout cela était dit avec une si merveilleuse apparence de bonne foi, l'œil de Mai était si clair, l'intonation si juste, son raisonnement était si spécieux, que le directeur, troublé, se reprenait à douter.

— Et si je vous prouvais que vous mentez, insista M. Segmuller, si je vous le démontrais, là, sur-le-champ?...

— Par exemple!... Vous seriez malin!... Oh! monsieur, pardon, excusez, je voulais dire...

Mais le juge n'en était pas à se soucier d'une expression plus ou moins mesurée.

Il fit signe à Mai de se taire, et, s'adressant à Lecoq :

— Montrez au prévenu, monsieur l'agent, dit-il, que vous avez découvert la clé de sa correspondance...

Brusquement le visage du prisonnier changea.

— Ah !... c'est cet agent de police, fit-il d'une voix sourde, qui a trouvé cela. Ce même agent qui assure que je suis un gros seigneur.

Il toisa dédaigneusement le jeune policier, et ajouta :

— Si c'est ainsi, mon compte est réglé. Quand la police veut absolument qu'un homme soit coupable, elle prouve qu'il est coupable, c'est connu... Et quand un prisonnier ne reçoit pas de billets, un agent qui veut de l'avancement sait lui en adresser.

Il arrivait, ce soi-disant saltimbanque, à une expression de mépris si écrasant, que Lecoq furieux parut près de lui répondre.

Il se contint, cependant, sur un signe du juge, et prenant sur la table le volume de Béranger, il prouva au prévenu que chaque chiffre du billet correspondait à un mot de la page indiquée, et que tous ces mots formaient bien un sens.

Cet accablant témoignage ne sembla pas embarrasser Mai. Après avoir admiré ce système de correspondance comme un enfant s'extasie devant un jouet nouveau, il déclara qu'il n'y avait que la police pour de telles machinations.

Que faire en présence d'une telle obstination ?...

M. Segmuller n'eut pas même l'idée d'insister, et il

se retira suivi des personnes qui l'avaient accompagné.

Jusqu'au cabinet du directeur, où il se rendit, il ne prononça pas une parole. Mais il se laissa tomber sur un fauteuil, en disant :

— Il faut s'avouer vaincu... Cet homme restera ce qu'il est : une énigme.

— Mais pourquoi cette comédie qu'il vient de jouer, demanda le directeur; je ne me l'explique pas.

— Eh !... répondit Lecoq, ne voyez-vous donc pas qu'il a eu l'espoir de persuader au juge que le premier billet avait été fabriqué par moi, pour les besoins de l'opinion que je soutiens. La tentative était hardie, mais l'importance du résultat devait le séduire. S'il eût réussi, j'étais déshonoré, et lui restait Mai, sans conteste, pour tout le monde. Seulement, comment a-t-il pu savoir que j'avais saisi un billet, et que je l'épiais de la soupente ?... Voilà ce qui ne sera sans doute jamais expliqué.

Le directeur et le jeune policier échangeaient des regards gros de soupçons.

— Eh! Eh!... pensait le directeur, pourquoi, en effet, le billet qui est tombé à mes pieds ne serait-il pas l'œuvre de ce gaillard si subtil ?... Son ami Absinthe a pu le servir pour le premier aussi bien que pour le second...

— Qui sait, se disait Lecoq, si ce brave directeur n'a pas tout confié à Gévrol? Avez cela, que mon jaloux Général se serait fait un scrupule de me jouer un tour de sa façon !...

— Ah !... c'est égal, s'écria Goguet, il est bien fâcheux qu'une comédie si bien montée n'ait pas eu de succès!...

Ce mot tira le juge de ses réflexions.

— Une comédie indigne!... prononça-t-il, et que je n'aurais jamais autorisée, si la passion d'arriver à la vérité ne m'eût aveuglé. C'est porter atteinte à la majesté de la justice que de la rendre complice de si misérables supercheries!...

Lecoq, à ces mots, devint blême, et une larme de rage brilla dans ses yeux.

C'était le second affront depuis une heure. Après l'insulte du prévenu, l'outrage de la prévention!...

— J'ai échoué, pensa-t-il, on me désavoue!... C'est dans l'ordre. Ah!... si j'avais réussi!...

Le dépit seul avait arraché à M. Segmuller ces dures paroles; elles étaient dures, il les regretta et fit tout pour que Lecoq les oubliât.

Car ils se revirent les jours qui suivirent cette malheureuse tentative, et chaque matin ils avaient une longue conférence, quand le jeune policier venait rendre compte de ses démarches.

C'est que Lecoq cherchait toujours, avec une obstination que retrempaient d'incessants quolibets; il cherchait, soutenu par une de ces rages froides qui entretiennent l'énergie durant des années.

Mais le juge était absolument découragé.

— C'est fini, disait-il; tous les moyens d'investigations sont épuisés, je me rends. Le prévenu ira en cour d'assises et sera acquitté ou condamné sous le nom de Mai. Je ne veux plus penser à cette affaire.

Il disait cela, mais les soucis, le noir chagrin d'un

échec, des allusions parfois blessantes, l'anxiété d'un parti à prendre altérèrent sa santé, et il fut obligé de garder le lit.

Il y avait huit jours qu'il n'était sorti de chez lui, quand un matin il vit paraître Lecoq.

— Vous le voyez, mon pauvre garçon, lui dit-il, cet énigmatique meurtrier est fatal à ses juges d'instruction... Ah!... il nous a joués, il sauvera sa personnalité.

— Peut-être! répondit le jeune policier. Il est un dernier moyen d'avoir le secret de cet homme; il faut le faire évader...

XXXIV

L'expédient suprême que préparait Lecoq n'était pas de son invention et n'avait rien de précisément neuf.

De tout temps, la police a su, quand il le fallait, fermer les yeux et entre-bâiller la porte d'un cachot.

Fou, par exemple, bien fou et bien naïf, qui croit à ces favorables négligences, et se laisse prendre à ce piége éblouissant de la liberté offerte.

Tous les prisonniers ne sont pas, comme Lavalette, protégés par une royale connivence, niée jadis avec de grands serments, aujourd'hui prouvée.

On compterait plutôt ceux qui, pareils à l'infortuné Georges d'Etchérony, ne sont lâchés que sous bénéfice d'inventaire, et sont repris dès qu'ils se sont acquittés de la tâche de dénonciateurs involontaires qu'on leur ménageait.

Pauvre d'Etchérony !... Il croyait bien avoir trompé la vigilance de ses gardiens. Quand il reconnut son erreur et sa faute, il se tira un coup de pistolet au cœur.

Hélas ! il survécut assez à l'affreuse blessure pour entendre un des amis qu'il avait livrés, lui jeter cette injure qu'il ne méritait pas : traître.

Ce n'est cependant qu'à la dernière extrémité, très-rarement, en des cas spéciaux, qu'on se décide à prêter secrètement la main à l'évasion d'un détenu. En somme, le moyen est dangereux.

Si on y a recours, c'est qu'on espère en retirer quelque avantage important, comme de mettre la main sur une association de malfaiteurs.

On capture un homme de la bande, il a la probité de son infamie, et refuse de nommer ses complices. Que faire?... Faut-il se résigner à le juger, à le condamner seul?...

Eh!... non! Mieux vaut laisser traîner à sa portée, par le plus grand des hasards, une lime qui lui permettra de scier ses barreaux, une corde qui lui facilitera l'escalade d'un mur...

Il s'échappe, mais pareil au hanneton qui s'envole avec un fil à la patte, il traîne un bout de chaîne, une escouade d'observateurs subtils.

Et au moment où il vante à ses associés qu'il a rejoints, son audace et son bonheur, la compagnie se trouve prise d'un coup de filet.

M. Segmuller savait tout cela, et bien d'autres choses encore, et cependant, à la proposition de Lecoq, il se dressa sur son séant en disant :

— Êtes-vous fou!...

— Je ne le crois pas, monsieur.

— Faire évader le prévenu!

— Oui, répondit froidement le jeune policier, tel est bien mon projet.

— Une chimère!...

— Pourquoi cela, monsieur? Après l'assassinat des époux Chaboiseau, à La Chapelle-Saint-Denis, on réussit à prendre les coupables, il doit vous en souvenir. Mais un vol de 150,000 francs en espèces et en billets de banque avait été commis, cette grosse somme ne se retrouvait pas et les meurtriers refusaient obstinément de dire où ils l'avaient cachée. C'était la fortune pour eux s'ils échappaient au bourreau, mais les enfants des victimes étaient ruinés. C'est alors que M. Patrigent, le juge d'instruction, fut le premier, je ne dirai pas à conseiller, mais à laisser entendre qu'on pourrait bien se risquer à confier la clé des champs à un de ces misérables. On suivit son avis, et trois jours plus tard l'évadé était surpris dans une carrière de champignoniste, en train de déterrer le trésor. Je dis donc que notre prévenu...

— Assez!... interrompit M. Segmuller, je ne veux plus entendre parler de cette affaire. Je vous avais, ce me semble, défendu de me la rappeler...

Le jeune policier baissa la tête d'un petit air de soumission hypocrite.

Mais il guignait le juge du coin de l'œil, et remarquait bien son agitation.

— Je puis me taire, pensait-il, sans crainte; il y reviendra.

Il y revint, en effet, l'instant d'après.

— Soit, fit-il, je suppose votre homme hors de prison, que faites-vous?...

— Moi, monsieur! Je m'attache à lui comme la misère à un pauvre; je ne le perds plus de vue; je vis dans son ombre...

— Et vous vous imaginez qu'il ne s'apercevra pas de cette surveillance?

— Je prendrai mes précautions.

— Un coup d'œil et un hasard, et il vous reconnaîtra.

— Non, monsieur, parce que je me déguiserai. Un agent de la sûreté qui n'est pas capable d'en remontrer au plus habile acteur, pour se grimer, n'est qu'un policier médiocre. Voici un an que je m'exerce à faire de mon visage et de ma personne ce que je veux, et je puis être à ma volonté vieux ou jeune, brun ou blond, un homme comme il faut ou un affreux rôdeur de barrière...

— Je ne vous soupçonnais pas ce talent, monsieur Lecoq.

— Oh!... je suis bien loin encore de la perfection que je rêve!... J'ose, cependant, monsieur, prendre l'engagement de me présenter à vous, avant trois jours, et de vous parler pendant une demi-heure sans que vous me reconnaissiez...

M. Segmuller ne répliqua pas, et il parut clair à Lecoq qu'il présentait des objections avec l'espérance de les voir détruire plutôt qu'avec l'envie de les faire prévaloir.

— Je crois, mon pauvre garçon, reprit le juge, que vous vous abusez étrangement. Nous avons été à même, vous et moi, d'apprécier la pénétration de ce mystérieux prévenu. Sa sagacité est étrange, n'est-ce pas, si merveilleuse qu'elle passe l'imagination... Croyez-vous donc que cet homme si fort ne flairera pas votre piége grossier? Il devinera, allez, que si on lui laisse reconquérir sa liberté, ce ne peut être que pour l'utiliser contre lui.

— Je ne m'abuse pas, monsieur, Mai devinera, je le sais.

— Eh bien ! alors ?

— Alors, monsieur, je me suis dit ceci : Une fois libre, cet homme se trouvera étrangement embarrassé de sa liberté. Il n'aura pas un sou, il n'a pas de métier... Que fera-t-il, de quoi vivra-t-il ? Cependant il faut manger ! Il luttera bien pendant un certain temps, mais il se lassera de souffrir, à la longue... Les jours où il n'aura ni un abri, ni un morceau de pain, il songera qu'il est riche... Ne cherchera-t-il pas à se rapprocher des siens ? Si, évidemment. Il s'ingéniera à se procurer des secours, il tâchera de donner de ses nouvelles à ses amis... C'est là que je l'attends. Des mois se seront écoulés, nulle surveillance ne se sera révélée à lui... il hasardera quelque démarche décisive. Et moi, j'apparaîtrai, un mandat d'arrêt à la main...

— Et s'il fuit, s'il passe à l'étranger ?

— Je l'y suivrai. Une de mes tantes m'a laissé au pays une masure qui vaut une douzaine de mille francs, je la vendrai, et j'en mangerai le prix jusqu'au dernier sou, s'il le faut, à poursuivre une revanche. Cet homme m'a roulé comme un enfant, moi qui me croyais si fort... j'aurai mon tour.

— Et s'il allait vous glisser entre les doigts, vous échapper ?

Lecoq éclata de rire en homme sûr de soi.

— Qu'il essaie !... fit-il. Je réponds de lui sur ma tête.

Le malheur est que l'enthousiasme de Lecoq ne faisait que refroidir le juge.

— Décidément, monsieur l'agent, reprit-il, votre idée est bonne. Seulement, la Justice, vous le comprenez, ne saurait se mêler de telles intrigues. Tout ce que je puis promettre, c'est mon approbation tacite. Rendez-vous donc à la Préfecture, voyez vos supérieurs...

D'un geste vraiment désespéré, le jeune policier interrompit M. Segmuller.

— Proposer une telle chose, s'écria-t-il, moi !... Non-seulement on me la refuserait, mais on me signifierait mon congé, si toutefois je ne suis pas déjà rayé du service de la sûreté...

— Vous !... lorsque vous vous êtes si bien conduit dans cette affaire !...

— Hélas! monsieur, tel n'est pas l'avis de tout le monde. Les langues ont marché depuis huit jours que vous êtes malade. Mes ennemis ont su tirer parti de la dernière comédie de Mai !... Ah !... oui, cet homme est habile. On dit à cette heure que c'est moi qui, dans un but d'avancement, ai imaginé tous les détails romanesques de cette affaire. On assure que seul j'ai soulevé cette question d'identité qui n'en est pas une. A entendre les gens du Dépôt, j'aurais inventé une scène qui n'a pas eu lieu chez la Chupin, supposé des complices, suborné des témoins, fabriqué de fausses pièces de conviction, enfin écrit le premier billet aussi bien que le second, dupé le père Absinthe, et mystifié le directeur.

— Diable !... fit M. Segmuller, que dit-on de moi, en ce cas ?...

Le rusé policier sut se donner la contenance la plus embarrassée.

— Dam !... monsieur, répondit-il, on prétend que

vous vous êtes laissé circonvenir par moi, que vous n'avez pas contrôlé mes preuves...

Une fugitive rougeur empourpra le front de M. Segmuller.

— En un mot, fit-il, on estime que je suis votre dupe et... un sot.

Le souvenir de certains sourires sur son passage, diverses allusions qui lui étaient restées sur le cœur le décidèrent.

— Eh bien!... je vous aiderai, monsieur Lecoq, s'écria-t-il. Oui, je veux que vous confondiez vos railleurs... Je vais me lever, à l'instant, et me rendre au Palais avec vous. Je verrai M. le procureur général, je parlerai, j'agirai, je répondrai de vous!...

La joie de Lecoq fut immense.

Jamais, non, jamais, il n'eût osé se flatter d'obtenir un tel concours.

Ah!... M. Segmuller pouvait désormais lui demander de passer dans le feu pour lui; il était prêt à s'y précipiter.

Cependant il fut assez prudent, il eut assez d'empire sur soi pour garder sa physionomie soucieuse. Il est comme cela, des victoires qu'il faut se garder de laisser soupçonner, sous peine d'en perdre à l'instant tout le bénéfice.

Certes, le jeune policier n'avait rien avancé qui ne fût rigoureusement exact, mais encore est-il des façons de présenter la vérité, et il avait déployé un peu trop d'habileté pour mettre le juge de moitié dans ses rancunes et s'en faire un auxiliaire intéressé.

M. Segmuller, cependant, après le cri arraché à sa vanité adroitement blessée, après la première explosion de sa colère, revenait à son calme accoutumé.

— Je suppose, dit-il à Lecoq, que vous avez réfléchi au stratagème à employer pour lâcher le prévenu sans que la connivence de l'administration éclate.

— Je n'y ai pas pensé une minute, monsieur, je l'avoue. A quoi bon, d'ailleurs! Cet homme sait trop de quels soupçons et de quelle surveillance inquiète il est l'objet, pour ne se pas tenir sur le qui-vive. Si ingénieusement que je m'y prenne pour lui ménager une occasion de filer, il reconnaîtra ma main et se défiera. Le plus court et le plus sûr est de lui laisser tout bonnement la porte ouverte...

— Peut-être avez-vous raison?...

— Seulement, il est une précaution que je crois nécessaire, indispensable, qui me paraît une condition essentielle du succès...

Le jeune policier paraissait chercher si péniblement ses mots, que le juge crut devoir l'aider.

— Voyons cette précaution? fit-il.

— Elle consisterait, monsieur, à donner l'ordre de transférer Mai dans une autre prison... Oh! n'importe laquelle, à votre choix.

— Pourquoi, s'il vous plaît?

— Parce que, monsieur, je voudrais que durant les quelques jours qui précéderont son évasion, Mai fût mis dans l'impossibilité absolue de donner de ses nouvelles au dehors, de prévenir son insaisissable complice...

La proposition parut étrangement surprendre M. Segmuller.

— Vous l'estimez donc mal gardé au Dépôt? fit-il.

— Oh! monsieur, je ne dis pas cela. Je suis même persuadé que depuis l'affaire du billet, le directeur a redoublé de vigilance... Mais, enfin, ce mystérieux meurtrier avait des intelligences au Dépôt, nous en avons eu la preuve matérielle, évidente, irrécusable, et de plus...

Il s'arrêta devant l'expression de sa pensée, comme tous ceux qui sentent bien que ce qu'ils vont dire paraîtra une énormité.

— Et de plus?... insista le juge intrigué.

— Eh bien! donc, monsieur, tenez, je serai complétement franc avec vous... Je trouve que Gévrol jouit au Dépôt d'une liberté trop grande; il y est comme chez lui, il va, vient, monte, descend, sort et rentre, sans que personne jamais songe à lui demander ce qu'il fait, où il va, ce qu'il veut... Pour lui, pas de consigne, et il ferait voir au directeur, qui est un bien honnête homme, des étoiles en plein midi... Moi, je me défie de Gévrol...

— Oh!... monsieur Lecoq!...

— Oui, je le sais, l'accusation est téméraire, mais on n'est pas maître de ses pressentiments et Gévrol m'inquiète. Le prévenu savait-il, oui ou non, que je l'observais du grenier et que j'avais surpris un premier billet? Évidemment oui, sa dernière scène le démontre...

— Tel est mon avis.

— Comment donc a-t-il su cela?... Il ne l'a pas deviné, sans doute. Voici huit jours que je me mets l'esprit à la torture pour trouver la solution de ce problème... J'y perds mes peines. L'intervention de Gévrol explique tout.

M. Segmuller, à cette seule supposition, pâlit de colère.

— Ah!... si je pouvais croire cela, s'écria-t-il, si j'étais sûr!... Avez-vous quelque preuve, existe-t-il des indices?

Le jeune policier hocha la tête.

— J'aurais les mains pleines de preuves, répondit-il, que je ne sais trop si je les ouvrirais. Ne serait-ce pas me fermer tout avenir? Je dois, si je réussis dans mon métier, m'attendre à de bien autres trahisons. Toutes les professions n'ont-elles pas leurs rivalités et leurs haines? Et notez, monsieur, que je n'attaque pas la probité de Gévrol. Pour cent mille francs, écus comptant, sur table, il ne lâcherait pas un prévenu... Mais il déroberait dix accusés à la justice, sur la seule espérance de me faire pièce, à moi qui lui porte ombrage.

Que de choses ces quelques mots expliquaient, de combien d'énigmes restées obscures ils donnaient la clef!... Mais le juge ne pouvait suivre le jeune policier sur ce terrain.

— Il suffit, lui dit-il, passez dans le salon quelques instants, je m'habille et je suis à vous... Je vais envoyer chercher une voiture; il faut que je me hâte si je veux voir aujourd'hui M. le procureur général...

Soigneux d'ordinaire, jusqu'à la minutie, M. Segmuller ne mit pas, ce jour-là, un quart d'heure à sa toilette.

Bientôt il parut dans la pièce où Lecoq attendait, et d'un ton bref lui dit :

— Partons.

Ils allaient monter en voiture, quand un domestique

dont la tenue correcte annonçait un serviteur de bonne maison, s'avança rapidement vers M. Segmuller.

— Ah!... c'est vous, Jean, dit le juge, comment va votre maître ?

— De mieux en mieux, monsieur. Il m'envoyait prendre des nouvelles de monsieur et lui demander où en est l'affaire.

— Toujours au point que je lui disais dans ma lettre. Saluez-le de ma part et dites-lui que je suis rétabli.

Le domestique salua, Lecoq prit place près de son juge d'instruction, et le fiacre se mit en route.

— Ce garçon, reprit M. Segmuller, est le valet de chambre de d'Escorval.

— Le juge qui...

— Précisément. Il me l'envoie tous les deux ou trois jours, afin de savoir ce que nous faisons de notre énigmatique Mai.

— M. d'Escorval s'en préoccupe?

— Prodigieusement, et je le conçois, puisque c'est lui, en définitive, qui a ouvert l'information, et qui la poursuivrait sans sa funeste chute. Peut-être regrette-t-il cette instruction et se dit-il qu'il l'eût mieux menée que moi. Nous nous entendrions bien, si c'était possible, car je donnerais bonne chose de le voir à ma place...

Mais cette substitution n'eût pas été du goût de Lecoq.

— Ce n'est pas, pensait-il, ce terrible juge qui jamais eût consenti aux démarches que je viens d'obtenir de M. Segmuller.

Il avait grandement raison de se féliciter, car le juge

ne se ménagea pas. Il était de ceux qui, longs à se décider, ne reviennent plus sur un parti pris et vont jusqu'au bout sans détourner la tête.

Ce jour-là même, le projet de Lecoq fut adopté en principe, sauf à convenir des détails et à régler le jour.

Cette même après-midi, la veuve Chupin obtint sa liberté provisoire.

Il n'y avait plus à s'inquiéter de Polyte. Traduit devant le tribunal correctionnel pour le vol où il se trouvait impliqué, il avait été, à sa grande surprise, condamné à treize mois de prison.

Désormais, M. Segmuller n'avait plus qu'à attendre, et ce lui fut d'autant plus aisé que les vacances de Pâques étant arrivées il put aller chercher en province, près de sa famille, un peu de repos et de liberté d'esprit.

Rentré à Paris, le dernier jour des vacances, le dimanche, il était resté chez lui, quand on lui annonça un domestique — envoyé par le bureau de placement — pour remplacer le sien qu'il avait congédié.

C'était un homme qui paraissait quarante ans, fort rouge de figure, ayant d'épais cheveux et de très-gros favoris roux, plutôt grand que petit, de forte corpulence et roide sous ses vêtements coupés carrément.

Il expliqua d'un ton posé et avec un accent normand des plus prononcés, que depuis vingt ans il n'avait servi que des gens d'étude, un médecin et un notaire, qu'il était au fait des habitudes du Palais, qu'il savait épousseter des paperasses sans y mettre le désordre...

Bref, il s'exprima si bien, que tout en se réservant

vingt-quatre heures pour les informations, le juge tira de sa poche et lui tendit le louis du denier à Dieu.

Mais l'homme, alors, changeant brusquement d'attitude et de voix, éclata de rire et dit :

— Monsieur le juge croit-il encore que Maï me reconnaîtra?

— Monsieur Lecoq!... fit le juge émerveillé.

— Lui-même, monsieur, et je viens vous dire que si vous voulez bien mander Maï pour l'interroger, toutes les mesures sont prises pour son évasion... Ce sera demain si vous le voulez bien.

XXXV

Lorsqu'un juge d'instruction près le tribunal de la Seine veut interroger un prévenu consigné dans l'une des prisons, — le Dépôt excepté, puisqu'il communique directement avec le Palais de Justice, — voici comment les choses se passent.

Le juge remet à un huissier une ordonnance d'extraction dont la seule formule, impérative et concise, suffirait à donner une idée de la toute-puissance du magistrat instructeur.

Il y est dit :

« Le gardien de la maison d'arrêt de..... remettra au
« porteur du présent ordre, le nommé.... prévenu de....
« pour le conduire devant nous en notre cabinet, au Pa-
« lais de Justice, et le réintégrer ensuite à ladite maison
« d'arrêt. »

Rien de plus, rien de moins, une signature, le sceau, et tout le monde s'empresse d'obéir.

Mais du moment où il est nanti de cet ordre, jusqu'à l'instant de la réintégration, le directeur est relevé de sa responsabilité. Advienne que pourra, il a le droit de s'en laver les mains.

Aussi, que d'embarras pour le voyage du plus mince filou, que de cérémonies, que de précautions.

On fait monter le détenu désigné dans une de ces lugubres voitures cellulaires, qu'on peut voir stationner à la journée au quai de l'Horloge ou dans la cour de la Sainte-Chapelle, et on l'enferme solidement dans un des compartiments.

Cette voiture le conduit au Palais, et là, en attendant que vienne son tour d'être interrogé, on le dépose dans une des cellules de cette triste prison d'attente qu'on appelait autrefois « la souricière. »

C'est toujours dans l'enceinte même de la maison d'arrêt que le prévenu monte en voiture, il en descend toujours dans une cour intérieure dont toutes les issues sont fermées et gardées.

A la montée comme à la descente, le prisonnier est entouré de surveillants.

En route, il est sous l'œil de plusieurs gardiens, placés, les uns dans le couloir qui sépare les compartiments, les autres dans le cabriolet, près du conducteur.

Enfin, des gardes de Paris à cheval escortent toujours la voiture.

Aussi, les plus hardis et les plus habiles malfaiteurs reconnaissent-ils volontiers qu'il est à peu près impossible de s'échapper de cette geôle roulante pendant le trajet.

Les statistiques de l'administration ne comptent que trente tentatives d'évasion en dix ans.

De ces trente tentatives, vingt-cinq étaient absolument

ridicules. Quatre furent découvertes avant que leurs auteurs eussent pu concevoir de sérieuses espérances. Une seule, celle de Gourdier, en plein jour, rue de Rivoli, faillit réussir; il était à cinquante pas de la voiture, qui filait toujours, quand un sergent de ville l'arrêta.

C'est cependant sur toutes ces circonstances que reposait le plan de Lecoq pour l'évasion de Mai, ce plan d'une simplicité enfantine, ainsi qu'il l'avouait ingénument. Il consistait à fermer imparfaitement, lors du départ de la maison d'arrêt, le compartiment de Mai, et à l'y oublier quand la voiture, après avoir versé à « la souricière » son chargement de coquins, irait selon l'habitude attendre sur le quai l'heure du retour.

Il y avait cent à parier contre un que le prévenu se hâterait de profiter de cet oubli, pour prendre la clef des champs.

Tout fut donc préparé et combiné conformément aux intentions de Lecoq, pour le jour qu'il avait indiqué, c'est-à-dire pour le premier lundi de la rentrée des vacances de Pâques.

L'ordonnance d'extraction fut libellée et remise à un gardien-chef intelligent, avec les plus minutieuses instructions.

La voiture cellulaire désignée pour le transport du soi-disant saltimbanque devait arriver au Palais vers midi seulement.

Et cependant, dès neuf heures, flânait autour de la Préfecture un de ces vieux gamins de Paris, qui feraient presque croire à la fable de Vénus sortant des flots, tant ils semblent véritablement nés de l'écume du ruisseau.

Il était vêtu d'une méchante blouse de laine noire et d'un pantalon à carreaux trop large, retenu à la taille par une ceinture de cuir. Ses bottes trahissaient des courses enragées dans les boues de la banlieue, sa casquette était ignoble, mais sa cravate de foulard rouge prétentieusement nouée ne pouvait être qu'un présent de l'amour.

Il avait le teint blême, l'œil cerné, la mine louche, la barbe rare. Ses cheveux jaunâtres collés aux tempes, étaient coupés carrément au-dessus de la nuque, et rasés en dessous, comme pour épargner de la besogne au bourreau.

A voir sa démarche, le balancement de ses hanches, le mouvement de ses épaules, à examiner sa façon de tenir une cigarette et de lancer un jet de salive entre ses dents, Polyte Chupin lui eût tendu la main comme à un ami, à un « camaro, » à un « zig. »

On était au 14 avril, le temps était beau, l'atmosphère tiède, les cimes des marronniers des Tuileries verdoyaient à l'horizon, ce garnement devait être content de vivre, heureux de ne rien faire.

Il allait et venait, le long de ce quai de l'Horloge, que foulent, aux heures matinales, tant de pieds honteux; partageant son attention entre les passants et des tireurs de sable qui travaillaient sur la Seine.

Parfois, il traversait la chaussée et allait dire quelques mots à un respectable et vieux monsieur à lunettes et à longue barbe, proprement mis, ganté de filosèle, qui avait toutes les allures d'un petit rentier, et qui paraissait avoir pour les boutiques d'opticien une curiosité particulière.

De temps à autre, un agent de la sûreté passait, se rendant au rapport, et aussitôt le rentier ou le garnement courait à lui et demandait quelque renseignement en l'air.

L'homme de la sûreté répondait et passait, et alors les deux compères se rejoignaient en riant, et disaient :

— Bon !... voilà encore un tel qui ne nous remet pas.

Et ils avaient de bonnes raisons pour se réjouir, des motifs sérieux pour être fiers.

De douze ou quinze agents qu'ils accostèrent alternativement, pas un ne reconnut en eux deux collègues, Lecoq et le père Absinthe.

C'étaient bien eux, pourtant, armés et préparés pour cette chasse dont ils ne pouvaient prévoir les hasards, pour cette poursuite, qui devait être mystérieuse et acharnée comme celle des sauvages.

Dans l'esprit du jeune policier, cette audacieuse épreuve était décisive.

Du moment où des compagnons de tous les jours, des gens accoutumés à flairer toutes les supercheries du costume, se laissaient prendre à son travestissement et à celui du père Absinthe, Mai devait indubitablement y y être pris.

— Ah ! je ne suis pas étonné qu'on ne me reconnaisse pas, répétait le père Absinthe, puisque je ne me reconnais pas moi-même ! Il n'y avait que vous, monsieur Lecoq, pour me transformer en un rentier bénin, moi qui ai toujours eu l'air d'un gendarme déguisé !...

Mais le temps des réflexions, utiles ou non, était passé.

Le jeune policier venait d'apercevoir, sur le point au

Change, une voiture cellulaire qui arrivait au grand trot.

— Attention, vieux, dit-il à son compagnon, voici qu'on amène notre homme !... Vite à notre poste, rappelez-vous la consigne et ouvrez l'œil !...

Près de là, sur le quai, était un chantier à demi entouré de planches. Le père Absinthe alla se poster devant une des affiches collées sur la clôture, et Lecoq, apercevant une pelle oubliée, s'en empara et se mit à remuer du sable.

Ils firent bien de se hâter.

La geôle roulante venait de tourner le quai.

Elle passa devant les deux agents de la sûreté, et s'engouffra avec un grand bruit de ferraille sous la voûte qui conduisait à « la souricière. »

Maï y était enfermé.

Lecoq en eut la certitude, en apercevant le gardien-chef assis dans le cabriolet.

La voiture resta bien un gros quart d'heure dans la cour...

Quand elle reparut, le conducteur descendu de son siége tirait ses chevaux par la bride.

Il rangea le lourd véhicule tout contre le Palais de Justice, jeta une couverte sur les reins de ses bêtes, alluma une pipe et s'éloigna...

Durant un bon moment, l'anxiété des deux observateurs fut une véritable souffrance, rien ne bougeait, rien ne remuait...

Mais à la fin, la portière de la voiture s'entre-bâilla doucement avec des précautions infinies, et une tête pâle et effarée se montra... la tête de Maï.

D'un rapide regard, le prisonnier explora les environs. Personne ne passait.

Alors, avec la prestesse et la précision du chat, il sauta à terre, referma sans bruit la portière, et se mit à marcher dans la direction du pont au Change...

XXXVI

Lecoq respira.

Il en était à chercher si quelque futile circonstance oubliée ou négligée, n'avait pas disloqué toutes ses combinaisons.

Il en était à se demander si l'énigmatique prévenu n'avait pas refusé la périlleuse liberté qui lui était offerte.

Inquiétudes folles!... Mai s'évadait, non pas à l'étourdie, mais avec préméditation.

Entre le moment où il s'était senti seul, oublié dans son compartiment mal fermé, et l'instant où il avait entre-bâillé la portière, il s'était écoulé assez de temps pour qu'un homme de sa force, doué d'une prodigieuse perspicacité, pût analyser et calculer toutes les conséquences d'une si grave détermination.

Si donc il donnait dans le piége qui lui était tendu, c'était en toute connaissance de cause.

Il acceptait, en téméraire peut-être, mais non pas en dupe, une lutte prévue.

— Or pensait Lecoq, s'il accepte cette lutte, c'est qu'il entrevoit quelque chance d'en sortir vainqueur.

Grave sujet de crainte pour le jeune policier; mais aussi, prétexte d'une délicieuse émotion. Il avait une ambition au-dessus de son état, et tout ambitieux est joueur.

Il considérait la partie comme presque égale, entre le prévenu et lui. Plus de prison, désormais, de geôliers, de juges, rien de tout le formidable appareil de la Justice.

Ils restaient seuls en présence, libres dans les rues de Paris, armés de défiances pareilles, obligés aux mêmes ruses, forcés pour se cacher l'un de l'autre, de recourir à des précautions identiques.

Lecoq avait, il est vrai, un auxiliaire : le père Absinthe. Mais qui assurait que Mai ne saurait pas rejoindre son insaisissable complice ?

C'était donc un véritable duel dont l'issue dépendait uniquement du courage, de l'adresse et du sang-froid des deux adversaires.

Toutes ces réflexions ensemble avaient traversé avec la rapidité de l'éclair l'esprit du jeune policier.

Il lâcha vivement sa pelle, et courant à un sergent de ville qui sortait de la Préfecture, il lui remit une lettre qu'il tenait toute prête dans sa poche.

— Portez vite ceci à M. Segmuller, le juge d'instruction, lui dit-il, c'est pour une affaire de service.

Le sergent de ville voulut interroger ce garnement, qui correspondait avec des magistrats, mais déjà Lecoq s'était élancé sur les traces du prévenu.

Mai n'était pas bien loin.

Il s'en allait le plus paisiblement du monde, les mains dans ses poches, la tête haute et la mine assurée.

Avait-il réfléchi qu'il est très-dangereux de courir aux environs d'une prison dont on vient de s'enfuir? Ne se disait-il pas plutôt que si on l'avait laissé s'évader, ce n'était pas, à coup sûr, pour le reprendre tout de suite?

Bientôt il fut clair que cette dernière considération dictait seule sa conduite, et qu'il s'estimait fort en sûreté, tout en sachant bien qu'il devait être surveillé.

Il ne se hâta nullement, lorsqu'il eût dépassé le pont au Change, et c'est du même train insolemment tranquille d'un promeneur, qu'il suivit le quai aux Fleurs et s'engagea dans la rue de la Cité.

Rien de suspect en lui ne trahissait le prisonnier évadé. Depuis que sa malle, — cette fameuse malle qu'il prétendait avoir déposée à l'hôtel de Mariembourg, — lui avait été rendue, il ne manquait jamais, quand il allait à l'instruction, de mettre ses plus beaux effets.

Il portait, ce jour-là, une redingote, un gilet et un pantalon de drap noir. On devait, en le voyant passer, le prendre pour un ouvrier aisé, endimanché en l'honneur de la Saint-Lundi.

Mais lorsqu'après avoir passé la Seine il arriva rue Saint-Jacques, ses allures changèrent.

Il parut s'orienter en homme qui ne se reconnaît plus dans un quartier qui lui était autrefois familier. Sa marche, parfaitement sûre jusqu'alors, devint indécise. Il avançait maintenant le nez en l'air, regardant de droite et de gauche, épiant les enseignes.

— Évidemment il cherche quelque chose, pensait Lecoq, mais quoi?...

Il ne tarda pas à le savoir. Une boutique de marchand de vieux habits s'étant rencontrée, Mai y entra avec un empressement visible.

— Eh ! eh !... murmura le jeune policier, je parierais volontiers que ce soi-disant saltimbanque a été étudiant, et qu'il lui est arrivé de vendre par ici le superflu de sa garde-robe pour aller danser à la Chaumière...

Il s'était réfugié en face, sous une porte cochère, et semblait fort occupé à allumer une cigarette. Le père Absinthe crut pouvoir s'approcher sans inconvénient.

— Eh bien !... monsieur Lecoq, dit-il, voici notre homme en train de troquer ses habits de drap contre des vêtements grossiers. Il demandera du retour, on lui en donnera. Vous qui me disiez ce matin : « Mai sans le sou..., c'est la plus belle carte de notre jeu ! »

— Bast ! avant de nous désoler, attendons. Qui nous dit qu'on va lui donner de l'argent ? Les marchands d'habits n'achètent guère aux passants que sous la condition d'aller les payer à domicile.

Le père Absinthe, là-dessus, s'éloigna. Il se payait de ces raisons, mais non Lecoq, qui les lui donnait.

Au dedans de lui, le jeune policier s'adressait les injures les plus fortes.

Encore une étourderie, une faute, une arme laissée aux mains de l'ennemi.

Comment lui, qui se croyait si ingénieux, n'avait-il pas su prévoir ce qui arrivait ? Il était si facile de ne laisser en possession du prévenu que ses misérables loques de prison !

Son repentir fut moins cuisant, quand il vit Mai sortir de la boutique comme il y était entré. La chance, dont il avait parlé au père Absinthe sans y croire, se décidait en sa faveur.

Le prévenu chancelait aux premiers pas qu'il fit dans la rue. Son visage trahissait l'angoisse suprême du noyé qui sent s'enfoncer la frêle planche sur laquelle il fondait son seul espoir de salut.

Mais que s'était-il passé? Lecoq voulait le savoir.

Il modula d'une certaine façon un vigoureux coup de sifflet, signal convenu pour avertir son compagnon qu'il lui abandonnait la poursuite, et un coup de sifflet pareil lui ayant répondu, il entra dans la boutique.

Le marchand d'habits était encore à son comptoir. Lecoq ne s'amusa pas à parlementer. Il exhiba sa carte, preuve de sa profession, et d'un ton bref demanda des renseignements.

— Que voulait l'homme qui sort d'ici?...

Le négociant parut se troubler.

— C'est toute une histoire, balbutia-t-il.

— Contez-la-moi! ordonna Lecoq, surpris de l'embarras de cet homme.

— Oh! c'est bien simple. Il y a une douzaine de jours de cela, je vois entrer ici un individu, portant un paquet sous le bras, qui demande à me parler de la part d'un de mes « pays, » qu'il me nomme.

— Vous êtes Alsacien?

— Oui, monsieur!... Pour lors, je vais avec ce particulier chez le marchand de vins du coin, il demande une bouteille de supérieur, et quand nous avons trinqué, il me demande si je veux consentir à garder chez moi le paquet qu'il porte, jusqu'à ce qu'un de ses cousins vienne me le réclamer. Crainte d'erreur, ce cousin devait me dire certaines paroles de reconnaissance, un mot de passe, quoi ! Moi je refuse net. Justement le mois passé j'ai failli me trouver pris dans une affaire de recel pour une obligeance pareille ! Non, jamais vous n'avez vu d'homme si surpris, ni si vexé. Ah ! je peux dire qu'il a tout fait pour me décider, il a été jusqu'à me promettre une bonne somme pour ma peine... Tout cela ne faisait qu'augmenter ma défiance, et j'ai tenu bon...

Il s'arrêta pour reprendre haleine, mais Lecoq était sur des charbons ardents.

— Et après ?... insista-t-il durement.

— Après ? Dame ! Cet individu a payé la bouteille et est parti. J'avais oublié cela, quand tout à l'heure, entre un autre particulier qui me demande si je n'ai pas pour lui un paquet déposé par un de ses cousins, et qui tout de suite se met à bredouiller une phrase, le mot d'ordre, sans doute. Quand j'ai répondu que je n'avais rien, il est devenu blanc comme un linge, et j'ai cru qu'il s'évanouissait. Tous mes doutes me sont revenus. Aussi, quand il m'a proposé d'acheter ses vêtements... bernique !

Tout cela était fort clair.

— Et comment était ce cousin d'il y a quinze jours ? demanda le jeune policier.

— C'était un homme d'assez forte corpulence, un bon gros rougeaud, avec des favoris blancs. Ah ! je le reconnaîtrais bien.

— Le complice ! exclama Lecoq.

— Vous dites ?

— Rien qui vous intéresse. Merci !... je suis pressé, vous me reverrez, salut !...

Lecoq n'était pas resté cinq minutes chez le marchand d'habits; pourtant, lorsqu'il sortit, Mai et le père Absinthe avaient disparu.

Mais il n'y avait rien là d'inquiétant.

Lorsqu'il avait arrêté avec son vieux collègue le plan de cette chasse à l'homme à travers Paris, le jeune policier s'était évertué à en imaginer toutes les difficultés afin de les résoudre à l'avance.

Or, le cas présent avait été prévu. Si l'un des deux observateurs se trouvait obligé de rester en arrière, l'autre devait le mettre à même de rejoindre, grâce à un expédient emprunté aux aventures du Petit-Poucet.

Il était convenu que celui qui resterait sur la piste de Mai tracerait, de distance en distance, à la craie, sur les murs et sur les volets des magasins, des flèches dont le fer, comme un index tendu, indiquerait au retardataire la route à suivre.

Pour savoir où aller, Lecoq n'avait donc qu'à interroger les devantures des environs.

L'examen ne fut ni difficile ni long.

Sur les volets de la troisième boutique après celle du marchand d'habits, une flèche superbe se voyait, la pointe tournée vers le haut de la rue Saint-Jacques.

Le jeune policier s'élança dans cette direction.

Il se hâtait, dévoré d'inquiétudes.

Ah! son assurance du matin venait de recevoir un rude choc!

Quel terrible avertissement que cette déclaration du marchand de vieux habits!...

Désormais, c'était un fait acquis : le mystérieux et insaisissable complice du meurtrier avait poussé la prévoyance jusqu'à s'inquiéter de combinaisons de salut pour le cas si improbable d'une évasion.

La subtile pénétration de cet homme dépassait les prétendus miracles des somnambules lucides.

— Que contenait ce paquet? pensait Lecoq, des vêtements, sans doute, un déguisement, de l'argent, des papiers supposés, un faux passe-port?...

Il arrivait rue Soufflot, il dut s'interrompre pour demander son chemin aux murailles.

Ce fut l'affaire d'une seconde. Une longue flèche, sur le magasin d'un petit horloger, montrait le boulevard Saint-Michel.

Le jeune policier reprit sa course.

— Le complice, poursuivait-il, n'a pas réussi dans sa tentative près du marchand d'habits, mais il n'est pas homme à rester sur un échec... Il aura certainement pris d'autres mesures. Comment les deviner pour les déjouer !...

Le prévenu avait traversé le boulevard Saint-Michel et pris la rue Monsieur-le-Prince; les flèches du père Absinthe le disaient éloquemment.

Lecoq suivit la rue Monsieur-le-Prince.

— Une circonstance me rassure, murmurait-il, la démarche de Mai près de ce marchand, et sa consternation quand il a su que cet homme n'avait rien à lui remettre. Le complice qui l'avait informé de ses espérances n'aura pas pu lui faire savoir sa déconvenue. Donc, à cette heure, mon prévenu est bien livré à ses seules ressources... la chaîne de convention qui l'unissait à son complice est rompue, brisée; il n'y a plus rien d'arrêté entre eux, plus de système commun, plus de projets... Il s'agit de les empêcher de se rejoindre. Tout est là !

Combien il se réjouissait alors d'avoir obtenu que Mai fût éloigné du Dépôt. Son triomphe, en admettant qu'il gagnât la partie, résulterait de cet acte de défiance. Il était à croire que la tentative du complice avait eu lieu précisément la veille du jour où le prévenu avait été changé de prison. Cette supposition expliquait comment il n'avait pu être averti...

Cependant, de flèche en flèche, le jeune policier était arrivé jusqu'à l'Odéon. Là, plus de signes, mais il aperçut le père Absinthe sous la galerie.

Le vieil agent de la sûreté était debout devant l'étalage d'un libraire, et il paraissait donner toute son attention aux gravures d'un journal illustré.

Le jeune policier, tout en outrant la démarche nonchalante de ces garnements de Paris dont il portait le costume, alla se placer près de son collègue.

— Eh bien !... lui demanda-t-il, et Mai ?...

— Il est là, répondit le bonhomme, en désignant du regard le péristyle du triste monument.

En effet, le prévenu était assis sur une marche de l'escalier de pierre, les coudes appuyés sur les genoux, le visage caché entre ses mains, comme s'il eût senti la nécessité de dérober aux passants l'expression de son désespoir.

Sans doute, en ce moment, il se voyait perdu. Seul, sans un sou, au milieu de Paris, que devenir ?

Il se savait, assurément, surveillé, épié, suivi pas à pas, et il ne comprenait que trop qu'au moindre effort pour rejoindre son complice, à la première démarche significative pour lui donner signe de vie, c'en était fait de son secret : de ce secret qu'il avait estimé plus précieux que la vie même, et que jusqu'ici il avait réussi à sauver au prix de prodigieux sacrifices, grâce à des prodiges d'énergie et de sang-froid.

Après avoir longuement contemplé en silence cet homme si malheureux, qu'il estimait et qu'il admirait, après tout, Lecoq se retourna vers son vieux compagnon :

— Qu'a fait le prévenu, demanda-t-il, le long de la route ?

— Il est entré chez cinq marchands d'habits, bien inutilement. En désespoir de cause, il s'est adressé à un « chineur » qui passait, avec un lot de vieilles frusques sur l'épaule, mais ils ne se sont pas entendus.

Lecoq hocha la tête.

— La morale de ceci, père Absinthe, dit-il, c'est qu'il y a un abîme entre la théorie et la pratique. Voilà un prévenu que les gens les plus exercés ont pris pour un pauvre diable, pour un misérable saltimbanque, tant il savait bien parler des malheurs et des hasards de son existence... Il est dehors, il est libre, et ce soi-disant bohémien ne sait comment s'y prendre pour faire argent des vêtements qu'il a sur le dos. Le comédien qui faisait illusion sur la scène s'évanouit, l'homme reste... l'homme qui a toujours été riche et qui ne sait rien de la vie !...

Il ne poursuivit pas, Mai venait de se lever.

Lecoq se trouvait à moins de dix pas de lui et le distinguait parfaitement.

L'infortuné était livide, son attitude révélait l'excès

de son abattement; on lisait l'indécision dans ses yeux.

Peut-être se demandait-il si le plus sage ne serait pas d'aller se remettre volontairement aux mains de ses geôliers, puisque les ressources sur lesquelles il comptait en s'évadant lui faisaient défaut.

Mais bientôt il secoua cette torpeur qui l'avait envahi, son regard étincela, et après un geste de menace et de défi, il descendit l'escalier de l'Odéon, traversa la place, et s'engagea dans la rue de l'Ancienne-Comédie.

Il marchait d'un bon pas, maintenant, en homme qui a un but.

— Qui sait où il va?... murmurait le père Absinthe, tout en jouant des jambes aux côtés de Lecoq.

— Moi!... répondit le jeune policier. Et la preuve, c'est que je vais vous quitter, et courir lui préparer un plat de mon métier. Je puis me tromper, cependant, et comme il faut tout prévoir, vous allez me laisser des flèches partout. Si notre homme ne se rendait pas à l'hôtel de Mariembourg, comme je le présume, je reviendrais ici reprendre votre piste.

Un fiacre vide arrivait au pas, il y monta en commandant au cocher de le conduire à la gare du Nord, par le plus court, et vite.

Il se voyait bien juste le temps de préparer sa mise en scène. Aussi profita-t-il de la route pour payer le cocher et chercher dans son portefeuille, entre toutes les pièces que lui avait confiées M. Segmuller, la pièce dont il allait avoir besoin.

La voiture n'était pas encore arrêtée devant le chemin de fer que Lecoq était à terre. Il courut tout d'un trait à l'hôtel.

Comme la première fois, il trouva la blonde Mme Milner, grimpée sur une chaise devant la cage de son sansonnet, lui serinant obstinément sa phrase allemande, à laquelle l'oiseau répondait avec une obstination égale : « Camille !... où est Camille ? »

A l'aspect du garnement qui pénétrait dans son hôtel, la jolie veuve ne daigna pas se déranger.

— Qu'est-ce que vous désirez ? demanda-t-elle d'un ton peu encourageant.

Lecoq saluait tant qu'il pouvait, s'efforçant de rehausser par son maintien son déplorable accoutrement.

— Je suis, madame, répondit-il, le propre neveu d'un huissier du Palais de Justice. Étant allé visiter mon oncle, ce tantôt, vu que je suis sans ouvrage, je l'ai trouvé tout perclus de rhumatismes, et il m'a prié de vous apporter ce papier à sa place... C'est une citation pour vous rendre immédiatement près du juge d'instruction.

Cette réponse eut la vertu de décider Mme Milner à abandonner sa chaise. Elle prit le papier et lut... C'était bien ce que lui annonçait ce singulier commissionnaire.

— C'est bien, répondit-elle, le temps de jeter un châle sur mes épaules, et j'obéis...

Lecoq se retira à reculons, la bouche en cœur, saluant toujours... mais il n'avait pas dépassé le seuil, que déjà une grimace significative trahissait son intime satisfaction.

Il venait de rendre à la blonde veuve la monnaie de sa pièce. Elle l'avait dupé, il la jouait.

Le coup était monté. Il traversa la chaussée, et, avisant au coin de la rue de Saint-Quentin une maison en construction, il s'y cacha, attendant...

— « Le temps de passer un châle et un chapeau, et je pars ! »

Ainsi avait dit Mme Milner au jeune policier.

Mais elle avait quarante ans sonnés, elle était veuve, blonde, très-agréable encore, de l'aveu du commissaire de police de son quartier... Il lui fallut plus de dix minutes pour nouer négligemment les brides de son chapeau de velours gros bleu.

Lecoq, au milieu de ses plâtras, sentait des sueurs perler le long de son échine à l'idée que Mai pouvait arriver d'un instant à l'autre.

Combien avait-il d'avance sur lui ?... Une demi-heure peut-être, et encore !... Et il n'avait accompli que la moitié de sa tâche.

Chaque ombre qui apparaissait au coin de la rue Saint-Quentin, du côté de la rue Lafayette, lui donnait le frisson.

Enfin la coquette hôtelière apparut, toute pimpante par cette belle journée de printemps.

Elle tenait sans doute à réparer le temps perdu à sa toilette, car c'est presque en courant qu'elle gagna le bout de la rue.

Dès qu'elle eut disparu, le jeune policier bondit hors de sa cachette, et entra comme une trombe à l'hôtel de Mariembourg.

Fritz, le garçon bavarois, avait dû être prévenu que la maison allait rester sous sa seule garde, pendant quelques heures, et... il gardait.

Il s'était bien et commodément établi dans le propre

fauteuil de sa patronne, les jambes allongées sur une chaise, et déjà il dormait presque.

— Debout!... lui cria Lecoq, debout!

A cette voix qui avait l'éclat des trompettes, Fritz se dressa tout effaré.

— Tu vois, poursuivit le jeune policier en lui montrant sa carte, je suis un agent de la Préfecture de police... Si tu veux éviter toutes sortes de désagréments, dont le moindre serait une promenade au Dépôt, il faut m'obéir.

Le vigilant garçon tremblait de tous ses membres.

— J'obéirai, bégaya-t-il... Mais que dois-je faire?

— Peu de chose. Un homme va se présenter ici, à la minute; tu le reconnaîtras à ses vêtements noirs et à sa longue barbe; il s'agit de lui répondre ce que je vais te dire, mot pour mot. Et songe qu'une erreur, même involontaire, te mènerait loin.

— Comptez sur moi, monsieur, dit Fritz, j'ai une mémoire excellente...

La seule perspective de la prison l'avait terrifié; il parlait dans la sincérité de son âme; on pouvait tout obtenir de lui.

Lecoq profita de ces dispositions, et avec la concision et la clarté dont il avait le secret, il expliqua au garçon d'hôtel ce qu'il voulait.

Il s'exprimait d'ailleurs d'un ton à faire pénétrer sa volonté dans l'esprit le plus rebelle, aussi sûrement qu'un marteau enfonce un clou dans une planche.

Lorsqu'il eut achevé ses explications :

— Maintenant, ajouta-t-il, je veux voir et entendre!... Où puis-je me cacher?

Fritz lui montra une porte vitrée.

— Dans le cabinet noir que voici, monsieur l'agent, répondit-il. En laissant la porte entre-bâillée, vous entendrez, et vous verrez tout par le carreau.

Sans un mot, Lecoq se jeta dans le cabinet, la sonnette du portillon de l'hôtel annonçait l'entrée d'un visiteur.

C'était Mai.

— Je désirerais parler à la maîtresse de l'hôtel, dit-il.

— A quelle maîtresse?

— A la femme qui m'a reçu quand je suis descendu ici, il y a six semaines...

— J'y suis, interrompit Fritz, c'est Mme Milner que vous voudriez voir. Vous arrivez trop tard, ce n'est plus elle qui tient cette maison. Elle l'a vendue, le mois passé, après fortune faite, et elle est partie pour son pays, l'Alsace.

Le prévenu frappa du pied en lâchant un juron à faire frémir un charretier embourbé :

— J'ai cependant une réclamation à lui adresser, insista-t-il.

— Voulez-vous que j'appelle son successeur?...

De son trou, le jeune policier ne pouvait s'empêcher d'admirer Fritz : il mentait impudemment avec cet air de candeur parfaite qui donne aux Allemands une si grande supériorité sur les gens du midi, lesquels, même quand ils disent la vérité, ont l'air de mentir.

— Eh!... le successeur m'enverra promener, s'écria Mai. Je venais réclamer des arrhes que j'ai données pour une chambre dont je ne me suis jamais servi!

— Des arrhes ne se rendent jamais.

Le prévenu grommela des menaces confuses, dont on ne put guère saisir que ces mots : « vol manifeste » et encore : « la justice, » puis il sortit en tirant violemment la porte sur lui.

— Eh bien !... Ai-je répondu comme il faut? demanda Fritz triomphant au jeune agent qui quittait son cabinet noir.

— Oui, parfaitement, répondit Lecoq...

Et d'un bras nerveux, faisant pirouetter le garçon, qui lui barrait le passage, il se précipita sur les pas de Mai.

Une vague appréhension lui serrait la gorge.

Il lui semblait que le prévenu n'avait été ni surpris ni ému véritablement. Il était venu à l'hôtel comptant sur Mme Milner, l'âme damnée de son complice, la nouvelle du départ de cette femme eût dû le terrifier.

Avait-il donc deviné la ruse?... Comment?...

Le bon sens démontrait si bien que le prévenu en ce cas devait avoir été mis en garde, que la première question de Lecoq, en rejoignant le père Absinthe, rue Lafayette, fut celle-ci :

— Mai a parlé à quelqu'un en route?

— Tiens !... répondit le bonhomme surpris, vous savez cela.

— Ah !... j'en étais sûr !... A qui a-t-il parlé?

— A une jolie femme, ma foi ! blonde et boulotte.

Lecoq était devenu vert de colère.

— Tonnerre du ciel !... s'écria-t-il, le hasard est contre nous. Je cours en avant chez Mme Milner, pour que Mai ne la voie pas, je trouve un expédient pour la chasser de chez elle, et ils se rencontrent!

Le père Absinthe eut un geste désespéré.

— Ah!... si j'avais su!... prononça-t-il, mais vous ne m'aviez pas dit d'empêcher Mai de parler aux passants...

— Consolez-vous, l'ancien, interrompit le jeune policier, il n'y a rien à faire contre le malheur...

Le soi-disant saltimbanque atteignait le faubourg Montmartre; les deux agents de la sûreté durent s'interrompre, presser le pas et se rapprocher de leur homme, pour ne pas le perdre dans la foule.

Quand ils furent à une bonne distance :

— Maintenant, reprit Lecoq, des détails. Où nos gens se sont-ils rencontrés?...

— A deux pas de la rue Saint-Quentin.

— Lequel a aperçu l'autre et s'est avancé le premier?

— Mai.

— Qu'a dit la femme? Avez-vous entendu quelque cri de surprise?

— Je n'ai rien entendu parce que j'étais à vingt-cinq pas, mais au mouvement de la femme, j'ai bien vu qu'elle était stupéfaite.

Ah! si Lecoq eût vu la scène de ses yeux, il eût pu en tirer des inductions précieuses!

— Ont-ils causé longtemps? poursuivit-il.

— Moins d'un quart-d'heure.

— Savez-vous si Mme Milner a remis de l'argent à Mai?

— Je ne puis répondre ni oui ni non. Ils gesticulaient comme des enragés, à ce point que j'ai cru qu'ils se disputaient.

— Naturellement. Ils se savaient observés et tâchaient de dérouter les conjectures...

Le père Absinthe s'arrêta court, comme un cheval se cabre devant un obstacle : une idée lui venait.

— Si on arrêtait cette maîtresse d'hôtel, prononça-t-il, si on l'interrogeait?...

— A quoi bon!... M. Segmuller ne l'a-t-il pas, à dix reprises, pressée, accablée de questions, sans en rien tirer. Ah! c'est une fine mouche!... Cette fois, elle répondrait que Mai l'ayant rencontrée lui a réclamé ses dix francs d'arrhes.

Le jeune policier eut un geste résigné.

— Il faut en prendre notre parti, reprit-il. Si le complice n'est pas averti déjà, il ne tardera pas à l'être, et il faut nous attendre à l'avoir bientôt sur les bras. Quelle ruse imagineront pour nous échapper ces deux hommes si prodigieusement forts? C'est ce que je ne puis deviner. Ce que je prévois, par exemple, c'est qu'ils n'inventeront rien de vulgaire!...

Ces présomptions de Lecoq firent frémir le père Absinthe.

— Bigre!... s'écria-t-il, le plus sûr serait peut-être de recoffrer ce gaillard-là.

— Jamais!... répondit le jeune policier, non jamais!... e veux son secret, je l'aurai. Que serions-nous donc, si nous n'étions pas capables, à deux, de « filer » un homme! Il ne disparaîtra pas, je pense, comme le diable des féeries. Nous allons bien voir ce qu'il fera, mainte nant qu'il a un plan et de l'argent, car il a l'un et l'autre, l'ancien, j'en mettrais la main au feu.

A ce moment même, comme si le prévenu eût tenu à donner raison à une partie des soupçons de Lecoq, il entra dans un bureau de tabac et en sortit un cigare à la bouche.

XXXVII

La maîtresse de l'hôtel de Mariembourg avait remis de l'argent à Mai; l'achat de ce cigare le prouvait péremptoirement.

Mais s'étaient-ils concertés? Avaient-ils eu le temps de décider point pour point et par le menu les manœuvres à tenter pour dérouter les poursuites?...

Il n'y avait à cet égard que des probabilités, très fortes, il est vrai, fortifiées encore par la conduite du prévenu.

Car une fois de plus, ses façons venaient de changer. Autant jusqu'alors il avait paru se soucier peu d'être poursuivi et repris, autant à cette heure, il semblait inquiet et agité. Après avoir marché si longtemps la tête haute, en plein soleil, il était pris de panique, et il filait en baissant le nez le long des maisons, se dissimulant, se faisant petit autant que possible.

— Il est clair, disait Lecoq au père Absinthe, que les craintes de notre homme augmentent en raison des espérances qu'il conçoit. Il était totalement découragé sous l'Odéon, pour un peu il se fût livré, maintenant il croit bien avoir une issue pour nous échapper avec son secret.

Le prévenu longea ainsi les boulevards jusqu'au passage Vendôme. Il le traversa et gagna le Temple.

Bientôt le père Absinthe et son jeune collègue le virent s'arrêter à la voix d'une de ces obstinées marchandes qui considèrent comme leur proie tous les passants de ces parages et prétendent les déshabiller ou les habiller... au choix.

La marchande faisait l'article, et Mai résistait faiblement. Il finit par céder et disparut dans la boutique.

— Il y tenait, murmura le père Absinthe. Voici qu'il a trouvé à vendre ses frusques... A quoi bon!... puisqu'il a de la monnaie?

Le jeune policier hocha la tête d'un air soucieux.

— Il soutient son rôle, répondit-il, et il tient surtout à changer de costume. N'est-ce pas surtout la première préoccupation d'un prisonnier qui a réussi à s'évader?

Il se tut. Mai reparaissait métamorphosé de la tête aux pieds.

Il était maintenant vêtu d'un pantalon de grosse toile bleue et d'une sorte de vareuse de laine noire. Un foulard à carreaux lui entourait le cou, et il était coiffé d'une casquette à double fond mou, qu'il portait sur l'oreille, un peu en arrière, à la crâne.

Réellement, il n'avait pas, en son genre, la mine plus rassurante que Lecoq; à décider lequel on eût préféré rencontrer au coin d'un bois, on eût hésité.

Lui, paraissait heureux de sa transformation, comme s'il se fût senti plus à l'aise et plus libre sous des vêtements auxquels il était accoutumé.

Il y avait du défi dans le regard qu'il promena autour de lui, comme s'il eût essayé de démêler entre tous les gens qu'il apercevait ceux qui étaient chargés de l'épier et de surprendre son secret.

Du reste, il ne s'était pas défait de son costume de drap; il le portait sous son bras, noué dans un mouchoir. Il avait acheté et non troqué, dépensé et non augmenté son capital. Il n'avait abandonné que son chapeau de soie à haute forme.

Lecoq eût bien voulu entrer chez le marchand pour questionner; mais il comprit que ce serait une imprudence. Mai venait d'assurer sa casquette sur sa tête d'un geste qui ne pouvait laisser de doutes sur ses intentions.

La seconde d'après, il détalait dans la rue du Temple. La chasse sérieuse commençait, et bientôt les deux limiers n'eurent pas trop de toute leur expérience et de tout leur flair pour suivre à vue un gibier qui semblait doué de l'agilité du cerf.

Mai avait probablement habité l'Angleterre et l'Allemagne, puisqu'il parlait la langue de ces pays aussi couramment que les natifs, mais à coup sûr il connaissait son Paris aussi bien que le plus vieux Parisien.

Cela fut démontré rien que par la façon dont il se jeta brusquement rue des Gravilliers et à la sûreté de sa course au milieu de ce lacis de petites rues bizarrement percées, qui s'enchevêtrent entre la rue du Temple et la rue Beaubourg.

Ah! il savait ce quartier sur le bout du doigt, et comme s'il y eût vécu la moitié de son existence. Il savait les maisons à deux issues, les passages tolérés par certaines cours, les longs couloirs tortueux et sombres débouchant sur plusieurs rues.

Par deux fois il faillit dépister les policiers. Au passage Frépillon, son salut ne tint qu'à un fil. S'il fût resté une minute encore immobile dans un coin obscur où il s'était blotti, derrière des tonneaux vides, les deux agents s'éloignaient.

La poursuite présentait d'horribles difficultés. La nuit était venue, et en même temps s'était élevé ce léger brouillard qui suit invariablement les premières belles journées du printemps. Le gaz des réverbères brûlait rouge dans la brume sans projeter de lueurs.

Et pour comble, c'était l'heure où ces rues laborieuses sont le plus peuplées ; les ouvriers sortent des ateliers, les ménagères courent aux provisions pour le souper, devant toutes les maisons des centaines de locataires bourdonnent comme des abeilles autour de leur ruche.

Mai profitait de tout, pour égarer les gens acharnés après lui. Groupes, embarras de voitures, travaux de voirie, il utilisait tout, avec une merveilleuse présence d'esprit et une adresse si rare qu'il glissait comme une ombre, à travers la foule, sans heurter personne, sans soulever sur son passage la moindre réclamation.

Il avait fini par s'engager dans la rue des Gravilliers et gagnait les larges voies.

Après s'être fait battre dans une étroite enceinte, il voulait essayer de l'espace. Il avait lutté de ruses, il allait lutter de vitesse et de fond.

Arrivé au boulevard de Sébastopol, il tourna à gauche, du côté de la Seine, et prit son élan...

Il filait avec une prestigieuse rapidité, les coudes au

corps, ménageant son haleine, cadençant son pas avec la précision d'un professeur de gymnastique.

Rien ne l'arrêtait, il ne détournait pas la tête, il courait...

Et c'est du même train égal et furieux, qu'il descendit le boulevard de Sébastopol, qu'il traversa la place du Châtelet et les ponts, et qu'il remonta le boulevard Saint-Michel.

Près du musée de Cluny, des fiacres stationnaient. Mai s'arrêta devant la première file, adressa quelques mots au cocher, et monta du côté de la chaussée.

Le fiacre aussitôt partit à fond de train.

Mais le prévenu n'était pas dedans. Il n'avait fait que le traverser, et pendant que le cocher s'éloignait pour une course imaginaire payée à l'avance, Mai se glissait du côté du trottoir cette fois dans une voiture qui quitta la station au galop.

Peut-être, après tant de ruses, après un formidable effort, après ce dernier stratagème, peut-être Mai se croyait-il libre... Il se trompait.

Derrière le fiacre qui l'emportait, s'appuyant aux ressorts pour se délasser, un homme courait... Lecoq.

Le pauvre père Absinthe, lui, était tombé à moitié chemin, devant le Palais-de-Justice, épuisé, hors d'haleine. Et le jeune policier ne comptait plus guère le revoir, ayant eu assez à faire de se maintenir, sans crayonner des flèches indicatrices.

Mai avait donné à son cocher l'ordre de le conduire à la place d'Italie, et lui avait surtout recommandé de s'arrêter court au beau milieu de la place, à cent pas de ce poste où il avait été enfermé avec la veuve Chupin.

Quand il y fut arrivé, il se précipita hors du fiacre, et d'un coup d'œil prompt et sûr, il explora les environs, cherchant s'il ne découvrirait pas quelque ombre suspecte.

Il ne vit rien. Surpris par le brusque arrêt de la voiture, le jeune policier avait eu le temps de se jeter à plat ventre sous la caisse, au risque de se faire broyer par les roues.

De plus en plus rassuré vraisemblablement, Mai paya la course et revint sur ses pas du côté de la rue Mouffetard.

D'un bond, Lecoq fut debout, plus acharné sur sa piste qu'un dogue après un os. Il atteignait l'ombre projetée par les grands arbres des boulevards extérieurs, quand un coup de sifflet étouffé retentit à son oreille.

— Le père Absinthe !... fit-il, stupéfait et ravi.

— Moi-même, répondit le bonhomme, et reposé, qui plus est, grâce à un sapin qui m'a ramassé là-bas. J'ai pu de cette façon...

— Oh ! assez ! interrompit Lecoq, assez... ouvrons l'œil.

Mai rôdait alors, avec une indécision manifeste, autour des nombreux cabarets du quartier. Il semblait chercher quelque chose.

Enfin, après avoir été coller son visage aux carreaux de trois de ces bouges, il se décida, et entra dans le quatrième.

La porte n'était pas refermée, que les deux policiers étaient à la vitre, regardant de tous leurs yeux.

Ils virent le prévenu traverser la salle et aller s'asseoir tout au fond, à une table où se trouvait déjà un homme de puissante carrure, au teint enflammé, à favoris grisonnants.

— Le complice!... murmura le père Absinthe.

Était-ce donc, enfin, l'insaisissable complice du meurtrier?...

Se fier à un vague rapport entre deux signalements est si téméraire et expose à tant de bévues, qu'en toute autre occasion Lecoq eût hésité à se prononcer.

Mais ici, tant de circonstances, de probabilités si fortes étayaient l'opinion émise par le père Absinthe, que le jeune policier l'admit tout d'abord.

Ce rendez-vous n'était-il pas dans la logique des événements, le résultat prévu et annoncé de la rencontre fortuite du prévenu et de la blonde maîtresse de l'hôtel de Mariembourg!...

— Mai, pensait Lecoq, a commencé par prendre tout l'argent que Mme Milner avait sur elle; il l'a ensuite chargée de dire à son complice de venir l'attendre dans quelque bouge de ce quartier. S'il a hésité et cherché, c'est qu'il n'avait pu indiquer au juste le cabaret. S'ils ne jettent pas le masque, c'est que Mai n'est pas bien sûr de nous avoir dépistés, et que d'un autre côté le complice craint qu'on n'ait suivi Mme Milner.

Le complice, si c'était véritablement lui, avait eu recours à un travestissement du genre de ceux adoptés par Mai et par Lecoq. Il portait une vieille blouse toute maculée, et avait sur la tête un feutre mou hideux, une loque de feutre. Il avait outré. Sa physionomie peu rassurante était à remarquer parmi toutes les figures louches ou farouches de l'établissement.

Car c'était un repaire qu'ils avaient choisi pour leur

rendez-vous. On n'y eût pas trouvé quatre ouvriers dignes de ce nom. Tous les gens qui mangeaient et qui buvaient là, devaient avoir eu des démêlés avec la justice. Les moins redoutables étaient peut-être les rôdeurs de barrière, qui formaient la majorité de l'honorable compagnie, tous reconnaissables à leur cravate à la colin et leur casquette de toile cirée.

Et cependant Mai, cet homme si fortement soupçonné d'appartenir aux plus hautes sphères sociales, semblait là comme chez lui.

Il s'était fait servir « un ordinaire » et un litre, et il dévorait, littéralement, arrosant sa soupe et son bœuf de larges coups, s'essuyant les lèvres du revers de sa manche.

Seulement, s'entretenait-il avec son voisin de table? C'est ce qu'il était impossible de discerner du dehors à travers les vitres obscurcies par la buée des mets et la fumée des pipes.

— Il faut que j'entre!... déclara résolûment Lecoq. J'irai me placer près d'eux et j'écouterai.

— Y pensez-vous!... fit le père Absinthe. Et s'ils allaient vous reconnaître!

— Ils ne me reconnaîtront pas.

— Ils vous feraient un mauvais parti!...

Le jeune policier eut un geste insouciant.

— Je crois bien, répondit-il, qu'ils ne reculeraient pas devant un bon coup de couteau qui les débarrasserait de moi. La belle affaire!... Un agent de la sûreté qui ne saurait pas risquer sa peau ne serait plus qu'un mouchard. Voyez donc si Gévrol a jamais reculé...

Le vieux malin avait peut-être voulu savoir si le courage de son jeune compagnon égalait sa perspicacité. Il fut édifié.

— Vous, l'ancien, ajouta Lecoq, ne vous éloignez pas, afin de pouvoir les « filer » s'ils sortaient brusquement...

Il avait déjà tourné le bouton de la porte, il la poussa, et étant allé s'établir à une table très-rapprochée de celle qu'occupaient ses deux pratiques, il demanda, d'une voix odieusement enrouée, une chopine et une portion.

Le prévenu et l'homme au feutre causaient, mais comme des étrangers rapprochés par le hasard, et nullement en amis qui se retrouvent à un rendez-vous.

Ils parlaient argot... non cet argot puéril qui émaille certains romans sous prétexte de couleur locale, mais l'argot véritable, celui qui a cours dans les repaires de malfaiteurs, langue ignoble et obscène qu'il est impossible de rendre, tant est flottante et diverse la signification des mots.

— Quels merveilleux comédiens!... pensait le jeune policier, quelle perfection, quelle science!... comme je me laisserais prendre si je n'avais pas des certitudes absolues!...

L'homme au feutre tenait le dé, et il donnait sur les prisons de France de ces détails qu'on chercherait en vain dans les livres spéciaux.

Il disait le caractère des directeurs de toutes les maisons centrales, comment la discipline est plus dure ici que là, comment la nourriture de Poissy vaut dix fois celle de Fontevrault...

Lecoq, ayant dépêché son repas, avait demandé un

demi septier d'eau-de-vie, et, le dos au mur, les yeux fermés, il paraissait sommeiller et écoutait.

Mai avait pris la parole à son tour, et il narrait son histoire telle qu'il l'avait contée au juge, depuis le meurtre jusqu'à son évasion, sans oublier les soupçons de la police et de la justice à l'endroit de son individualité, soupçons qui l'avaient bien faire rire, disait-il.

Cependant il se fût tenu pour très-chanceux, il le déclarait, s'il eût eu de quoi regagner l'Allemagne. Mais l'argent lui manquait et il ne savait comment s'en procurer. Il n'avait même pas réussi à se défaire du vêtement à lui appartenant, qu'il avait là dans un paquet.

Là-dessus, l'homme au feutre jura qu'il avait trop bon cœur pour laisser un camarade dans l'embarras. Il connaissait, dans la rue même, un négociant de bonne composition ; il offrit à Mai de l'y conduire.

Pour toute réponse, Mai se redressa en disant : « Partons!... » Et ils se mirent en route, ayant toujours Lecoq sur leurs talons.

Ils descendirent d'un bon pas jusqu'en face de la rue du Fer-à-Moulin, et là, ils s'engagèrent dans une allée étroite et sombre.

— Courez, l'ancien, dit aussitôt Lecoq au père Absinthe, courez demander au concierge si cette maison n'a pas deux issues.

La maison n'avait que cette entrée sur la rue Mouffetard. Les agents attendirent.

— Nous sommes découverts! murmurait le jeune policier, je le parierais. Il faut que le prévenu m'ait reconnu ou que le garçon de l'hôtel de Mariembourg ait donné mon signalement au complice!...

Le père Absinthe garda le silence; les deux compagnons émergeaient de l'ombre du corridor. Mai faisait sauter dans le creux de sa main quelques pièces de vingt sous, et il paraissait d'une humeur massacrante.

— Quels filous!... grommelait-il, que ces recéleurs.

Si peu qu'on lui eût acheté ses vêtements, l'obligeance de l'homme au feutre valait une politesse. Mai lui proposa un verre de n'importe quoi et ils entrèrent ensemble chez un liquoriste.

Ils y restèrent bien une heure, jouant des tournées au tourniquet; et quand ils le quittèrent, ce fut pour aller s'installer cent pas plus loin chez un marchand de vins.

Mis dehors par ce marchand de vins qui fermait sa boutique, les deux bons compagnons se réfugièrent dans un débit resté ouvert. On les en chassa; ils coururent à un autre, puis à un autre...

Et ainsi, de bouteilles en petits verres, ils atteignirent sur les une heure du matin, la place Saint-Michel.

Mais là, par exemple, plus rien à boire. Tout était clos.

Les deux hommes alors se consultèrent, et après une courte discussion, ils se dirigèrent vers le faubourg Saint-Germain, bras dessus, bras dessous comme une paire d'amis.

L'alcool qu'ils avaient absorbé en notable quantité semblait produire son effet. Ils titubaient, ils gesticulaient, ils parlaient très-haut et tous deux à la fois.

A tous risques, Lecoq les devança pour tâcher de saisir quelques bribes de leur conversation, et les mots de « bon coup à faire » et de « argent pour faire la noce » arrivèrent jusqu'à lui.

Décidément, pour s'obstiner à voir deux « personnages » sous de telles apparences, il fallait la foi robuste de cet illuminé qui s'écriait : « Je crois, parce que c'est absurde. »

La confiance du père Absinthe chancelait.

— Tout cela, murmura-t-il, finira mal !

— Soyez donc sans crainte !... répondit le jeune policier. Je ne comprends rien, je l'avoue, aux manœuvres de ces deux rusés compères; mais qu'importe !... Maintenant que nos deux oiseaux sont réunis, je suis sûr du succès, sûr, entendez-vous. Si l'un s'envole, l'autre nous restera, et Gévrol verra bien qui avait raison de lui ou de moi !...

Cependant, les allures des deux ivrognes s'étaient peu à peu ralenties.

A voir de quel air ils examinaient ces magnifiques demeures du faubourg Saint-Germain, on pouvait leur supposer les pires intentions.

Rue de Varennes, enfin, à deux pas de la rue de la Chaise, ils s'arrêtèrent devant le mur peu élevé d'un vaste jardin.

C'était l'homme au feutre qui pérorait. Il expliquait à Mai, on le devinait à ses gestes, que la maison, dont ce jardin était une dépendance, avait sa façade rue de Grenelle.

— Ah ça !... grommela Lecoq, jusqu'où pousseront-ils la comédie ?...

Ils la poussèrent jusqu'à l'escalade.

S'aidant des épaules de son compagnon, Mai se hissa jusqu'au chaperon du mur, et l'instant d'après on entendit le bruit de sa chute dans le jardin...

L'homme au feutre, resté dans la rue, faisait le guet...

XXXVIII

L'énigmatique prévenu avait mis à accomplir son étrange, son inconcevable dessein, une telle promptitude, que Lecoq n'eut ni le temps, ni même l'idée de s'y opposer.

Son entendement avait été ébranlé par ce terrible coup de cloche du pressentiment qui annonce un grand malheur.

Durant dix secondes, il demeura pétrifié, privé de sentiment autant que la borne du coin de la rue de la Chaise, derrière laquelle il s'était blotti pour observer sans être vu.

Mais il revint vite à lui, sachant déjà comment atténuer sa faute, avec cette rapidité de décision qui est le génie des hommes d'action.

D'un œil sûr, il mesura la distance qui le séparait du complice de Mai, il prit son élan, et en trois bonds il fut sur lui.

L'homme au feutre voulut crier... une main de fer étouffa le cri dans sa gorge. Il essaya de se débattre...

un coup de genou dans les reins l'étendit à terre comme un enfant.

Et avant d'avoir le temps de se reconnaître, il était lié, garrotté, bâillonné, enlevé et porté, à demi-suffoqué, rue de la Chaise.

Pas un mot, d'ailleurs, pas une exclamation, pas un juron, pas même un trépignement de lutte, rien.

Aucun bruit suspect n'avait pu parvenir jusqu'à Mai, de l'autre côté du mur, et lui donner l'éveil.

— Quelle histoire !... murmura le père Absinthe, trop ahuri pour songer à prêter main forte à son jeune collègue, quelle histoire !... Qui se serait attendu...

— Oh !... assez ! interrompit Lecoq, de cette voix rauque et brève que donne aux hommes énergiques l'imminence du péril, assez... nous causerons demain. Pour l'instant, il faut que je m'éloigne. Vous, papa, vous allez rester en faction devant ce jardin. Si Mai reparaît, empoignez-le et ne le lâchez plus... Et sur votre vie, ne le laissez pas s'échapper...

— J'entends ; mais que faire de celui-ci qui est couché là ?...

— Laissons-le provisoirement où il est. Je l'ai ficelé soigneusement, ainsi rien à craindre... Quand les sergents de ville du quartier passeront, vous le leur remettrer...

Il s'interrompit, prêtant l'oreille. Non loin de là, du côté de la rue de Grenelle, on entendait sur le pavé des pas lourds et cadencés qui se rapprochaient.

— Les voici !... fit le père Absinthe.

— Ah ! je n'ose l'espérer ! Ce serait une fière chance que j'aurais...

Il l'eut... deux sergents de ville accouraient, très-intrigués par ce groupe confus qu'ils distinguaient au coin de la rue.

En deux mots Lecoq leur exposa — comme il fallait — la situation. Il fut décidé que l'un d'eux allait conduire au poste l'homme au feutre et que l'autre resterait avec le père Absinthe pour guetter le prévenu.

— Et maintenant, déclara le jeune policier, je cours rue de Grenelle donner l'alarme... De quelle maison dépend ce jardin?

— Quoi !... répondit un des sergents de ville tout surpris, vous ne connaissez pas les jardins du duc de Sairmeuse, de ce fameux duc qui est dix fois millionnaire, et était autrefois l'ami...

— Je sais, je sais !... dit Lecoq.

— Même, poursuivit le sergent, le voleur qui s'est introduit là n'a pas eu le nez creux. Il y a eu ce soir réception à l'hôtel, comme tous les lundis, du reste, et tout le monde est encore debout.

— Sans compter, ajouta l'autre sergent de ville, que les invités ne sont seulement pas partis. Il y avait encore au moins cinq ou six voitures, à l'instant, devant la porte.

Muni de ces renseignements, le jeune policier partit comme un trait, plus troublé après ce qu'il venait d'apprendre, qu'il ne l'avait été jusqu'alors.

Il comprenait que si Mai s'était introduit dans cet hôtel, ce n'était pas dans le but de commettre un vol, mais poussé par l'espérance de faire perdre sa piste aux limiers acharnés après lui.

Or, n'y avait-il pas à craindre, à parier même, que

grâce au brouhaha d'une fête, il réussirait à gagner la rue de Grenelle et à fuir?

Il se disait cela en arrivant à l'hôtel de Sairmeuse, demeure princière dont l'immense façade était tout illuminée.

La voiture du dernier invité venait de sortir de la cour, les valets de pied apportaient des échelles pour éteindre, et le Suisse, un superbe homme, à face violacée, superlativement fier de son éblouissante livrée, fermait les deux lourds battants de la grande porte.

Le jeune policier s'avança vers cet important personnage.

— C'est bien là l'hôtel de Sairmeuse?... lui demanda-t-il.

Le Suisse suspendit son mouvement pour toiser cet audacieux garnement qui l'interrogeait; puis d'une voix rude :

— Je te conseille, l'ami, de passer ton chemin. Je n'aime pas les mauvais plaisants, et j'ai là une provision de manches à balai...

Lecoq avait oublié son costume à la Polyte Chupin.

— Eh!... s'écria-t-il, je ne suis pas ce que je vous parais être, je suis un agent du service de la sûreté, monsieur Lecoq, voici ma carte si vous ne me croyez pas sur parole, et je viens vous dire qu'un malfaiteur a escaladé le mur du jardin de l'hôtel de Sairmeuse.

— Un mal-fai-teur?...

Le jeune policier pensa qu'un peu d'exagération ne pouvait nuire, et même lui assurait un concours plus efficace.

— Oui, répondit-il, et des plus dangereux... un assassin qui a déjà sur les mains le sang de trois meurtres. Nous venons d'arrêter son complice qui lui a fait la courte-échelle.

Les rubis du nez du Suisse pâlirent visiblement.

— Il faut appeler les gens de service, balbutia-t-il.

Joignant l'action à la parole, il allongea la main vers la corde de la cloche qui lui servait à frapper les visites, mais Lecoq l'arrêta.

— Un mot avant!... dit-il. Le malfaiteur n'a-t-il pas pu traverser simplement l'hôtel et s'esquiver, par cette porte, sans être aperçu?... Il serait loin en ce cas.

— Impossible!

— Cependant...

— Permettez! je sais ce que je dis. Primo, le vestibule qui donne sur les jardins est fermé; on l'ouvre pour les grandes réceptions, mais non pour les soirées intimes du lundi. Secondement, Monseigneur exige, quand il reçoit, que je me tienne sur le seuil de la porte... Aujourd'hui encore, il m'a renouvelé ses ordres à cet égard, et vous pensez bien que je n'ai pas désobéi.

— S'il en est ainsi, fit le jeune policier, un peu rassuré, nous retrouverons peut-être notre homme. Avertissez les domestiques, mais sans mettre votre cloche en branle. Moins nous ferons de bruit, plus nous nous ménagerons de chances de succès.

En un moment les cinquante valets qui peuplaient les antichambres, les écuries et les cuisines de l'hôtel de Sairmeuse furent sur pied.

Les grosses lanternes des remises et des écuries furent décrochées et le jardin se trouva illuminé comme par enchantement.

— Si Mai est caché là, pensait Lecoq, heureux de se voir tant d'auxiliaires, il est impossible qu'il en réchappe.

Mais c'est en vain que les jardins furent battus, retournés, fouillés jusqu'en leurs moindres recoins... on ne trouva personne.

Les loges des outils de jardinage, les serres, les volières d'été, les deux pavillons rustiques du fond, les niches à chiens, tout fut scrupuleusement visité... en vain.

Les arbres, à l'exception des marronniers du fond, étaient peu feuillus, mais on ne les négligea pas pour cela. Un agile marmiton y grimpait armé d'une lanterne, et éclairait jusqu'aux plus hautes branches.

— L'assassin sera sorti par où il était entré, répétait obstinément le Suisse, qui s'était armé d'un lourd pistolet à silex, et qui ne lâchait pas Lecoq, crainte d'un accident, sans doute...

Il fallut, pour le convaincre de son erreur, que le jeune policier se mît en communication, d'un côté du mur à l'autre, avec le père Absinthe et les deux sergents de ville, car celui qui avait conduit l'homme au feutre au poste était de retour.

Ils répondirent en jurant qu'ils n'avaient pas perdu de vue le chaperon du mur; qu'ils n'avaient, sacrebleu! pas la berlue, et que pas une mouche ne s'y était posée.

Jusqu'alors, on avait procédé un peu au hasard, chacun courant selon son inspiration, on reconnut la nécessité d'investigations méthodiques.

Lecoq prenait des mesures pour que pas un coin, pas

un endroit sombre n'échappât aux explorations, il partageait la tâche entre ses volontaires, quand un nouveau venu parut dans le cercle de lumière.

C'était un monsieur grave et bien rasé, vêtu comme un notaire pour une signature de contrat.

— Monsieur Otto, murmura le Suisse à l'oreille du jeune policier, le premier valet de chambre de monseigneur.

Cet homme important venait de la part de M. le duc, — lui ne disait pas « monseigneur, » — savoir ce que signifiait ce remue-ménage.

Quand on lui eût expliqué ce dont il s'agissait, M. Otto daigna féliciter Lecoq, et même il lui recommanda de fouiller l'hôtel des caves aux combles... Cette précaution seule rassurerait Mme la duchesse.

Il s'éloigna, et les recherches recommencèrent avec une ardeur qu'enflammait certaine promesse de M. le sommelier...

Une souris cachée dans les jardins de l'hôtel de Sairmeuse eût été découverte, tant furent minutieuses les investigations.

Pas un objet d'un volume un peu considérable ne fut laissé en place. Tous les arbustes des massifs furent examinés pour ainsi dire feuille à feuille.

Par moments, les domestiques harassés et découragés proposaient d'abandonner la chasse, mais Lecoq les ramenait.

Il avait des accents irrésistibles pour échauffer de la passion qui l'enflammait tous ces indifférents qui, en somme, se souciaient infiniment peu que Mai fût repris ou s'échappât.

Véritablement il était hors de lui, et il y avait presque de la folie dans l'activité fébrile qu'il déployait. Il courait de l'un à l'autre, priant ou menaçant tour à tour, jurant qu'il ne demandait plus qu'un effort, le dernier, qui très-certainement allait être couronné de succès.

Promesses chimériques !... Le prévenu restait introuvable.

Désormais l'évidence éclatait. S'obstiner encore n'eût plus été qu'un enfantillage. Le jeune policier se décida à rappeler ses auxiliaires.

— C'est assez !... leur dit-il d'une voix désespérée. Il est maintenant démontré que le meurtrier n'est plus dans le jardin.

Était-il donc blotti dans quelque coin de l'immense hôtel, blême de peur, tremblant au bruit de tout ce grand mouvement de gens qui le cherchaient ?

On pouvait raisonnablement l'espérer, et c'était assez l'avis des domestiques. C'était surtout l'opinion du Suisse, qui renouvelait avec une assurance croissante ses affirmations de tout à l'heure.

— Je n'ai pas quitté, jurait-il, le seuil de ma porte, il est impossible que quelqu'un soit sorti, sans que je l'aie remarqué.

— Visitons donc la maison, fit Lecoq. Mais avant, laissez-moi dire à mon collègue, qui est dans la rue de Varennes, de venir me rejoindre ; sa faction de l'autre côté du mur est maintenant sans objet.

Le père Absinthe arrivé, toutes les portes du rez-de-chaussée furent fermées ; on s'assura de toutes les issues et les investigations commencèrent à travers l'hôtel de

Sairmeuse, un des plus vastes et des plus magnifiques du faubourg Saint-Germain.

Mais toutes les merveilles de l'univers n'eussent obtenu de Lecoq ni un regard, ni une seconde d'attention. Toute son intelligence, toutes ses pensées étaient au prévenu.

Et c'est certainement sans rien voir qu'il traversa des salons admirables, une galerie de tableaux sans rivale à Paris, la salle à manger aux dressoirs chargés de précieuse vaisselle plate.

Il allait avec une sorte de rage, pressant les gens qui le guidaient et l'éclairaient. Il soulevait comme une plume les meubles les plus lourds, il dérangeait les fauteuils et les chaises, il sondait les placards et les armoires, il interrogeait les tentures, les rideaux et les portières.

Jamais perquisition ne fut plus complète. De la cour au grenier pas un recoin ne fut oublié. Et même, arrivé aux combles, le jeune policier se hissa par une lucarne jusque sur les toits qu'il examina.

Enfin, après deux heures d'un prodigieux travail, Lecoq fut ramené au palier du premier étage.

Cinq ou six domestiques seulement l'avaient suivi. Les autres, un à un, s'étaient esquivés, ennuyés à la fin de cette aventure qui avait eu pour eux, en commençant, l'attrait d'une partie de plaisir.

— Vous avez tout vu, messieurs les agents, déclara un vieux valet de pied.

— Tout!... interrompit le Suisse, certes non! Il y a à voir encore les appartements de monseigneur et ceux de Mme la duchesse.

— Hélas !... murmura le jeune policier, à quoi bon !...

Mais déjà le Suisse était allé frapper doucement à l'une des portes donnant sur le palier. Son acharnement égalait celui des agents de la sûreté, s'il ne le dépassait. Ils avaient vu le meurtrier entrer, lui ne l'avait pas vu sortir ; donc il était dans l'hôtel, et il voulait qu'on le retrouvât, il le voulait opiniâtrement.

La porte cependant s'entre-bâilla, et le visage grave et bien rasé de Otto, le premier valet de chambre, se montra.

— Que diable voulez-vous ? demanda-t-il d'un ton rogue.

— Entrer chez monseigneur, répondit le Suisse, afin de nous assurer que le malfaiteur ne s'y est pas réfugié.

— Êtes-vous fou !... déclara M. le premier valet ; quand y serait-il entré, et comment ? Je ne puis d'ailleurs souffrir qu'on dérange M. le duc. Il a travaillé toute la nuit, et il vient de se mettre au bain pour se délasser avant de se coucher.

Le Suisse parut fort contrarié de l'algarade et Lecoq apprêtait des excuses, quand une voix se fit entendre, qui disait :

— Laissez, Otto, laissez ces braves gens faire leur métier.

— Ah !... entendez-vous !... fit le Suisse triomphant.

— Très-bien !... M. le duc permet... cela étant, arrivez, je vais vous éclairer.

Lecoq entra, mais c'est pour la forme seulement qu'il parcourut les diverses pièces, la bibliothèque, un admirable cabinet de travail, un ravissant fumoir.

Comme il traversait la chambre à coucher, il eut l'honneur d'entrevoir M. le duc de Sairmeuse, par la porte entr'ouverte d'une petite salle de bains de marbre blanc.

— Eh bien !... cria gaiement le duc, le malfaiteur est-il toujours invisible ?...

— Toujours, monseigneur !... répondit respectueusement le jeune policier.

Le valet de chambre ne partageait pas la bonne humeur de son maître.

— Je pense, messieurs les agents, dit-il, que vous pouvez vous épargner la peine de visiter l'appartement de Mme la duchesse. C'est un soin dont nous nous sommes chargés, les femmes et moi, et nous avons regardé jusque dans les tiroirs...

Sur le palier, le vieux valet de pied, qui ne s'était pas permis d'entrer, attendait les agents de la sûreté.

Il avait sans doute reçu des ordres, car il leur demanda poliment s'ils n'avaient besoin de rien, et s'il ne leur serait pas agréable, après une nuit de fatigues, d'accepter une tranche de viande froide et un verre de vin.

Les yeux du père Absinthe étincelèrent. Il pensa, probablement, que dans cette demeure quasi royale on devait manger et boire des choses exquises, telles qu'il n'en avait pas goûté de sa vie.

Mais Lecoq refusa brusquement, et il sortit de l'hôtel de Sairmeuse, entraînant son vieux compagnon.

Le pauvre garçon avait hâte de se trouver seul. Depuis plusieurs heures, il avait eu besoin de toute la puissance de sa volonté pour ne rien laisser paraître de sa rage et de son désespoir.

Mai disparu, évanoui, évaporé!... à cette idée il se sentait devenir fou.

Ce qu'il avait déclaré impossible était arrivé.

Il avait, dans la confiance de son orgueil, répondu sur sa tête du prévenu, et ce prévenu s'était échappé, il lui avait glissé entre les doigts!...

Une fois dans la rue, il s'arrêta devant le père Absinthe, croisant les bras, et d'une voix brève :

— Eh bien!... l'ancien, demanda-t-il, que pensez-vous de cela?...

Le bonhomme secoua la tête, et sans avoir certes conscience de sa maladresse :

— Je pense, répondit-il, que Gévrol va joliment se frotter les mains.

A ce nom, qui était celui de son plus cruel ennemi, Lecoq bondit comme le taureau blessé.

— Oh! s'écria-t-il, Gévrol n'a pas encore partie gagnée. Nous avons perdu Mai, c'est un malheur; seulement son complice nous reste; nous le tenons ce personnage insaisissable, qui a fait échouer toutes nos combinaisons. Il est certainement habile et dévoué, mais nous verrons si son dévouement résiste à la perspective des travaux forcés. Et il n'y a pas à dire, c'est là ce qui l'attend s'il se tait et s'il accepte ainsi la complicité de l'escalade de cette nuit. Oh! je suis sans crainte, M. Segmuller saura bien lui arracher le mot de l'énigme.

Il brandit son poing fermé, d'un air menaçant; puis, d'un ton plus calme, il ajouta :

— Mais allons au poste où on l'a conduit, je veux l'interroger.

XXXIX

Il faisait grand jour alors, il était près de six heures, et quand le jeune policier et le père Absinthe arrivèrent au poste, ils trouvèrent celui qui le commandait assis à une petite table, rédigeant son rapport.

Il ne se dérangea pas, lorsqu'ils entrèrent, ne pouvant les reconnaître sous leur travestissement.

Mais quand ils se furent nommés, le chef de poste se leva avec un visible empressement et leur tendit la main.

— Par ma foi!... dit-il, je vous félicite de votre belle capture de cette nuit.

Le père Absinthe et Lecoq échangèrent un regard inquiet.

— Quelle capture?... firent-ils ensemble.

— Cet individu que vous m'avez expédié cette nuit, si bien ficelé.

— Eh bien?...

Le chef de poste éclata de rire.

— Allons, fit-il, vous ignorez votre bonheur. Ah! la chance vous a bien servis, et vous aurez une jolie gratification...

— Enfin ? qui avons-nous pris ? demanda le père Absinthe impatienté.

— Un coquin de la pire espèce, un forçat en rupture de ban, recherché inutilement depuis trois mois, et dont vous avez certainement le signalement en poche, Joseph Couturier, enfin !...

Aux derniers mots du chef de poste, Lecoq devint si affreusement pâle, que le père Absinthe étendit les bras, croyant qu'il allait tomber.

On s'empressa de lui avancer une chaise, et il s'assit.

— Joseph Couturier ! bégayait-il, sans avoir, en apparence, conscience de ce qu'il disait ; Joseph Couturier !... un forçat en rupture de ban !...

Le chef de poste ne comprenait certes rien au trouble affreux du jeune policier, non plus qu'à l'air déconfit du père Absinthe.

— Mâtin !... observa-t-il, le succès vous fait une fière impression, à vous autres !... Il est vrai que la prise est fameuse. Je vois d'ici le nez de Gévrol, qui hier encore se prétendait seul capable d'arriver à ce dangereux coquin.

Ainsi, jusqu'à la fin, les événements se moquaient à plaisir du jeune policier. Quelle ironie que ces compliments, après un échec sans doute irréparable ! Ils le cinglèrent comme autant de coups de fouet, et si cruellement, qu'il se dressa, retrouvant toute son énergie.

— Vous devez vous tromper, dit-il brusquement au chef de poste, cet homme n'est pas Couturier.

— Je ne me trompe pas, rassurez-vous. Son signalement se rapporte trait pour trait à celui de la circulaire qui ordonne de le rechercher. Il lui manque bien, ainsi qu'il est spécifié, le petit doigt de la main gauche...

— Ah!... c'est une preuve, gémit le père Absinthe.

— N'est-ce pas?... Eh bien! j'en sais une plus concluante. Couturier est une vieille connaissance à moi. Je l'ai déjà eu en pension toute une nuit, et il m'a reconnu comme je le reconnaissais.

A cela, pas d'objection possible. C'est donc d'un tout autre ton que Lecoq reprit :

— Du moins, camarade, vous me permettrez bien d'adresser quelques questions à notre prisonnier?

— Oh!... tant que vous voudrez. Après toutefois que nous aurons barricadé la porte et placé deux de mes hommes devant. Ce Couturier est un gaillard qui adore le grand air et qui nous brûlerait très-bien la politesse...

Ces précautions prises, l'homme au feutre fut tiré du violon où il était enfermé.

Il s'avança tout souriant, ayant déjà recouvré cette insouciance des vieux repris de justice qui, une fois arrêtés, sont sans rancune contre la police, pareils en cela aux joueurs qui, ayant perdu, tendent la main à leur adversaire.

Du premier coup, il reconnut Lecoq.

— Ah!... c'est vous, dit-il, qui m'avez « servi... » Vous pouvez vous vanter d'avoir un fier jarret et une solide poigne. Vous êtes tombé sur mon dos comme du ciel, et la nuque me fait encore mal de vos caresses...

— Alors, fit le jeune policier, si je vous demandais un service, vous ne me le rendriez pas?

— Oh!... tout de même. Je n'ai pas plus de fiel qu'un poulet, et votre face me revient. De quoi s'agit-il?...

— Je désirerais quelques renseignements sur votre complice de cette nuit?

La physionomie de l'homme au feutre se rembrunit à cette question.

— Ce n'est certainement pas moi qui les donnerai, répondit-il.

— Pourquoi?

— Parce que je ne le connais pas; je ne l'avais jamais tant vu que hier soir.

— C'est difficile à croire. Pour une expédition comme celle de cette nuit, on ne se fie pas au premier venu. Avant de « travailler » avec un homme, on s'informe...

— Eh!... interrompit Couturier, je ne dis pas que je n'ai pas fait une bêtise. Je m'en mords assez les doigts, allez!... On ne m'ôtera pas de l'idée, voyez-vous, que ce lapin-là est un agent de la sûreté. Il m'a tendu un piége, j'y ai donné... C'est bien fait pour moi; il ne fallait pas y aller!...

— Tu te trompes, mon garçon, prononça Lecoq. Cet individu n'appartient pas à la police, je t'en donne ma parole d'honneur.

Pendant un bon moment, Couturier examina le jeune policier d'un air sagace, comme s'il eût espéré reconnaître s'il disait vrai ou non.

— Je vous crois, dit-il enfin, et la preuve, c'est que je vais vous conter comment les choses se sont passées. Je dînais seul, hier soir, chez un traiteur, tout en haut de la rue Mouffetard, quand ce gars-là est venu s'asseoir à ma table. Naturellement, nous nous mettons à causer, et il me fait l'effet d'un camarade. A propos de je ne sais quoi, il me dit qu'il a des habits à vendre, et qu'il ne sait comment s'en défaire. Moi, bon garçon, je le conduis chez un ami qui les lui achète...

C'était un service, n'est-ce pas? Comme de juste il m'offre quelque chose, moi je réponds par une tournée, il propose des petits verres, moi je paie un litre... si bien que de politesses en politesses, à minuit j'y voyais double...

C'est ce moment qu'il choisit pour me parler d'une affaire qu'il connaît, et qui doit, jure-t-il, nous enrichir tous deux du coup. Il s'agit d'enlever toute l'argenterie d'une maison colossalement riche.

« Rien à risquer pour toi, me disait-il, je me charge de
« tout, tu n'auras qu'à m'aider à escalader un mur de
« jardin et à faire le guet; je réponds d'apporter en trois
« voyages plus de couverts et de plats d'argent que nous
« n'en pourrons porter. »

Dame!... c'était tentant, n'est-ce pas? Vous eussiez topé d'emblée à ma place. Eh bien!... moi, non, j'ai hésité. Tout soûl que j'étais, je me méfiais.

Mais l'autre insiste, il me jure qu'il connaît les habitudes de la maison, que tous les lundis il y a grand gala, et que ces jours-là, comme on veille tard, les domestiques laissent tout à la traîne... Alors, ma foi! je le suis...

Une fugitive rougeur colorait les joues pâles de Lecoq.

— Es-tu sûr, demanda-t-il vivement, es-tu certain que cet individu t'a dit que le duc de Sairmeuse reçoit tous les lundis?

— Parbleu !... comment l'aurais-je deviné !... Il avait même prononcé le nom que vous venez de dire, un nom en ouse...

Une idée bizarre, inouïe, absolument inadmissible, venait de traverser l'esprit du jeune policier.

— Si c'était lui, cependant !... se disait-il. Si Mai et le duc de Sairmeuse n'étaient qu'un seul et même personnage ?...

Mais il repoussa cette idée, et même il se gourmanda de l'avoir eue.

Il maudit cette disposition de son imagination qui le poussait à voir dans tous les événements des côtés romanesques et invraisemblables.

A quoi bon chercher des solutions chimériques lorsque les circonstances étaient si simples ?... Qu'y avait-il de surprenant à ce qu'un prévenu qu'il supposait un homme du monde, sût le jour choisi par le duc de Sairmeuse pour recevoir ses amis ?

Cependant il n'avait plus rien à attendre de Couturier; il le remercia, et après une poignée de main au chef de poste, il sortit appuyé au bras du père Absinthe.

Car il avait besoin d'un appui. Il sentait ses jambes plus molles que du coton, la tête lui tournait, il avait des éblouissements.

Il ne pouvait comprendre comment, par quelle magie, par quels sortilèges il avait perdu cette partie, dont il avait accepté avec tant de confiance les hasards.

Et il l'avait perdue misérablement, honteusement, sans lutte, sans résistance, d'une façon ridicule... oui, ridicule. S'être cru le génie de son état et être ainsi joué sous jambe !...

Pour se débarrasser de lui, Lecoq, Mai n'avait eu qu'à lui jeter un faux complice, ramassé au hasard dans un cabaret, comme un chasseur qui serré de trop près par un ours lui jette son gant... Et ni plus ni moins que la bête, il s'était laissé prendre au stratagème grossier!...

Cependant le père Absinthe s'inquiétait de la morne tristesse de son collègue.

— Où allons-nous, demanda-t-il, au Palais ou à la Préfecture?

Lecoq tressauta à cette question, qui le ramenait brutalement à la désolante réalité de la situation.

— A la Préfecture!... répondit-il; pourquoi faire?... pour m'exposer aux insultes de Gévrol? C'est un courage que je ne me sens pas. Je ne me sens pas la force, non plus, d'aller dire à M. Segmuller : « Pardon, vous m'aviez trop favorablement jugé; je ne suis qu'un sot!... »

— Qu'allons-nous donc faire ?...

— Ah!... je ne sais... peut-être m'embarquer pour l'Amérique, peut-être me jeter à l'eau...

Il fit une centaine de pas, puis s'arrêtant tout à coup :

— Non!... s'écria-t-il, en frappant rageusement du pied, non cette affaire n'en restera pas là. J'ai juré que j'aurais le mot de l'énigme, je l'aurai. Comment, par quels moyens?... je l'ignore. Mais il me le faut, il m'est dû, je le veux... je l'aurai!...

Pendant une minute il réfléchit, puis d'une voix plus calme :

— Il est, reprit-il, un homme qui peut nous sauver, un homme qui saura voir ce que je n'ai pas vu, qui comprendra ce que je n'ai pas compris... Allons lui demander conseil, sa réponse dictera ma conduite... Venez!...

LX

Après une journée et une nuit comme celles qu'ils venaient de traverser, les deux hommes de la Préfecture devaient avoir, ce semble, un irrésistible besoin de sommeil.

Mais chez Lecoq, l'exaspération de l'amour-propre, la douleur encore vive, l'espoir non abandonné d'une revanche, soutenaient la machine.

Quant au père Absinthe, il ressemblait un peu à ces pauvres chevaux de fiacre qui, ayant oublié le repos, ne savent plus ce qu'est la fatigue, et trottent jusqu'à ce qu'ils s'abattent épuisés.

Il déclara bien que les genoux lui rentraient dans le corps ; mais Lecoq lui dit : « Il le faut, » et il marcha.

Ils gagnèrent le petit logis de Lecoq, où ils se débarrassèrent de leurs travestissements, et après un passable déjeuner arrosé d'une bonne bouteille de Bourgogne, ils se remirent en route.

Le jeune policier ne desserrait pas les dents.

Une idée unique bourdonnait dans son cerveau, taquine, importune, irritante autant que la mouche qui tourne autour de la lampe.

Et il ne l'eût pas communiquée pour trois mois de ses appointements, tant elle lui paraissait ridicule...

C'est rue Saint-Lazare, à deux pas de la gare, que se rendaient les deux agents de la sûreté. Ils entrèrent dans une des plus belles maisons du quartier et demandèrent au concierge :

— M. Tabaret?...

— Le propriétaire?... Ah! il est malade...

— Gravement?... fit Lecoq déjà inquiet.

— Heu!... on ne sait pas, répondit le portier; c'est sa goutte qui le travaille...

Et d'un air d'hypocrite commisération, il ajouta :

— Monsieur n'est pas raisonnable, de mener la vie qu'il mène... Les femmes, c'est bon dans un temps, mais à son âge!...

Les deux policiers échangèrent un regard singulier, et dès qu'ils eurent le dos tourné, ils se prirent à rire...

Ils riaient encore en sonnant à la porte de l'appartement du premier étage.

La grosse et forte fille qui vint leur ouvrir leur dit que son maître recevait, bien que condamné à garder le lit.

— Seulement, ajouta-t-elle, son médecin est près de lui. Ces messieurs veulent-ils attendre qu'il soit parti?...

Ces « messieurs » répondirent affirmativement, et la gouvernante les fit passer dans une belle bibliothèque, les engageant à s'asseoir.

Cet homme, ce propriétaire, que venait consulter Lecoq, était célèbre, à la Préfecture, pour sa prodigieuse finesse, et sa pénétration poussée jusqu'aux limites de l'invraisemblable.

C'était un ancien employé du Mont-de-Piété, qui jusqu'à quarante-cinq ans avait vécu plus que chichement de ses maigres appointements.

Enrichi tout à coup par un héritage, il s'était empressé de donner sa démission, et le lendemain, comme de juste, il s'était mis à regretter ce bureau qu'il avait tant maudit.

Il essaya de se distraire; il s'improvisa collectionneur de vieux livres; il entassa des montagnes de bouquins dans d'immenses armoires de chêne... Tentatives illusoires!... Le bâillement persistait.

Il maigrissait et jaunissait à vue d'œil, il dépérissait près de ses quarante mille livres de rentes, quand brilla pour lui l'éclair du chemin de Damas.

C'était un soir, après avoir lu les mémoires d'un célèbre inspecteur de la sûreté, d'un de ces hommes au flair subtil, déliés plus que la soie, souples autant que l'acier, que la justice lance sur la piste du crime.

Une soudaine révélation illumina son cerveau.

— Et moi aussi!... dut-il s'écrier, et moi aussi je suis policier!

Il l'était, il devait le prouver.

C'est avec un fiévreux intérêt qu'à dater de ce jour il rechercha tous les documents ayant trait à la police. Lettres, mémoires, rapports, pamphlets, collections de journaux judiciaires, tout lui était bon, il lisait tout.

Il faisait son éducation.

Un crime se commettait-il? vite, il se mettait en campagne, il s'informait, il quêtait les détails, et à par soi poursuivait une petite instruction, heureux ou malheureux selon que le jugement donnait tort ou raison à ses prévisions.

Mais ces investigations platoniques ne devaient pas longtemps lui suffire.

Une irrésistible vocation le poussait vers cette mystérieuse puissance dont la tête est là-bas, vers le quai des Orfèvres, et dont l'œil invisible est partout.

Le désir le poignait de devenir un des rouages d'une machine que son optique particulière lui montrait admirable.

Il tressaillait d'aise et de vanité à cette pensée qu'il pourrait être tout comme un autre un des collaborateurs de cette Providence au petit pied, chargée de confondre le crime et de faire triompher la vertu.

Cent fois il résolut de solliciter un petit emploi, cent fois il fut retenu par le respect humain, par ce qu'il appelait en enrageant un stupide préjugé.

— Que dirait-on, pensait-il, si on venait à savoir que moi, bourgeois de Paris, propriétaire et sergent de la garde civique... « j'en suis. »

Mais il est des destinées qu'on n'évite pas.

Un soir, à la brune, prenant son courage à deux mains, il s'en alla d'un pied furtif demander humblement de l'ouvrage rue de Jérusalem.

On le reçut assez mal d'abord. Dame!... les solliciteurs sont nombreux. Mais il insista si adroitement, qu'on le chargea de plusieurs petites commissions. Il s'en tira bien. Le plus difficile était fait.

Un succès où d'autres avaient échoué, le posa. Il s'enhardit et put déployer ses surprenantes aptitudes de limier.

L'affaire de Mme B... la femme du banquier, couronna sa réputation.

Consulté au moment où la police était sur les dents, il prouva par A plus B, par une déduction mathématique, pour ainsi dire, qu'il fallait que la chère dame se fût volée elle-même.

On chercha dans ce sens... il avait dit vrai.

Après cela, et pendant plusieurs années, il fut appelé à donner son avis sur toutes les affaires obscures.

On ne peut dire cependant qu'il fût employé à la Préfecture. Qui dit emploi, dit appointements, et jamais ce bizarre policier ne consentit à recevoir un sou.

Ce qu'il faisait, c'était pour son plaisir, pour la satisfaction d'une passion devenue sa vie, pour la gloire, pour l'honneur...

Il chassait au scélérat dans Paris, comme d'autres au sanglier dans les bois, et il trouvait que c'était bien autrement utile, et surtout bien plus émouvant.

Même, quand les fonds alloués lui paraissaient insuffisants, bravement il y allait de sa poche, et jamais les agents qui travaillaient avec lui ne le quittaient sans emporter des marques monnayées de sa munificence.

Un tel caractère devait lui susciter des ennemis.

Pour rien, il travaillait autant et mieux que deux inspecteurs. En l'appelant « gâte-métier » on n'avait pas tort.

Son nom seul donne encore des convulsions à Gévrol.

Et pourtant, le jaloux inspecteur sut habilement exploiter une erreur de ce précieux volontaire.

Entêté comme tous les gens passionnés, le père Tabaret faillit, une fois, faire couper le cou à un innocent, un pauvre petit tailleur accusé d'avoir tué sa femme.

Ce malheur refroidit le bonhomme, les dégoûts dont on l'abreuva l'éloignèrent. Il ne parut plus que rarement à la Préfecture.

Mais en dépit de tout, il resta l'oracle, pareil à ces grands avocats qui, dégoûtés de la barre, triomphent encore dans leur cabinet, et prêtent aux autres des armes qu'il ne leur convient plus de manier.

Quand, rue de Jérusalem, on ne savait plus à quel saint se vouer, on disait : « Allons consulter Tirauclair!... »

Car ce fut là un nom de guerre, un sobriquet emprunté à une phrase : « Il faut que cela se tire au clair, » qu'il avait toujours à la bouche.

Peut-être ce sobriquet l'aida-t-il à dérober le secret de ses occupations policières. Aucun de ses amis ne le soupçonna jamais.

Son existence accidentée, quand il suivait une enquête, les étranges visites qu'il recevait, ses préoccupations constantes, il avait su faire mettre tout cela sur le compte d'une galanterie hors de saison.

Son concierge était dupe comme ses amis et ses voisins.

On jasait de ses prétendus débordements, on riait de ses nuits passées dehors, on l'appelait vieux roquentin, vieux coureur de guilledou...

Mais jamais il ne vint à l'idée de personne que Tirauclair et Tabaret ne faisaient qu'un.

Toute cette histoire de cet excentrique bonhomme, Lecoq la repassait dans sa tête pour se donner espoir et courage, quand la gouvernante reparut, annonçant le départ du médecin.

Elle ouvrit une porte en même temps, et dit :

— Voici la chambre de monsieur, ces messieurs peuvent entrer.

XLI

Dans un grand lit à baldaquin, suant et geignant sous ses couvertures, était couché l'oracle à deux visages, Tirauclair rue de Jérusalem, Tabaret rue Saint-Lazare.

Comment jamais soupçon de ses travaux policiers n'avait effleuré l'esprit de ses voisins les plus proches, on le comprenait en le voyant.

Impossible d'accorder, non pas une perspicacité supérieure, mais seulement une intelligence moyenne au porteur de cette physionomie, où la bêtise le disputait à un étonnement perpétuel.

Avec son front fuyant et ses immenses oreilles, son nez odieusement retroussé, ses petits yeux et ses grosses lèvres, M. Tabaret réalisait, à désoler un caricaturiste, le type convenu du petit rentier idiot.

Il est vrai qu'en l'observant attentivement on devait être frappé de sa ressemblance avec le chien de chasse, dont il avait les aptitudes et les instincts.

Quand il passait dans la rue, les gamins impudents devaient se retourner pour crier : « Oh ! cette balle !... »

Il riait de la méprise, l'astucieux bonhomme, et même il prenait plaisir à épaissir ses apparences de niaiserie, exagérant cette idée que « celui-là n'est pas véritablement fin qui paraît l'être. »

A la vue des deux policiers, qu'il connaissait bien, l'œil du père Tabaret étincela.

— Bonjours Lecoq, mon garçon, dit-il, bonjour mon vieux Absinthe. On pense donc encore à ce pauvre papa Tirauclair, là-bas, que vous voici chez moi?

— Nous avons besoin de vos conseils, monsieur Tabaret.

— Ah! ah!...

— Nous venons de nous laisser « rouler » comme deux enfants par un prévenu.

— Fichtre!... il est donc fort, ce gaillard-là?...

Lecoq eut un gros soupir.

— Si fort, répondit-il, que si j'étais superstitieux, je dirais que c'est le diable en personne...

La physionomie du bonhomme prit une comique expression d'envie.

— Quoi!... vous avez trouvé un prévenu malin, dit-il, et vous vous plaignez! C'est une fière chance, cependant. Voyez-vous, mes enfants, tout dégénère et se rapetisse à notre époque. Les grands scélérats ne sont plus, et il ne nous reste que leur monnaie, un tas de petits aigrefins et de vulgaires filous qui ne valent pas les bottes qu'on use à courir après eux. C'est à dégoûter de faire de la police, parole d'honneur!... Plus de peines, d'émotions, d'anxiétés, de jouissances vives; plus de ces belles parties de cache-cache comme il s'en jouait jadis entre les malfaiteurs et les agents de la sûreté. Maintenant, quand un crime est commis, le lendemain le criminel est coffré. On prend l'omnibus pour aller l'arrêter à domicile... et on le trouve; ça fait pitié... Mais que lui reproche-t-on à votre prévenu?

— Il a tué trois hommes! répondit le père Absinthe.

— Oh!... fit M. Tabaret sur trois tons différents, oh! oh!...

Ce meurtrier le raccommodait un peu avec les contemporains.

— Et où cela?... interrogea-t-il.

— Dans un cabaret, du côté d'Ivry.

— Bon!... j'y suis, chez la veuve Chupin... un nommé Mai... J'ai vu cela dans la *Gazette des Tribunaux*, et Fanferlot-l'Ecureuil, qui m'est venu voir, m'a raconté que vous étiez tous, là-bas, dans d'étranges perplexités au sujet de l'identité de ce gars-là... C'est donc toi, mon fils, qui étais chargé des investigations?... Allons, tant mieux! Tu me conteras tout, et je t'aiderai selon mes petits moyens.

Il s'interrompit brusquement; et baissant la voix:

— Mais avant, dit-il à Lecoq, fais-moi le plaisir de te lever... attends, quand je te ferai signe... et d'ouvrir brusquement cette porte, là, à gauche. Manette, ma gouvernante, qui est la curiosité même, est derrière à nous écouter. J'entends le frôlement de ses cheveux le long de la serrure... Vas-y!...

Le jeune policier obéit, et Manette, prise en flagrant délit d'espionnage domestique, se sauva, poursuivie par les sarcasmes de son maître.

— Tu devrais pourtant savoir que cela ne te réussit jamais, criait-il.

Bien que placés plus près de la porte que le papa Tirauclair, ni Lecoq, ni le père Absinthe n'avaient rien entendu, et ils se regardaient, surpris au point de se demander si le bonhomme jouait une petite comédie convenue, ou si son ouïe avait réellement la merveilleuse sensibilité que trahissait cet incident.

— Maintenant, reprit le père Tabaret, en cherchant sur son lit une favorable position, je t'écoute, Lecoq, mon garçon... Manette n'y reviendra pas.

Le jeune policier avait eu le temps, en route, de préparer son récit, et c'est de la façon la plus claire qu'il conta par le menu, et avec des détails qu'on ne saurait écrire, tous les incidents de cette étrange affaire, les péripéties de l'instruction, les émotions de la poursuite, depuis le moment où Gévrol avait enfoncé la porte de la *Poivrière,* jusqu'à l'instant où Mai avait franchi le mur des jardins de l'hôtel de Sairmeuse.

Pendant que parlait Lecoq, le père Tabaret se transformait.

Pour sûr, il ne sentait plus les douleurs de sa goutte.

Selon les phases du récit, il se « tortillait » sur son lit, en poussant des petits cris de jubilation, ou il demeurait immobile, plongé dans une sorte de béatitude extatique comme un fanatique de musique de chambre, écoutant quelque divin quatuor de Bœthoven.

— Que n'étais-je là ! murmurait-il parfois entre ses dents, que n'étais-je là !...

Quand le jeune policier eut terminé, il laissa éclater ses transports.

— Voilà qui est beau !... s'écria-t-il. Et avec un mot : « C'est les Prussiens qui arrivent ! » pour point de départ. Lecoq, mon garçon, il faut que je te le dise, et je m'y connais, tu t'es conduit comme un ange.

— Ne voudriez-vous pas dire comme un sot? demanda le défiant policier.

— Non, mon ami, certes non, Dieu m'en est témoin. Tu viens de réjouir mon vieux cœur; je puis mourir, j'aurai un successeur. Je voudrais t'embrasser, au nom de la logique. Ah! ce Gévrol qui t'a trahi, — car il t'a trahi, n'en doute pas, et je te donnerai le moyen de le convaincre de perfidie, — cet obtus et entêté Général n'est pas digne de brosser ton chapeau...

— Vous me comblez, monsieur Tabaret!... interrompit Lecoq, qui n'était pas bien sûr qu'on ne se moquât pas de lui; mais avec tout cela, Mai a disparu, et je suis perdu de réputation avant d'avoir pu commencer ma réputation.

Le bonhomme eut une grimace de singe épluchant une noix.

— Oh! attends, reprit-il, avant de repousser mes éloges. Je dis que tu as bien mené cette affaire, mais on pouvait la mener mieux, infiniment mieux!... Cela s'explique. Tu es doué, c'est incontestable; tu as le flair, le coup d'œil, tu sais déduire du connu à l'inconnu... seulement l'expérience te manque, tu t'enthousiasmes ou tu te décourages pour un rien, tu manques de suite, tu t'obstines à tourner autour d'une idée fixe comme un papillon autour d'une chandelle... Enfin tu es jeune. Sois tranquille, c'est un défaut qui passera tout seul et trop tôt. Pour tout dire, tu as commis des fautes.

Lecoq baissait la tête comme l'élève recevant la leçon

de son professeur. N'était-il pas l'écolier, et ce vieux n'était-il pas le maître?

— Toutes tes fautes, poursuivit le bonhomme, je te les énumérerai, et je te démontrerai que par trois fois au moins tu as laissé échapper l'occasion de tirer au clair cette affaire si trouble en apparence, si limpide en réalité.

— Cependant, monsieur...

— Chut, chut, mon fils! laisse-moi dire. De quel principe es-tu parti, au début? De celui-ci : « Se défier surtout des apparences, croire précisément le contraire de ce qui paraîtra vrai ou seulement vraisemblable. »

— Oui, c'est bien cela que je me suis dit.

— Et c'était bien dit. Avec cette idée dans ta lanterne, pour éclairer ton chemin, tu devais aller droit à la vérité. Mais tu es jeune, je te l'ai déjà dit, et à la première circonstance très-vraisemblable qui s'est rencontrée, tu as totalement oublié ta règle de conduite. On t'a servi un fait plus que probable, et tu l'as avalé comme le goujon gobe l'appât du pêcheur.

La comparaison ne laissa pas que de piquer le jeune policier.

— Je n'ai pas été, ce me semble, si simple que cela, protesta-t-il.

— Bah!... qu'as-tu donc pensé lorsqu'on t'a appris que M. d'Escorval, le juge d'instruction, s'était cassé la jambe en descendant de voiture?

— Dame?... j'ai cru ce qu'on me disait, je l'avoue franchement, parce que...

Il cherchait; le père Tirauclair éclata de rire.

— Tu l'as cru, acheva-t-il, parce que c'était extraordinairement vraisemblable.

— Qu'eussiez-vous donc imaginé à ma place?...

— Le contraire de ce qu'on me disait. Je me serais peut-être trompé, je serais en tout cas resté dans la logique de ma déduction.

La conclusion était si hardie, qu'elle déconcerta Lecoq.

— Quoi!... s'écria-t-il, supposez-vous donc que la chute de M. d'Escorval n'est qu'une fiction? qu'il ne s'est pas cassé la jambe?...

La physionomie du bonhomme devint soudainement grave.

— Je ne le suppose pas, répondit-il; j'en suis sûr.

XLII

Certes, la confiance de Lecoq en cet oracle policier qu'il venait consulter était grande, mais enfin le père Tirauclair pouvait se tromper, il s'était trompé déjà plusieurs fois : tous les oracles se trompent, c'est connu.

Ce qu'il disait paraissait si bien une énormité et s'écartait tellement du cercle des choses admissibles, que le jeune policier ne put dissimuler un geste d'incrédulité.

— Ainsi, monsieur Tabaret, dit-il, vous êtes prêt à jurer que M. d'Escorval se porte aussi bien que le père Absinthe et moi, et que s'il garde la chambre depuis deux mois, c'est uniquement pour soutenir un premier mensonge.

— Je le jurerais.

— Ce serait téméraire, je crois. Mais dans quel but, cette comédie?...

Le bonhomme leva les bras vers le ciel, comme s'il lui eût demandé pardon de l'ineptie du jeune policier.

— Comment, c'est toi!... prononça-t-il, toi en qui je

voyais un successeur et un continuateur de **ma méthode d'induction**; comment, c'est toi qui m'adresses cette question saugrenue!... Voyons, réfléchis donc un peu! Te faut-il un exemple pour aider ton intelligence? Soit. Suppose-toi juge, pour un moment. Un crime est commis; on te charge de l'instruction, et tu te rends près du prévenu pour l'interroger... très bien. Ce prévenu avait réussi jusque-là à dissimuler son identité... c'est notre cas, n'est-il pas vrai? Eh bien!... Que ferais-tu, si du premier coup d'œil tu reconnaissais sous un déguisement ton meilleur ami, ou ton plus cruel ennemi?... Que ferais-tu?...

— Je me dirais qu'il commet une coupable imprudence, le magistrat qui s'expose à avoir à hésiter entre son devoir et sa passion, et je me récuserais.

— J'entends, mais dévoilerais-tu la véritable personnalité de ce prévenu, ami ou ennemi, personnalité que tu serais seul à connaître?...

La question était délicate, la réponse embarrassante. Lecoq garda le silence, réfléchissant.

— Moi! s'écria le père Absinthe, je ne révèlerais rien du tout. Ami ou ennemi du prévenu, je resterais neutre absolument. Je me dirais que d'autres cherchent qui il est, ce sera tant mieux s'ils le trouvent... et j'aurais la conscience nette.

C'était le cri de l'honnêteté, non la consultation d'un casuiste.

— Je me tairais aussi, répondit enfin le jeune policier, et il me semble qu'en me taisant je ne manquerais à aucune des obligations du magistrat.

Le père Tabaret se frottait vigoureusement les mains,

ainsi qu'il lui arrive quand il va tirer de son arsenal un argument victorieux.

— Cela étant, dit-il, fais-moi le plaisir, mon fils, de me dire quel prétexte tu imaginerais pour te récuser sans éveiller des soupçons?

— Ah! je ne sais, je ne puis répondre à l'improviste... si j'en étais là, je chercherais, je m'ingénierais...

— Et tu ne trouverais rien qui vaille, interrompit le bonhomme, allons, pas de mauvaise foi, confesse-le... ou plutôt, si... tu trouverais l'expédient de M. d'Escorval et tu l'utiliserais; tu ferais semblant de te briser quelque membre, seulement, comme tu es un garçon adroit, c'est le bras que tu sacrifierais, ce qui serait moins incommode et ne te condamnerait pas une réclusion de plusieurs mois.

A la physionomie de Lecoq, il était aisé de voir que le vieux volontaire de la rue de Jérusalem l'avait amené au soupçon...

Mais il fallait des assurances plus positives, à cet esprit précis et en quelque sorte mathématique.

Il n'avait pas pour rien aligné des chiffres pendant des années.

— Donc, monsieur Tabaret, fit-il, votre avis est que M. d'Escorval sait à quoi s'en tenir sur la personnalité de Mai?

Le père Tirauclair se dressa sur son séant, si brusquement que sa goutte oubliée lui arracha un gémissement.

— En doutes-tu? s'écria-t-il. En douterais-tu véritablement! Quelles preuves exiges-tu donc? Estimerais-tu naturelle cette coïncidence de la chute du juge et de la tentative de suicide du prévenu? Pour l'honneur de ta perspicacité, je suppose que non.

Je n'étais pas là comme toi, je n'ai pas pu juger de mes yeux; mais rien qu'avec ce que tu m'as conté, je me fais fort de rétablir la scène telle qu'elle a eu lieu. Il me semble la voir... écoute :

M. d'Escorval, son enquête chez la veuve Chupin terminée, arrive au Dépôt et se fait ouvrir le cachot de Maï... Ces deux hommes se reconnaissent. S'ils eussent été seuls ils se fussent expliqués, et les choses prenaient une autre tournure... tout s'arrangeait peut-être.

Mais ils n'étaient pas seuls; il y avait là un tiers : le greffier. Ils ne se sont donc rien dit. Le juge, d'une voix troublée, a posé quelques questions banales, et le prévenu, horriblement troublé, a répondu tant bien que mal.

La porte refermée, M. d'Escorval s'est dit : « Non, je ne saurais être le juge de cet homme que je hais!... » Ses perplexités étaient terribles. Quand tu as voulu lui parler à sa sortie, il t'a brutalement renvoyé au lendemain, et un quart d'heure plus tard, il simulait une chute.

— Alors, interrogea Lecoq, vous pensez que M. d'Escorval et notre soi-disant Maï sont des ennemis?

— Parbleu!... répondit le bonhomme de sa petite voix claire et tranchante; est-ce que les faits ne le démontrent pas? S'ils étaient amis, le juge eût probablement joué sa comédie, mais le prévenu n'eût point cherché à s'étrangler...

Enfin, grâce à toi, Maï a été sauvé... car il te doit la

vie, cet homme-là. Entortillé dans sa camisole de force, il n'a rien pu entreprendre de la nuit... Ah! il a dû, cette nuit-là, être mouillé d'une sueur de sang! Quelles souffrances! quelle agonie!...

Aussi, au matin, quand on l'a conduit à l'instruction, c'est avec une sorte de frénésie dont les transports t'avaient frappé, ô aveugle!... qu'il s'est précipité dans le cabinet du juge.

Dans ce cabinet, il comptait trouver M. d'Escorval triomphant de son malheur. Je ne suppose pas qu'il eût l'intention de se précipiter sur lui, mais il voulait lui dire :

« Eh bien! oui!... oui, c'est moi. La fatalité s'en est mêlée : j'ai tué trois hommes, et vous me tenez, je suis à votre discrétion... Mais précisément parce qu'il y a entre nous une haine mortelle, vous vous devez à vous-même de ne pas prolonger mes tortures!... abuser serait une lâcheté infâme!... »

Oui, il voulait dire cela ou à peu près, Lecoq, mon garçon, si tu m'as bien décrit l'expression de son visage, où la hauteur le disputait au plus farouche désespoir.

Mais ce n'est pas tout.

Au lieu de M. d'Escorval, ce hautain magistrat, le prévenu aperçoit le digne, l'excellent M. Segmuller... Alors, qu'arrive-t-il?

Il est surpris et son œil trahit l'étonnement qu'il ressent de la générosité de son ennemi... Il l'avait cru implacable.

Puis un sourire monte à ses lèvres, sourire d'espoir, car il pense que puisque M. d'Escorval n'a pas trahi son secret, il peut se sauver encore, et que peut-être il retirera intacts de cet abîme de honte et de sang son honneur et son nom...

Le père Tabaret fit, de la main, un mouvement ironique qui lui était familier, et changeant subitement de ton, il ajouta :

— Et voilllà... mon fiston !

Le vieux Absinthe s'était dressé, empoigné jusqu'au délire.

— Cristi ! s'écria-t-il, ça y est !... oh ! ça y est !

Pour être muette, l'approbation de Lecoq n'en était pas moins évidente.

Mieux que son vieux collègue, et en plus exacte connaissance de cause, il pouvait apprécier ce rapide et merveilleux travail d'induction.

Il s'extasiait devant les surprenantes facultés d'investigation de cet excentrique policier, qui, sur des circonstances inaperçues de lui, Lecoq, reconstruisait le drame de la vérité, pareil en cela à ces naturalistes qui, sur la seule inspection de deux ou trois os, dessinent l'animal auquel ils ont appartenu.

Pendant une bonne minute, le père Tabaret savoura ces deux formes si diverses mais également délicieuses pour lui, de l'admiration ; puis, reprenant son calme, il poursuivit :

— Te faudrait-il quelques petites preuves encore, Lecoq, mon fils ? Souviens-toi de la persévérance de M. d'Escorval à envoyer demander à M. Segmuller des nouvelles de l'instruction. J'admets, certes, qu'on se passionne pour son métier... mais non à ce point. A ce moment, tu croyais encore à la jambe cassée. Comment ne t'es-tu pas dit qu'un juge, sur le grabat, avec ses os en morceaux, ne s'inquiète pas tant que cela d'un misérable meurtrier?... Je n'ai rien de brisé, moi, j'ai seulement la goutte, mais je sais bien que pendant mes accès, la moitié de la terre jugerait l'autre moitié sans que l'idée me vînt d'expédier Manette aux informations. Ah! une seconde de réflexion t'évitait bien des soucis, car là, probablement, est le nœud de toute cette affaire...

Lecoq, si brillant causeur au cabaret de la veuve Chupin, si gonflé de confiance en soi, si pétillant de verve quand il exposait ses théories à l'innocent père Absinthe, Lecoq baissait le nez et ne soufflait mot.

Et il n'y avait dans son attitude ni calcul ni dépit.

Venu pour demander un conseil, il trouvait tout naturel — bon sens rare — qu'on le lui donnât.

Il avait commis des fautes, on les lui faisait toucher du doigt, il ne s'en indignait pas, — autre prodige! — et il ne cherchait pas à démontrer qu'il avait eu surtout raison quand il avait eu tort.

D'autres, à sa place, eussent jugé le père Tirauclair un peu bien prolixe en ses sermons; lui, non. Il lui savait, au contraire, un gré infini de la semonce, se jurant bien qu'elle lui profiterait.

— Si quelqu'un, pensait-il, peut me tirer l'horrible épine que j'ai au pied, c'est assurément ce bonhomme si perspicace... et il me la tirera, je le vois bien à son assurance.

Cependant M. Tabaret s'était versé un grand verre de tisane et l'avait avalé.

Il s'essuya les lèvres et reprit :

— Je ne parlerai que pour mémoire, mon garçon, de l'école que tu as faite en n'arrachant pas à Toinon-la-Vertu, pendant qu'elle était à ta dévotion, tout ce qu'elle savait de l'affaire... Quand on tient la poule..., tu sais le proverbe?... il faut la plumer sur-le-champ, sinon...

— Soyez tranquille, monsieur Tabaret, je suis payé pour me rappeler le danger qu'on court à laisser refroidir un témoin bien disposé.

— Passons donc!... Mais ce qu'il faut que je te dise, c'est que trois ou quatre fois, pour le moins, tu as eu le moyen de tirer la chose au clair...

Il s'arrêta attendant quelque protestation de son élève. Elle ne vint point.

— S'il le dit, pensait le jeune policier, cela doit être...

Cette discrétion frappa beaucoup le bonhomme et redoubla l'estime qu'il avait conçue pour le caractère de Lecoq.

— La première fois que tu as manqué le coche, poursuivit-il, c'est quand tu promenais la boucle d'oreille trouvée à la *Poivrière*.

— Ah!... j'ai cependant tout tenté pour arriver à la dernière propriétaire!...

— Beaucoup tenté, je ne dis pas non, mon fils, mais tout... c'est trop dire. Par exemple, quand tu as appris que la baronne de Watchau était morte et qu'on avait vendu tout ce qu'elle possédait, qu'as-tu fait?...

— Vous le savez, j'ai couru chez le commissaire-priseur chargé de la vente.

— Très-bien!... Après?...

— J'ai examiné le catalogue, et n'y découvrant aucun bijou dont la description s'appliquât à ces beaux diamants, j'ai reconnu que la piste était perdue...

Le père Tirauclair jubilait.

— Justement!... s'écria-t-il, voilà en quoi tu t'es trompé. Si ce bijou d'une si grande valeur n'était pas décrit au catalogue de la vente, c'est que la baronne de Watchau ne le possédait plus au moment de sa mort. Si elle ne le possédait plus, c'est qu'elle l'avait donné ou vendu. A qui?... A une de ses amies, très-probablement.

C'est pourquoi, à ta place, je me serais enquis du nom des amies intimes de Mme de Watchau, ce qui était aisé, et j'aurais tâché de me mettre bien avec toutes les femmes de chambre de ces amies... joli garçon comme tu l'es, c'eût été un jeu pour toi.

Ce conseil parut divertir prodigieusement le père Absinthe.

— Eh! eh!... fit-il avec son gros rire, ça m'irait joliment ce système de police.

M. Tabaret ne releva pas l'exclamation.

— Enfin, continua-t-il, j'aurais montré la boucle d'oreille à toutes ces soubrettes, jusqu'à ce qu'il s'en trouvât une qui me dit : « Ce diamant est à ma maîtresse, » ou une qui, à sa vue, eût été prise d'un tremblement nerveux...

— Et dire, murmura Lecoq, que cette idée ne m'est pas venue!...

— Attends, attends... j'arrive à la seconde occasion manquée. Comment t'es-tu conduit quand tu as eu en ta possession la malle que Maï prétendait être sienne? Tu l'as tout bonifacement remise à ce prévenu si fin. Saperlotte !... tu n'ignorais pourtant pas que cette malle n'était qu'un accessoire de la comédie, qu'elle n'avait pu être déposée chez Mme Milner que par le complice, que tous les effets qui s'y trouvaient avaient été achetés après coup...

— Non, je ne l'ignorais pas... Mais quel parti tirer de ma certitude ?

— Quel parti, ô mon fils ?... Moi qui ne suis qu'un pauvre vieux bonhomme, j'aurais convoqué le ban et l'arrière-ban des fripiers de Paris, et j'en aurais, à la fin, déniché un qui se serait écrié : « Ces frusques ?... c'est moi qui les ai vendues à un individu comme ça et comme ça, qui achetait pour le compte d'un de ses amis dont il avait apporté la mesure. »

Dans la colère où il était contre lui-même, Lecoq s'emporta jusqu'à ébranler d'un furieux coup de poing le meuble placé contre lui.

— Sacrebleu !... s'écria-t-il, le moyen était infaillible et simple comme bonjour. Ah !... de ma vie je ne me pardonnerai mon ineptie !...

— Doucement, doucement !... interrompit le bonhomme, tu vas trop loin, mon cher garçon. Ineptie n'est pas du tout le mot ; c'est légèreté, qu'il faut dire... Tu es jeune, que diable ! Ce qui serait moins excusable, c'est la façon dont tu as mené la chasse du prévenu après son évasion...

— Hélas ! murmura le jeune policier découragé, Dieu sait pourtant si je me suis donné du mal !...

— Trop, mon fils, mille fois trop, et c'est là ce que je te reproche. Quelle diantre d'idée t'a pris de suivre ce soi-disant May pas à pas, comme un vulgaire « fileur. »

Cette fois, Lecoq fut stupéfié.

— Devais-je donc le laisser échapper?... demanda-t-il.

— Non, mais si j'avais été à côté de toi, sous les galeries de l'Odéon, quand tu as si habilement, — car tu es habile, ô mon fils, — et promptement deviné les intentions du prévenu, je t'aurais dit : « Ce gars-là, ami Le-« coq, court chez Mᵐᵉ Milner lui dire de faire savoir son « évasion... laissons-le courir. » Et quand il est sorti de l'hôtel de Mariembourg, j'aurais ajouté : « Maintenant, « laisse-le aller où il voudra, mais attache-toi à Mᵐᵉ Mil-« ner, ne la perds pas de vue, ne la quitte pas plus que « l'ombre le corps, car elle te conduira au complice, « c'est-à-dire au mot de l'énigme. »

— Et elle m'y eût conduit, oui, je le reconnais...

— Au lieu de cela, cependant, qu'as-tu imaginé?... Tu as couru te montrer à l'hôtel de Mariembourg, tu as terrifié le garçon! Quand on a tendu des nasses et qu'on prétend prendre du poisson, on ne bat pas du tambour auprès!...

Ainsi le père Tabaret reprenait l'instruction tout entière, et la suivant pas à pas il la refaisait selon sa méthode d'induction. Lecoq avait eu au début une inspiration magnifique, il avait déployé au cours de l'enquête un génie supérieur, et cependant il n'avait pas réussi. Pourquoi?... C'est que toujours il s'était écarté du principe admis au commencement et résumé par lui en cet axiome : « Se défier de la vraisemblance. »

Mais le jeune policier n'écoutait que d'une oreille distraite. Mille projets se présentaient à son esprit. Bientôt il n'y tint plus.

— Vous venez de me sauver du désespoir, monsieur, interrompit-il. J'avais cru tout perdu, et je découvre que mes sottises peuvent se réparer. Ce que je n'ai pas fait, je puis le faire, il en est temps encore. N'ai-je pas toujours à ma disposition la boucle d'oreille et divers effets du prévenu?... Mᵐᵉ Milner tient encore l'hôtel de Mariembourg, je vais la surveiller...

— Et pourquoi toutes ces démarches, garçon?

— Comment, pourquoi?... Pour retrouver mon prévenu, donc!...

Moins plein de son idée, Lecoq eût surpris le fin sourire qui errait sur les lèvres niaises de Tirauclair.

— Ah ça, mon fils, interrogea-t-il, est-ce que tu ne te doutes pas un peu du vrai nom de ton soi-disant saltimbanque?

Lecoq tressaillit et détourna la tête. Il ne voulait pas laisser voir ses yeux.

— Non, répondit-il d'une voix émue, je ne me doute pas...

— Tu mens, interrompit le bonhomme, tu sais aussi bien que moi que Mai demeure rue de Grenelle-Saint-Germain, et qu'il se nomme M. le duc de Sairmeuse.

A ces mots, le père Absinthe éclata de rire.

— Ah! la bonne plaisanterie, s'écria-t-il : Ah! ah!...

Telle n'était pas l'opinion de Lecoq.

— Eh bien!... oui, monsieur Tabaret, dit-il, j'ai eu cette idée, moi aussi, mais je l'ai chassée...

— Vraiment!... et par quelle raison, s'il te plaît?...

— Dame, c'est que...

— C'est que tu ne sais pas rester dans la logique de tes prémices. Mais je le sais, moi, je suis conséquent, et je me dis :

« Il paraît impossible que le meurtrier du cabaret de la Chupin soit le duc de Sairmeuse...

« Donc, le meurtrier du cabaret de la Chupin, Mai, le soi-disant saltimbanque, est le duc de Sairmeuse ! »

XLIII

Comment cette idée était-elle venue au père Tabaret ? Voilà ce que Lecoq ne pouvait comprendre.

Qu'il l'eût eue, lui, Lecoq, lorsque son prévenu s'était pour ainsi dire évanoui, comme un léger brouillard, on le concevait à la rigueur. Le désespoir enfante les plus absurdes chimères, et d'ailleurs quelques mots de Couturier pouvaient servir de prétexte à toutes les suppositions.

Mais le père Tirauclair était de sang-froid, lui... mais les paroles de Couturier avaient perdu à être rapportées toute leur valeur...

Le bonhomme ne pouvait pas ne pas remarquer la mine étonnée du jeune policier, et, dès lors, démêler ses sentiments était aisé.

— Tu as l'air de tomber des nues, garçon, lui dit-il. Te figurerais-tu que j'ai parlé au hasard, comme un étourneau ?...

— Non, certes, monsieur, mais...

— Tais-toi ! Ta surprise vient de ce que tu ne sais pas le premier mot de l'histoire contemporaine. Ton éducation, sur ce point, est à faire, et tu la feras, si tu ne veux pas rester toute ta vie un grossier chasseur de scélérats comme ton ennemi Gévrol.

— J'avoue que je ne vois pas le rapport...

M. Tabaret ne daigna pas répondre à cette question. Il se retourna vers le père Absinthe, et du ton le plus amical :

— Faites-moi donc le plaisir, mon vieux, lui dit-il, de prendre dans ma bibliothèque, à côté, deux gros in-folio, intitulés : *Biographie générale des hommes du siècle*. Ils sont dans l'armoire de droite.

Le père Absinthe s'empressa d'obéir, et dès qu'il fut en possession de ses volumes, le père Tabaret se mit à les feuilleter d'une main fiévreuse non sans annoncer, comme toujours quand on cherche un mot dans le dictionnaire.

— Esbayron !... bredouillait-il, Escars..., Escayrac..., Escher..., Escodica... Enfin nous y voici ! Escorval !... Ecoute-moi bien, mon fils, et la lumière se fera dans ta cervelle.

Point n'était besoin de la recommandation. Jamais les facultés du jeune policier n'avaient été plus tendues.

C'est d'une voix brève, que le bonhomme lut :

Escorval (Louis-Guillaume, baron d'). — Administrateur et homme politique français, né à Montaignac, le 3 décembre 1769, d'une vieille famille de robe. Il achevait ses études à Paris, quand éclata la Révolution. Il en embrassa la cause avec toute l'ardeur de la jeunesse. Mais, épouvanté bientôt des excès qui se commettaient au nom de la liberté, il se rangea du côté de la réaction, conseillé peut-être par Rœderer, qui était un ami de sa famille.

Recommandé au premier Consul par M. de Talleyrand, il débuta dans la carrière administrative par une mission en Suisse, et tant que dura l'Empire, il fut mêlé aux plus importantes négociations.

Dévoué corps et âme à la personne de l'Empereur, il se trouva gravement compromis à la seconde Restauration.

Arrêté lors des troubles de Montaignac sous la double prévention de haute trahison et de complot à l'intérieur, il fut traduit devant une commission militaire et condamné à mort.

Mais il ne fut pas exécuté. Il dut la vie au noble dévouement et à l'héroïque énergie d'un prêtre de ses amis, l'abbé Midon, curé du petit village de Sairmeuse.

Le baron d'Escorval n'a qu'un fils, entré fort jeune dans la magistrature...

Grand fut le désappointement de Lecoq.

— J'entends bien, prononça-t-il, c'est la biographie du père de notre juge... Seulement, je ne vois pas ce qu'elle nous apprend.

Un ironique sourire errait sur les lèvres du père Tirauclair.

— Elle nous apprend, répondit-il, que M. d'Escorval père a été condamné à mort. C'est quelque chose, je t'assure... Un peu de patience, et tu le reconnaîtras...

Il avait de nouveau feuilleté son dictionnaire; il reprit sa lecture :

Sairmeuse (Anne-Marie-Victor de Tingry, duc de). — Homme politique et général français, né au château de Sairmeuse, près Montaignac, le 17 janvier 1758. La famille de Sairmeuse est une des plus anciennes et des plus illustres de France. Il ne faut pas toutefois la confondre avec la famille ducale de Sermeuse, dont le nom s'écrit par une.

Émigré aux premiers mouvements de la Révolution, Anne de Sairmeuse se distingua par le plus brillant courage à l'armée de Condé. Quelques années plus tard, il demandait du service à la Russie, et se battait, disent certains de ses biographes, dans les rangs russes, lors de la désastreuse retraite de Moscou.

Rentré en France à la suite des Bourbons, il s'acquit une bruyante célébrité par l'exaltation de ses opinions ultra-royalistes. Il est vrai qu'il eut le bonheur de rentrer en possession des immenses domaines de sa famille, et les grades qu'il avait gagnés à l'étranger lui furent confirmés.

Désigné par le roi pour présider la commission militaire chargée de poursuivre et de juger les conspirateurs de Montaignac, il déploya des rigueurs et une partialité que flétriront tous les partis.

Lecoq s'était dressé l'œil étincelant.

— Sacré tonnerre !... s'écria-t-il, j'y vois clair maintenant. Le père du duc de Sairmeuse actuel a voulu faire couper le cou du père de notre M. d'Escorval...

M. Tabaret rayonnait.

— Voilà à quoi sert l'histoire, dit-il. Mais je n'ai pas fini, garçon; notre duc de Sairmeuse à nous a aussi son article... Écoute donc encore :

Sairmeuse (Anne-Marie-Martial), — fils du précédent, est né à Londres en 1791 et a été élevé en Angleterre d'abord, puis à la cour d'Autriche, près de laquelle il devait plus tard remplir diverses missions confidentielles.

Héritier des opinions, des préjugés et des rancunes de son père, il mit au service de son parti la plus haute intelligence et d'admirables facultés... Mis en avant au moment où les passions politiques étaient les plus violentes, il eut le courage d'assumer seul la responsabilité des plus terribles mesures... Obligé de se retirer des affaires devant l'animadversion générale, il laissa derrière lui des haines qui ne s'éteindront qu'avec sa vie...

Le bonhomme ferma le volume, et se grimant de fausse modestie :

— Eh bien !... demanda-t-il, que penses-tu, garçon, de ma petite méthode d'induction ?

Mais l'autre était trop préoccupé pour répondre.

— Je pense, objecta-t-il, que si le duc de Sairmeuse eût disparu deux mois, le temps de la prévention de Mai, tout Paris l'eût su, et ainsi...

— Tu rêves !... interrompit le père Tabaret. Avec sa femme et son valet de chambre pour complices, le duc s'absentera un an quand il le voudra, et tous ses domestiques le croiront à l'hôtel...

Le visage contracté du jeune policier disait l'effort de sa pensée.

— J'admets cela, prononça-t-il enfin, je me résigne à croire que ce grand seigneur a su jouer le rôle merveilleux de Mai... Malheureusement, il est une circonstance qui, seule, renverse tout l'échafaudage de nos suppositions...

— Et laquelle, s'il te plaît !...

— Si l'homme de la *Poivrière* eût été le duc de Sairmeuse, il se fût nommé... il eût expliqué comment, attaqué, il s'était défendu... et son nom seul lui eût ouvert les portes de la prison. Au lieu de cela, qu'a fait notre prévenu ?... Il a essayé de s'étrangler. Est-ce que jamais un grand seigneur tel que le duc de Sairmeuse, dont la vie doit être un enchantement perpétuel, eût songé au suicide !...

Un sifflement moqueur du père Tabaret interrompit le jeune policier.

— Il paraît, prononça le bonhomme, que tu as oublié la dernière phrase de la biographie : « M. de Sairmeuse laisse derrière lui des haines terribles... » Sais-tu de quel prix on lui eût fait payer sa liberté? Non... ni moi non plus. Ce que nous savons, c'est que ce n'est pas son parti qui triomphe... Pour expliquer sa présence à la *Poivrière*... et la présence d'une femme qui peut-être était la sienne, qui sait quels secrets d'infamie il eût été obligé de livrer... Entre le suicide et la honte, il a choisi le suicide... Il a voulu sauver son nom... il s'est fait un linceul de son honneur intact.

Le père Tirauclair s'exprimait avec une véhémence si extraordinaire, que le vieil Absinthe en était remué, bien qu'il n'eût pas, en vérité, compris grand-chose à cette scène.

Il s'enthousiasmait de confiance.

Quant à Lecoq, il se dressa, pâle et les lèvres un peu tremblantes, comme un homme qui vient de prendre une suprême détermination.

— Vous excuserez ma supercherie, monsieur Tabaret, fit-il d'une voix émue. Tout cela, je l'avais pensé... Mais je me défiais de moi, je voulais vous l'entendre dire...

Il eut un geste insouciant, et ajouta :

— Maintenant, je sais ce que j'ai à faire.

Le père Tabaret leva les bras au ciel avec tous les signes de la plus terrible agitation.

— Malheureux !... s'écria-t-il, aurais-tu la pensée d'aller arrêter le duc de Sairmeuse !... Pauvre Lecoq !... Libre, cet homme est presque tout-puissant, et toi, infime agent de la sûreté, tu serais brisé comme verre ! Prends garde, ô mon fils ! ne t'attaque pas au duc, je ne répondrais même pas de ta vie.

Le jeune policier hocha la tête.

— Oh !... je ne m'abuse pas, dit-il. Je sais qu'en ce moment le duc est hors de mes atteintes... Mais je le tiendrai le jour où j'aurai pénétré son secret... Je méprise le danger, mais je sais que pour réussir je dois me cacher... je me cacherai donc. Oui, je me tiendrai dans l'ombre jusqu'au jour où j'aurai soulevé le voile de cette ténébreuse affaire... alors j'apparaîtrai. Et si véritablement Mai est le duc de Sairmeuse... j'aurai ma revanche.

FIN DE LA PREMIÈRE PARTIE

www.ingramcontent.com/pod-product-compliance
Lightning Source LLC
Chambersburg PA
CBHW050917230426
43666CB00010B/2215